Georges Bataille · GILLES DE RAIS

Georges Bataille

Gilles de Rais

Leben und Prozeß
eines Kindermörders

Merlin Verlag

Inhalt

Einführung

Das heilige Ungeheuer

Seinen Verbrechen verdankt Gilles de Rais den anhaltenden Ruhm. Aber war er, wie behauptet wurde, der verworfenste Verbrecher aller Zeiten? Prinzipiell läßt sich diese gewagte Bezeichnung kaum aufrechterhalten. Verbrechen ist Menschenwerk, ja, es ist etwas spezifisch Menschliches, aber es birgt in sich den Aspekt des Geheimnisvollen, Unergründlichen und Verborgenen, das dem Menschengeschlecht anhaftet. Das Verbrechen verbirgt sich, und was uns entgeht, ist das Grausigste. Die Finsternis, in der es sich unserer Furcht darbietet, müssen wir uns als das Schlimmste vorstellen. Das Schlimmste ist immer möglich; und das Schlimmste ist gerade des Verbrechens letzter Sinn.

So kommt es, daß uns die Legende, die Mythologie, die Literatur – vor allem die tragische Literatur – eher den Maßstab für das Verbrechen liefern, als die tatsächlichen Vorfälle. Wir dürfen nie vergessen, daß die legendären Ausdeutungen des Verbrechens als einzige die Wahrheit verkündet haben.

Nach dieser Feststellung können wir uns mit der Geschichte des Gilles de Rais nicht näher beschäftigen, ohne uns sogleich über seine Außergewöhnlichkeit klarzuwerden. Letzthin können wir uns nicht der beschwörenden Macht entziehen, die von der Realität des Alltags ausgeht. Und angesichts der Verbrechen des Gilles de Rais haben wir den Eindruck – er mag täuschen – eines Gipfels. Sein Adel, sein ungeheurer Reichtum und seine Taten sowie seine Hinrichtung vor einer aufgebrachten und doch von so viel Geständnissen, Tränen und Reue bewegten Menge vollenden seine Verklärung.

Gewiß rechtfertigt im Grunde nichts die Stimmung der zu seiner Hinrichtung herbeigeeilten Zuschauer. Gilles de Rais war nichts als ein roher Kriegsmann, ein brutaler, skrupelloser Feudalherr. Nichts erklärt die schließliche Sympathie dieser Menge für ihn. Seine gewalttätige Heftigkeit macht das Erstaunen über sein besinnungslos leidenschaftliches Leben nicht verständlich. Doch dem krankhaften Ungestüm des Lasters, das den Verbrecher zu so vielen Morden getrieben hatte, entsprach tatsächlich das Ungestüm seiner Reue. Die Erregung des Volkes war die Reaktion auf eine Maßlosigkeit, die einen Lebensweg bestimmt hatte, der nie von Berechnung geleitet wurde. Gilles de Rais war ein tragischer Verbrecher: Das Prinzip der Tragödie ist die Schuld; dieser Schuldige war – mehr als ein anderer, vielleicht mehr als jeder andere – eine tragische Persönlichkeit.

Wir müssen uns die immer zahlreicher werdenden Kinderopfer vergegenwärtigen. Stellen wir uns ein nahezu stummes Entsetzen vor, das sich unaufhörlich steigert. Aus Furcht vor Repressalien zögern die Eltern zu sprechen. Diese Angst ist typisch für die Welt des Feudalismus, über der die Schatten riesiger Festungen liegen, deren Ruinen heute Touristenattraktionen sind. Damals waren sie ungeheuerliche Gefängnisse, ihre Mauern beschworen die Martern herauf und erstickten zuweilen die Schreie der Gefolterten. Angesichts der Märchenburgen des Gilles de Rais, vom Volk bald darauf als Blaubarts Schlösser bezeichnet, müssen wir uns an das Abschlachten von Kindern erinnern, das nicht von bösen Feen, sondern von einem blutdürstigen Mann angeleitet wurde. Seine Verbrechen entstanden aus der maßlosen Unruhe, die ihn zerriß – zerriß und in die Irre trieb. Aus dem Gerichtsprotokoll seiner Vernehmung erfahren wir zwar aus dem Geständnis des Verbrechers, daß nicht die Wollust für ihn das Wesentlichste war. Gewiß, er setzte sich auf den Bauch des Opfers, befriedigte sich selbst und verspritzte so den Samen des Lebens über das sterbende Kind; aber nicht der sexuelle Genuß war für ihn entscheidend, sondern der, den Tod beim Werk zu sehen. Dieses Sehen berauschte ihn; er ließ einen Körper aufschlitzen, eine Kehle durchschneiden, Glieder abhacken – er liebte den Anblick von Blut.

Endgültige Befriedigung erlangte er indes nicht. Gilles de Rais erträumte für sich selbst Herrscher zu sein. Nach dem Sieg von Orléans und der Krönung ließ er sich als Marschall von Frankreich ein geradezu königliches Wappen bewilligen. Ihm voraus ritt eine königliche Eskorte, ein »geistlicher Stab« begleitete ihn. Ein Wappenherold, zweihundert Mann und Trompeten kündeten ihn an, die Chorherren seiner Kapelle, eine Art Bischof, Kirchensänger und Kinder seiner Singschule bildeten für den hoch zu Pferde Thronenden das von reichsten Ornamenten strahlende Gefolge. Sein Wunsch zu glänzen war so stark, daß sich Gilles de Rais bis zum Ruin verausgabte. Um seine vom Wahn diktierten Bedürfnisse zu befriedigen, verschleuderte er ohne zu rechnen ein Riesenvermögen. Eine Art Irrsinn liegt seinem Drang nach Aufwand zugrunde; er veranstaltete gewaltige dramatische Vorführungen, bei denen Speisen und Getränke verteilt wurden. Um jeden Preis wollte er faszinieren, aber wie die Dinge lagen, vermißte er das, was der Verbrecher zumeist entbehrt, und was ihn das Geständnis schätzen läßt: prahlen zu können mit seinen Verbrechen, die er notwendigerweise geheimhalten mußte.

Unverkennbar bedingt das Verbrechen die Nacht; ohne sie wäre es kein Verbrechen; aber mag die Schaurigkeit der Nacht noch so finster sein – sie strebt dem Sonnenaufgang zu.
So fehlt etwas an den Aztekenopfern, die zur gleichen Zeit wie die Bluttaten von Rais stattfanden: Die Azteken töteten auf der Spitze ihrer Pyramiden im Sonnenlicht; sie kannten nicht die Weihe, die im Haß auf den Tag, im Verlangen nach der Nacht liegt.
Umgekehrt ist im Verbrechen eine theatralische Forderung enthalten, nämlich die, daß der Verbrecher entlarvt werde; diese Möglichkeit kostet der Verbrecher erst aus, wenn er schließlich überführt wird. Gilles de Rais hatte einen starken Hang zum Dramatischen: nach dem Geständnis seiner Schandtaten, nach seinen Tränen und Gewissensbissen kostete er den pathetischen Moment seiner Hinrichtung aus. Die Menge, die sich versammelt hatte, um ihn sterben zu sehen, scheint wie erstarrt gewesen zu sein, als der hochgestellte Edelmann die Eltern seiner Opfer weinend und voller Reue und Demut um Vergebung bat. Gilles de Rais wollte seinen beiden Komplizen in den Tod vorangehen: so präsentierte er seine Hinrichtung durch Galgen und Feuer auch diesen blutigen Personen, die ihm bei seinen Metzeleien zur Hand gegangen waren und von denen zumindest der eine seine fleischliche Umarmung gekannt hatte; lange hatten sie gesehen, wie er sich in Greueln ohne Ende wälzte, und für sie war er bereits das »heilige Ungeheuer«, das er fortan für die Menge wurde.
Zu seinen Lebzeiten hatte sich der Exhibitionismus von Gilles de Rais mit wenigen Zeugen begnügen müssen: mit seinen Helfershelfern Sillé, Briqueville, Henriet, Poitou und anderen ... Daß er nun vor der Menge in der vom Henker entfachten Lohe erschien, stranguliert und erhängt, das ergibt den krampfähnlichen Sinn seines Todes und seiner Geständnisse.

Gilles de Rais ist im Grunde der tragische Held, der shakespearesche Held. Nicht weniger deutlich als durch den Prozeß wird das vielleicht aus dem folgenden Satz eines juristischen Gutachtens (das auf Betreiben seiner Familie, die nach seinem Tod beweisen wollte, daß er sein Vermögen sinnlos verschwendet hatte, verfaßt und unter dem Titel »Denkschrift der Erben« veröffentlicht wurde):
»Jeder wußte, daß er ein notorischer Verschwender war und weder Sinn noch Verstand hatte, da sein Geist oft gestört war, und oft brach er in aller Frühe auf und ging ganz allein durch die Straßen, und wenn man ihm vorhielt, das sei nicht gut, gab er noch verrücktere und unsinnigere Antworten als sonst.«

Mémoire des héritiers de Gilles de Rais pour prouver sa prodigalité, in: Dom. H. Morice, *Mémoires* … Bd. II, 1338.

Er war sich übrigens dieses monströsen Charakters bewußt. Er sei, sagte er, »unter einer derartigen Konstellation geboren, daß man die Missetaten, die er verübt habe, nicht vernehmen könne, ohne zu schaudern«. Einer von denen, die ihm bei seinen Greueln halfen, hörte ihn sagen: »kein lebendiger Mensch werde jemals begreifen können, was er getan habe.« Sein Stern trieb ihn, so zu handeln …
Zweifellos hatte er abergläubische Vorstellungen von sich selbst, als wenn er aus einer anderen Welt stamme, ein übernatürliches Wesen eigener Art sei, dem Gott und Teufel beistünden, ein Opfer der profanen, der realen Welt, die ihn bei seiner Geburt mit ihren Wohltaten überhäuft, später aber im Stich gelassen habe. Er war davon überzeugt, daß der Teufel bei seinem ersten Ruf herbeieilen würde, ihm zu helfen. Das Verbrechen gab ihm das Gefühl, als gehöre er dadurch – ähnlich wie durch eine fortgesetzte sakrale Handlung –, der geweihten Welt, die ihm schlechterdings nicht ihre Unterstützung verweigern könne. Die

Verluste, die er durch seine Unklugheit erlitten hatte, würde der Teufel gewiß wieder gutmachen ... Aber daß er diese Zuflucht beim Teufel suchte, ruinierte ihn endgültig; es überließ ihn der Gewalt von Scharlatanen, die seine Leichtgläubigkeit ausnutzten. Seine Tragödie ist die eines Doktor Faust, aber die eines kindlichen Faust. Dieses Ungeheuer zitterte tatsächlich vor dem Teufel. Der Teufel jedoch, die letzte Hoffnung des Verbrechers, überließ ihn nicht nur seinem Verzagen, sondern brachte ihn auch aus lächerlicher, ergebener Furcht vor ihm wieder zum Beten. Das Ungeheuer war blutrünstig, aber es war feige.

In verblüffender Schamlosigkeit bildete Rais sich bis zum Ende ein, er würde gerettet werden und trotz seiner abscheulichen Verbrechen den Höllenflammen entgehen, die den Kern seines Köhlerglaubens bildeten. Obgleich er den Teufel anrief und von ihm die Wiederherstellung seines Reichtums erwartete, war er bis zum Ende in aller Naivität ein guter Christ und Kirchgänger. Noch in Freiheit, wenige Monate vor seinem Tod, beichtete er und empfing das Abendmahl. Bei dieser Gelegenheit überkam ihn sogar eine Anwandlung von Demut; in der Kirche von Machecoul war das niedere Volk ausgewichen, um dem Standesherrn Platz zu machen. Dankend bat Gilles die Armen, neben ihm zu bleiben. Das war zu der Zeit, als ihn zuweilen die Angst packte, und er deshalb seine Blutorgien aufgeben wollte. Damals beschloß er, in die Ferne zu gehen, nach Jerusalem, um am Heiligen Grab zu weinen.

Er träumte von der endlosen Reise, die ihn retten könnte. Aber es blieb bei der Absicht. Er war verhärtet, und noch in den letzten Tagen der Freiheit schlitzte er Kindern die Kehle auf.

Diese wüste Lasterhaftigkeit widerspricht nicht dem Christentum, das ja immer bereit ist, eine Schuld zu vergeben, und wäre sie noch so erschreckend, wäre sie selbst die

Schuld eines Gilles de Rais. Vielleicht fordert das Christentum im Grunde sogar zur Sünde, zur Abscheulichkeit heraus, weil es sie in gewissem Sinne braucht, nämlich um vergeben zu können. So muß, denke ich, auch das Wort des heiligen Augustin: »Felix culpa« – glückliche Schuld – verstanden werden, das seine ganze Tragweite im unsühnbaren Verbrechen hat. Das Christentum impliziert auch diesen äußersten Grad einer Raserei in sich bergenden Menschlichkeit, und nur das Christentum macht es möglich, dies zu ertragen. Könnten wir es überhaupt verstehen, ohne die extreme Gewalttätigkeit, die in den Verbrechen eines Sire de Rais liegt?
Geht das Christentum vielleicht von der Hemmungslosigkeit einer archaischen Menschlichkeit aus? Überhaupt sollten wir in dem wahnwitzigen Christentum eines Gilles de Rais nicht weniger als in seinen Verbrechen den archaischen Aspekt dieses Mannes sehen, von dem geschrieben wurde: »... oft brach er in aller Frühe auf und ging ganz allein durch die Straßen ...«

Blaubart und Gilles de Rais

Das Christentum, so scheint mir, fordert nicht die Herrschaft der Vernunft. Vielleicht will es auch keine Welt, in der Gewalt ausgeschlossen wäre: Es rechnet mit der Gewalt. Was diese Religion sucht, ist Seelenstärke, ohne die Gewalt nicht ertragen werden könnte. Am Ende sind die Widersprüche von Gilles de Rais ein Resümee der christlichen Situation, und eigentlich kann uns der groteske Widerspruch nicht erstaunen, daß er sich dem Teufel ergab und so viele Kinder umbrachte, wie er nur mochte, sich aber sein eigenes Seelenheil bewahren wollte ...

Wie dem auch sei, hier sind wir bei den Antipoden der Vernunft. In Gilles de Rais ist nichts Vernunft. Er ist in jeder Hinsicht monströs. Seine Untaten erinnern an die eines legendären Ungeheuers. Tatsächlich vermischte sich seine Geschichte in den Gegenden, wo er gelebt hatte, mit der Legende von Blaubart.

Es gibt nichts Gemeinsames zwischen dem Blaubart von Perrault und jenem, dem das Volk in Anjou, Poitou und der Bretagne später die Schlösser Machecoul, Tiffauges und Champtocé zugeschrieben hat. Nichts im Leben von Gilles de Rais entspricht dem verbotenen Zimmer, dem befleckten Schlüssel oder der im Turm wachenden Schwester Anne ... Aber wir können auf dem Gebiet der Legende keine Logik erwarten. In der Vorstellung des Volkes wurden Gilles de Rais' Schlösser und Verbrechen Blaubart zugeschrieben, und das bedeutet nichts anderes als die Verwandlung einer realen Gestalt in ein Sagenwesen infolge der immer ungenauer werdenden Erinnerung an die ungeheuerliche Vorgeschichte. Wir brauchen uns hier nicht darum zu kümmern, was das Märchen von Blaubart insgesamt, in seinen verschiedenen und manchmal widersprüchlichen Versionen, besagte.

Die hier von uns vertretene Ansicht über die Ähnlichkeiten in Gilles de Rais' Geschichte und dem Märchen von Blaubart hat Charles Petit-Dutaillis klar und knapp ausgesprochen. Er schreibt in *Charles VII.*, 1902, S. 183: »Wir wollen nicht sagen, daß Gilles de Rais der Prototyp Blaubarts wäre. Das Märchen von Blaubart und seinen sieben Gattinnen scheint alten und volkstümlichen Ursprungs zu sein und hat an sich keine Analogie zu Gilles de Rais, der sich nur einmal verheiratet hat und von seiner Frau getrennt lebte; sicher aber ist, daß in der Bretagne und in der Vendée das Volk die Geschichte von Gilles de Rais und das Märchen von Blaubart miteinander verquickt hat.«

Es ist insbesondere kaum erheblich, ob der Ursprung der Gestalt in die Bretagne gehört. Michelet und einige andere haben das angenommen. Wenn wir aber von Gilles de Rais sprechen, haben wir uns nur mit der ihn betreffenden Überlieferung zu befassen. Diese Überlieferung hat Abbé Bossard, dessen Werk über den Verbrecher wir für das ernsthafteste halten, fixieren wollen, und es gelang ihm, sie rechtzeitig so klar wie möglich darzustellen.

Von seiner Arbeit ausgehend, können wir sagen, daß Gilles de Rais dort, wo er gelebt hatte, mit Blaubart identifiziert wurde. Es ist verblüffend und in gewissem Sinne sogar unheimlich, einen wie treffenden Ausdruck diese so diabolische Erinnerung im Volk gefunden hat. Ist die Geschichte nicht wirklich wie auf die Legende zugeschnitten? Nur sie hat die Macht, das heraufzubeschwören, was am Verbrechen nicht in die Grenzen der vertrauten Welt reduzierbar ist. Ohnehin könnten wir das Entsetzliche und Exzessive in der Gestalt Gilles de Rais' nicht besser kennzeichnen, als dadurch, daß wir ihn mit Blaubart in Beziehung setzen, wie es die armen Leute auf dem Lande taten. Ich werde erst wieder auf präzise Fakten zurückkommen, nachdem ich einen bestimmten diesbezüglichen Aspekt eingehend untersucht habe. Folgende Grundwahrheit möchte ich vollkommen klar herausstellen: Was uns an der Persönlichkeit Gilles de Rais' interessiert, ist ganz allgemein unsere eigene Bindung an das Monströse, das dem Menschen wie ein Alp von früher Kindheit an innewohnt. Ich sprach eingangs von dem »heiligen Ungeheuer« – die Armen früher gaben ihm – einfacher – den Namen Blaubart. Über die lokale Tradition hat der Abbé Bossard

Bossard. *Gilles de Rais, maréchal de France*. 1. Ausg., 1885, S. 399.

um 1880 recht methodisch Folgendes zusammentragen können; er schreibt: »Es gibt keine Mutter oder Amme, die sich bei ihren Erzählungen in den Orten irrte, die Blaubart bewohnte: die Ruinen der Schlösser Tiffauges, Champtocé, La Verrière, Machecoul, Pornic, Saint-Etienne-de-Mermorte und Pouzages, alles Besitztümer von Gilles de Rais, werden als die Stätten bezeichnet, an denen Blaubart lebte.«

Zuweilen wirkt Abbé Bossard etwas naiv, aber in diesem Punkt ist er sorgfältig vorgegangen. Er führt aus: »Wir haben sehr viele alte Leute in der Umgebung von Tiffauges, Machecoul oder Champtocé befragt. Der wirkliche Blaubart war oder ist für sie noch heute der Herr von Champtocé, darin stimmen ihre Erzählungen überein.« Und er fährt fort: »Wie oft haben wir in der geheimen Absicht, ihre Überzeugung zu erschüttern oder ihren Glauben wankend zu machen, uns bemüht, ihre Erinnerungen durcheinanderzubringen und sie sich eine Ansicht zu eigen machen zu lassen, die nicht die unsere war! ›Ihr irrt euch‹, sagten wir, ›Blaubart war weder der Herr von Champtocé, noch der Herr von Machecoul, noch der Herr von Tiffauges.‹ Den einen sagten wir: ›Er wohnte in Mortagne oder Clisson‹, den andern: ›Champtoceaux‹, wieder andern nannten wir eine bekannte Ruine aus der Umgebung. Überall stellte sich zunächst die gleiche Überraschung ein, der bald die gleiche ungläubige Miene und die gleiche Antwort folgten: für die Bevölkerung der Vendée hatte Blaubart in Tiffauges gewohnt; für die Bevölkerung von Anjou in Champtocé; für die bretonische Bevölkerung in Machecoul ... Wir haben Greise vernommen, die mehr als neunzig Jahre alt waren; sie beteuerten uns, sie hätten ihre Geschichten von den Alten von früher. Um nur von der Gegend um Tiffauges zu sprechen, deren Traditionen uns am vertrautesten sind: dort leibt und lebt der schreckliche Baron noch immer, freilich nicht mehr in der ursprünglichen Gestalt des Gilles de Rais, sondern mit der düsteren und legendären Physiogno-

mie Blaubarts. Als wir eines Tages in den Ruinen des Schlosses umhergingen, trafen wir bei dem verfallenen Damm des Crûme-Weihers am Fuße des hohen Turmes auf eine Gruppe Touristen, die im Gras saßen und eine alte Frau aus der Gegend umlagerten, deren Erzählungen über Blaubart sie lauschten. Diese Frau lebt noch; sie wurde im Weichbild der Festung geboren, wo ihre Familie seit drei Jahrhunderten wohnte, bis sie sich um 1850 in die Stadt zurückzog. Inzwischen hat uns ihre Schwester, die noch älter ist als sie, alle an jenem Tag erhaltenen Auskünfte bestätigt, sogar die allergeringfügigsten. Blaubart sei ganz gewiß Herr dieses Schlosses gewesen. Ihre Eltern hätten ihr das immer wieder erzählt und sich dabei auf ihre Vorfahren berufen. – ›Warten Sie‹, fügte sie plötzlich hinzu ›ich werde Sie zu dem Raum führen, in dem er für gewöhnlich die kleinen Kinder umgebracht hat.‹
Wir stiegen auf den einst steilen Hügel, der heute durch die Trümmer eingestürzter Türme nur mehr sanft ansteigt; sie führte uns geradewegs zum Fuß des Wachtturmes und zeigte uns eine kleine Tür, die weit oben zwischen zwei starken Mauervorsprüngen in einer Nische lag: ›Dies Zimmer ist es‹, sagte sie. – ›Aber nochmals, woher wissen Sie das?‹ – ›Meine Eltern haben das immer gesagt, und sie wußten es bestimmt. Früher hat dort eine Treppe hinaufgeführt; als ich noch jung war, bin ich sie oft hinaufgestiegen, aber heute ist die Treppe eingefallen, und das Zimmer selbst ist durch die eingestürzten Wände und Gewölbe bis obenhin voll Geröll.‹«
Der Marschall de Rais scheint also im Gedächtnis der Bevölkerung fortbestanden zu haben in Gestalt eines Blaubart genannten Ungeheuers. Bald ist dieser Blaubart ein Gilles de Rais, bei dem sich nur der Name geändert hat, bald hat der Blaubart der bekanntesten aller Sagen auf ihn abgefärbt: »Das Volk in der Vendée«, fährt Abbé Bossard

fort, »bildet sich ein, das Zimmer, in dem die sieben Frauen Blaubarts erhängt wurden, existiere noch an einem versteckten Ort im Schloß Tiffauges, nur seien die Stufen der Treppe, die dorthin führt, mit der Zeit eingestürzt, zum Verhängnis für den neugierigen Touristen, dessen Schritte vom Zufall dorthin gelenkt wurden! Plötzlich stürzt er in einen tiefen Abgrund, in dem er elendiglich umkommt. In den Abendstunden meidet das Volk diese unheimlichen Ruinen, denn der ruhelose, böse Schatten Blaubarts geht dort noch um wie in den schlimmsten Zeiten.« Indes scheint die klassische Legende erst an zweiter Stelle mit dieser Überlieferung, bei der sich nur der Name der Gestalt änderte, verwoben worden zu sein. »Das kleine Sühnedenkmal in Nantes«, sagt Abbé Bossard weiterhin, »das Marie de Rais aus Frömmigkeit an der Hinrichtungsstätte ihres Vaters errichten ließ, ist nur als Blaubart-Denkmal bekannt. Alte Leute aus der Umgebung von Clisson haben uns erzählt, daß ihnen ihre Eltern sagten wenn sie an dem kleinen Bauwerk vorbeigingen –: ›Hier wurde Blaubart verbrannt.‹ Sie sagten nicht Gilles de Rais.« Als ob eine so unerhörte Geschichte nur ein Ungeheuer als Helden gehabt haben könne, nur ein Wesen außerhalb der normalen Menschheit, so daß ihm auch nur ein von legendärem Gifthauch behafteter Name angemessen sei. Blaubart konnte nicht unseresgleichen sein, sondern nur ein heiliges Ungeheuer, für das die Grenzen des gewöhnlichen Daseins nicht galten. Einprägsamer als mit dem Namen Gilles de Rais setzte sich diese finstere Gestalt unter der Bezeichnung Blaubart in der Vorstellung der armen Leute fest.

Die armen Leute gelangten zu dieser Identifikation vielleicht auch durch die Verlegenheit, vor Kindern über die anstößige Geschichte des Marschall de Rais zu sprechen. Der Name Blaubart entsprach deshalb nicht weniger der Gestalt, die sie so nannten.

Wahrheit, die zum Himmel schreit

Im Einklang mit dem Volk der Vendée und der Bretagne, das schon bald keinen Unterschied mehr zwischen Gilles de Rais und Blaubart wahrnahm und die beiden naiv miteinander verwechselte, habe ich zunächst Wert darauf gelegt, ihn als das legendäre Ungeheuer, als das fantastische Wesen zu zeigen, das die herkömmlichen Grenzen überschreitet.

Es ist an der Zeit, über diese ersten Gesichtspunkte hinauszugehen, die ähnlich wie die volkstümliche Einbildung oder die umsichtige Geschichtsschreibung die Dinge nur in einer Gesamtdarstellung wiedergeben. Wir gelangen jetzt zu den reinen Details, die eindeutiger, konkreter und nicht so signifikant sind. Sie ermöglichen es, daß man sich ein genaueres Bild von dieser schwer faßbaren Gestalt machen kann. Ich möchte diese Details nacheinander anführen, so wie sie in den Dokumenten festgehalten sind; ihre Wahrheit schreit manchmal zum Himmel, denke ich, nie aber treten sie in Widerspruch zu dem Begriff des »heiligen Ungeheuers«, der sich in jeder Hinsicht von Beginn an so zwingend durchgesetzt hat.

Zwischen Vannes und Nantes, in der kleinen Stadt La Roche-Bernard, verläßt Gilles de Rais das Haus, in dem er die Nacht zubrachte. Er wird von einem Kind begleitet, dessen Mutter, Peronne Loessart, tags zuvor den Fehler begangen hat, es einem der Kammerdiener des Grandseigneurs anzuvertrauen. Zuweilen ist Gilles de Rais umgänglich und zeigt sich leutselig, aber die Zeugenaussage der Peronne Loessart schildert ihn in einem Moment hochmütiger Gleichgültigkeit. Beim Aufbruch ist der Knabe zweifellos glücklich, sein armseliges Elternhaus verlassen zu können. Doch als die Mutter sie fortgehen sieht, eilt sie ihnen nach; vielleicht kämpft sie mit ihren Gefühlen. Sie befiehlt ihr Kind dem Manne an, der den Zehnjährigen bald darauf ermorden wird. Die demütige Bitte der Mutter keiner Antwort würdigend, wendet sich Gilles de Rais an den Diener, der diesen Fang gemacht hat und sagt gelassen zu ihm, das Kind sei »gut gewählt«; und er fügt hinzu: »Es ist schön wie ein Engel.« Wenige Augenblicke später reitet das unschuldige Opfer in Begleitung dieses Mannes namens Oger auf einem kleinen tänzelnden Pferd in der Richtung nach Schloß Machecoul davon …

Wir würden solch ein Ungeheuer, das mit entfesselter Gewalt sogleich zuschlagen wird, schlecht verstehen, wenn wir es nicht zunächst in dieser sichtlichen Gefühllosigkeit, dieser lässigen Gleichgültigkeit erblickten, die es außerhalb des durchschnittlichen menschlichen Gefühlsbereiches und wohl gar darüber stellt. Sollte diese Ruhe vor der geplanten Untat, wie es Peronne Loessart in ihrer Zeugenaussage in echter Naivität anschaulich macht, nichts zu tun haben mit dem, was folgen wird? Mit dem Blutrausch, der Gewalttätigkeit der wilden Bestie? All das entspricht der souveränen Monstrosität dieses Mannes, dessen Größe den, der ihm naht, erdrückt, dieses Mannes, der zuweilen einfältig über die Todeszuckungen und Verrenkungen der Kinder lacht, denen er die Gurgel durchschnitten hat. Gibt es etwas Himmelschreienderes als dieses »schön wie ein Engel«? Vor der Mutter und ihrem dem Tod bestimmten Kind, einem kleinen zehnjährigen Jungen, kommt solch Wort aus dem Munde des Mannes, der bald darauf über den Bauch seines Opfers gebeugt sitzen wird, um es genau sehen und damit den höchsten Genuß aus der Beobachtung des Todeskampfes gewinnen zu können.

Der Mord an dem Sohn von Peronne Loessart trug sich im September 1438 in Machecoul zu. Damals ist Gilles noch nicht ganz jenes gehetzte Tier, das er von Tag zu Tag mehr wird. Aber im Frühjahr 1444 hat er kein Geld mehr, und es

Den MERLIN VERLAG gibt es seit 1957. Namenspatron ist der keltische Magier Merlin, Vater der Tafelrunde des Königs Artus, – Inbegriff elitären ethischen Engagements. So ein Vorbild verpflichtet.
In fünf Jahrzehnten sind viele hundert Bücher unter dem Signet des legendären Zauberers erschienen. Nicht alle sind noch lieferbar, aber auf alle trifft zu, was die Redaktion der „Welt der Literatur“ schon 1965 feststellte:

> *„Eines sollte der Bücherfreund wissen, wenn er in der Buchhandlung stöbert: Ein Buch des Merlin-Verlages bietet in jedem Fall Literatur.“*

Die Buchhandlungen, in denen zu stöbern sich lohnt, werden immer seltener; um so nötiger wird es, den anspruchsvollen Leser vom Verlag aus zu informieren. Bitte kreuzen Sie auf der Rückseite an, für welches Gebiet Sie sich interessieren, und schicken Sie die Karte zurück!

Ich entnahm diese Karte dem Band

____

Ich interessiere mich für

- ☐ einen Gesamtprospekt
- ☐ Prosa
- ☐ Lyrik
- ☐ Merlins Schmökerecke
- ☐ die Bibliothek de Sade
- ☐ Theaterliteratur
- ☐ Magie und Okkultismus
- ☐ Geschichte und Politik
- ☐ Biographien und Briefbände
- ☐ Kunstkataloge und Bibliophile Ausgaben
- ☐ Originalgrafik
- ☐ Janosch

Name ______________________

Beruf ______________________

Anschrift ______________________

____

Telefon ______________________

An den

MERLIN VERLAG
Gifkendorf 38

21397 Vastorf

entziehen sich ihm die Stützen, die er noch hatte, die Gerüchte um ihn werden lauter und klagen ihn mit unerbittlicher Eindringlichkeit an. Nun wird er wahrhaft das gehetzte Tier, das sich blind stellt und das Schicksal zu zwingen versucht: Mit Waffengewalt bemächtigt er sich des von ihm verkauften Schlosses Saint-Étienne-de-Mermorte, um es seinem Käufer wieder abzunehmen. Diese tolle Handlung mußte gefährliche Vergeltungsmaßnahmen nach sich ziehen, und wenn sie einen Grund hatte, so entsprang sie der Verwirrung und der Ohnmacht.
Von nun an verliert Gilles de Rais den Boden unter den Füßen: blindlings läßt er sich fallen. An jenem Tage hat er eine Kompanie von sechzig Bewaffneten im Wald versteckt. Gewaltsam dringt er am Ende der Hauptmesse, eine Streitaxt schwingend, mit einigen Bewaffneten in die Kirche ein. Dann fällt er brüllend über den Bruder des Käufers her, einen Geistlichen, der mit der Aufsicht über das Schloß betraut ist. Rasend, außer sich, brüllt er durch die Kirche: »Du Hurenjäger, du hast meine Leute geschlagen und geschunden. Komm 'raus aus der Kirche, oder ich schlage dich tot!«
In seiner protokollarischen Genauigkeit läßt der Prozeßbericht, der diesen entscheidenden Ausbruch der Verirrung auf französisch wiedergibt, mit nahezu vollkommener Deutlichkeit eine tragische Entwicklung wiederaufleben. Wir können nicht wissen, warum Gilles de Rais diesen Wutanfall bekam, warum er plötzlich die Lage nicht mehr ertrug, die sich aus der Verschleuderung seiner Schlösser ergeben hatte. Aber indem er die Heiligkeit der Kirche verletzte, indem er mitten im Gottesdienst die geistliche Immunität Jean le Ferrons mißachtete, und indem er schließlich der Autorität des Herzogs der Bretagne spottete – der einzigen Stütze, die ihm dann noch geblieben wäre –, besiegelte er seinen unausbleiblichen Untergang: Der Prozeß

und die Hinrichtung folgten bald nach der Szene in Saint-Étienne-de-Mermorte. Gilles de Rais glaubte, in Jean le Ferron eine Geisel zu besitzen; er hielt ihn zunächst in Saint-Étienne, dann in Tiffauges gefangen. Aber nur er in seiner Naivität konnte einen Ausweg sehen, wo er offensichtlich kaum noch den Anlauf für einen Sprung nehmen konnte. Zwar mußte der Herzog der Bretagne sich erst an den Konnetabel von Frankreich wenden, der allein außerhalb der Bretagne in Tiffauges (Poitou) handeln konnte. Aber dieser Konnetabel, Arthur de Richemont, war der leibliche Bruder des Herzogs; der Tor gewann hierdurch nur einige Wochen. Die Geschichte in Saint-Étienne ereignete sich am 15. Mai 1440, am 26. Oktober wurde Sire de Rais hingerichtet. Die überhandnehmenden Verbrechen, die verzweifelten Appelle an den Teufel, der wahnwitzige Streich zuletzt, all das trug nur zu seinem raschen Untergange bei.

Es ist bekannt, daß er seinen Richtern gegenüber zunächst von herablassender Unverschämtheit war. Sein Verhalten hat nichts Berechnendes, nichts Geschicktes; unvermittelt wechselt er von Unverschämtheit zu Niedergeschlagenheit über. Aber sein Trotz ist nichts als dumm. Und wenn er über seine Schändlichkeit hinaus wieder zu einer Großartigkeit findet, die ihm eigen ist, dann in der Ruhe des Sichgeschlagengebens. Der Mut und die Unverfrorenheit, mit denen er dem Strafgericht und dem Tod entgegentritt, dämmen seine panische Furcht vor dem Teufel. Beweise für diesen Mut und diese Unverfrorenheit hat er in seinen Schlachten geliefert. Aber ein tragisches Entsetzen stellt sich ein, wenn es nicht – wie im Krieg – allein um den Tod geht: wenn Schuld und Sühne das ins Spiel bringen, was die Tragödie bedeutet, was die Tragödie zum Ausdruck des Schicksals macht. In dieser Hinsicht erreicht der Dialog zwischen Richter und Verbrecher, zwischen Pierre de

L'Hôpital und Gilles de Rais, einen seltenen Grad an Eindringlichkeit. Die Bedeutung dieses Dialogs muß an Ort und Stelle bereits vage zu erkennen gewesen sein. Aus diesem Grunde gibt ihn der Schreiber nicht in Latein, sondern auf französisch wieder, wie er es jedesmal tut, wenn die oft in juristischer Pedanterie verzwickte Verhandlung plötzlich Pathos annimmt.

Im Verlaufe eines Verhörs außerhalb der Regeln, das erst im letzten Augenblick beschlossen wurde und das kirchliche Verfahren unterbrach, fragt der oberste weltliche Richter, nämlich Pierre de L'Hôpital, Gilles vor einer einsatzbereiten Folterbank eindringlich, »aus welchen Gründen, mit welchen Absichten und zu welchen Zwecken« er seine Opfer umbrachte. Dieser hatte gerade erst ausgeführt, daß er seine Verbrechen »seiner Vorstellung folgend, ohne jemandes Rat und vermöge seines eigenen Verstandes lediglich zu seinem eigenen Vergnügen und seinem fleischlichen Ergötzen« begangen habe; nun erwidert er verwirrt: »Ach, Monseigneur, Ihr quält mich und Euch dazu.«

Die Entgegnung von Pierre de L'Hôpital wird ebenfalls auf französisch wiedergegeben:

»Ich quäle mich keineswegs, aber ich bin sehr erstaunt über das, was Ihr mir da sagt, und ich kann mich schlechterdings nicht damit zufrieden geben. Aber ich verlange und wünsche von Euch die reine Wahrheit über diese Dinge zu erfahren.«

»Wahrhaftig, es gibt keinen anderen Grund, keinen anderen Zweck und keine andere Absicht als die, welche ich Euch genannt habe: ich habe Euch viel schlimmere Dinge als jene gesagt und genug, zehntausend Männer hinzurichten.«

Was Präsident de L'Hôpital fragt, ist einfach das, was ein vom Verstand regierter Mensch wissen will. Warum hat Gilles getötet? Infolge welcher Anstiftung, nach welchen

Beispielen ist er auf diese und nicht auf eine andere Weise vorgegangen? Dem Richter ist an der Erklärung des Verbrechens gelegen ... Gilles auf der anderen Seite sieht nur eine tragische Wahrheit, deren blinder Ausdruck er war: jenes mit Worten nicht zu erklärende Bedürfnis zu töten, ohne Grund zu töten, das ihn in Bann gehalten hatte wie der Galopp ein durchgehendes Tier ... Dem Schuldigen lag nichts daran, den Ursprung seiner Verbrechen zu erkennen oder aufzudecken. Für ihn waren diese Verbrechen das gewesen, was er selbst war, was er so gründlich, so tragisch war, daß er sich nichts anderes vorstellen konnte. Keine Erklärung. Nichts erscheint dem ungeheuren Wahn, den er gelebt hatte, angemessen außer der Sühne, die er erleben wird. Die Sühne ist hier der einzige Begriff, der in de Rais' Geist dem entspricht, was der Richter gern erfahren hätte: »Genug, zehntausend Männer hinzurichten.« So lautet die Antwort des Schuldigen! Sie ist unlogisch, aber in ihr liegt die Erregung, die das Leben des Verbrechers ausmacht; bis zum Ende muß dieser Mann im Verbrechen, ich sage nicht: leben, aber rettungslos versunken sein. In dem Augenblick, in dem ihm, in der Haft, die Möglichkeit zu morden genommen ist, blieben ihm das Geständnis – das ihn vor aller Augen mit seinen Taten verbunden zeigt –, die Sühne, indem sie seine Verbrechen vor dem von ihrer Maßlosigkeit angezogenen Volk an den Pranger stellt, und das Schauspiel seiner Hinrichtung. Bis zum letzten Atemzug wird er im Verbrechen und in der Gnade leben, um die er Gott sterbend und unter Tränen bitten wird.

»Genug, um zehntausend Männer zum Tode zu verurteilen.« Wie kann einer mehr Stolz oder mehr Demut zeigen? Wiederholt weint Sire de Rais vor Reue; was er nicht kann, ist, nicht mehr ungeheuerlich sein: wir sehen ein Ungeheuer weinen, und die Reue, die es bekennt, ist die eines Ungeheuers. Man darf sich darin nicht täuschen. Gemein-

hin läßt man sich von seiner Frömmigkeit in den letzten Tagen erweichen. Aber andere vom Schreiber aufgezeichnete Worte, die wir noch zitieren werden, wirken störend. Gilles richtete sie am Ende einer Gegenüberstellung an François Prelati, seinen jungen Magier aus Florenz. Es muß hier von vornherein gesagt werden, was es mit diesem Prelati auf sich hatte: er war ein abgefeimter Komödiant, gebildet, aber ein Spitzbube; zweifellos verführte er seinen Herrn (allem Anschein nach war er selbst homosexuell), und sicher bereicherte er sich an ihm. Bis ans Ende mißbrauchte er seine Naivität; einmal täuschte er mit Gebrüll vor, vom Teufel mit Stockhieben gezüchtigt worden zu sein; verwundet kam er heraus. Aber als der Angeklagte ihn vor sich hatte, sagte er vor den Richtern als Zeugen in dem Moment, als Prelati den Saal verließ, schluchzend zu ihm: »Adieu, François, mein Freund! Niemals werden wir uns wiedersehen in dieser Welt. Ich bete zu Gott, er möge Euch Geduld und Erkenntnis und Hoffnung auf Gott geben, den wir in der Seligkeit des Paradieses sehen werden; bittet Gott für mich, und ich werde für Euch beten!«
Wenige menschliche Wesen haben Spuren von sich hinterlassen, die es noch nach fünf Jahrhunderten ermöglichen, sie so sprechen, so weinen zu lassen! Derartige Szenen sind nicht das Werk eines Autors. Sie haben stattgefunden: wir haben sie gewissermaßen in Kurzschrift. Doch es kann uns nicht erstaunen, in Ungewißheit gelassen zu werden: Das Tragische dieser Abschiedsworte mildert ihren höhnischen Anstrich nicht. Und wenn wir nach der Kohärenz dieser Geschichte, dieser Person und der ganzen Angelegenheit suchen, ahnen wir etwas Grundlegendes: dieses Monstrum, das dennoch das Monstrum der Legende, der Blaubart jener Landstriche ist, in denen die Trümmer der feudalen Mauern und Türme bei Nacht Entsetzen verbreiten, dieses Monstrum tritt vor uns hin wie ein Kind.

Wir können die Monstrosität der Kindheit nicht leugnen. Wie oft wären Kinder, wenn sie könnten, Gilles de Rais! Stellen wir uns die praktisch unbeschränkte Macht vor, über die er verfügte. Nur die Vernunft determiniert das Ungeheuerliche der Tatsache – das von uns so genannt wird –, daß die Monstrosität dem Menschen, dem Vernunftwesen, eigen ist. Im Grunde sind weder Tiger noch Kind Monstren, aber in dieser von der Vernunft beherrschten Welt fasziniert ihre anscheinende Monstrosität: Sie mißachten die notwendige Ordnung, sie brechen aus.

Ich komme nun zu der Frage, wieso und in welchem Maße das Ungeheuer, das unter dem Namen Gilles de Rais, dann unter dem Blaubarts in der finsteren Heimat des Gilles de Rais umging, ein Kind war.

Ich kann es mit den bis jetzt von mir aufgezeigten Aspekten nicht bewenden lassen. Daß ich diese Gestalt nach fünf Jahrhunderten wieder heraufbeschwöre, spricht für die Macht ihrer Faszination. Diese Aspekte sind relativ am bekanntesten; es ist der Aspekt der jungenhaften Dummheit, des Kinderstreichartigen, den ich vor allem kenntlich machen möchte. Diese Einfalt, diese Kindhaftigkeit sind der Aufmerksamkeit gewöhnlich entgangen. Um die unbekannten Aspekte an Gilles de Rais zu zeigen, muß ich sie nun mit seinem ganzen Leben in Zusammenhang bringen.

Der Erbe großer Herren

Gilles de Rais, der 1429 Marschall de Rais wurde, ist der Urgroßenkel des Konnetabel du Guesclin, der Enkel von Jean de Craon, der Sohn von Guy de Laval. Die Familie Laval-Montmorency, aus der sein Vater stammt, die der Craons, aus der sein Großvater mütterlicherseits kommt, oder die der Rais', von der er auf indirektem Wege Erbe und Namen erhielt, gehören zu den vornehmsten, reichsten und bedeutendsten Familien der Feudalgesellschaft jener Zeit.

Über Gilles' Vater und die Mitglieder seiner Familie wissen wir nichts Bestimmtes: ebenso steht es mit den Vertretern der Familie de Rais, die er beerbte und die 1407 mit Jeanne Chabot, genannt la Sage, ausstarb. Die einzigen Personen, von denen wir eine individuelle Vorstellung haben, sind Pierre und Jean de Craon, Gilles' Urgroßvater und Großvater mütterlicherseits. Wir werden auf sie zurückkommen; zunächst müssen wir die Welt zeigen, zu der alle Verwandten dieses blutigen Mannes gehören, der in jahrelanger Seelennot immer wieder auf den Augenblick wartete, sich auf Kinder zu stürzen, sie zu schänden und hinzumetzeln.

All seine Verwandten sind mächtige Feudalherren, Besitzer weiter, von massiven Festungen beherrschter Landstriche. Jeder von ihnen besitzt mehrere, manchmal eine ganze Menge dieser hochgelegenen Stätten, die Furcht und Entsetzen einflößen und eine gewissermaßen religiöse Macht ausüben. (Das Hoheitsrecht des Königs ist zum Teil übernatürlich; die Macht eines Standesherrn ähnelt ihm, sie ist sein Spiegelbild.) Gewiß, diese auf der Suche nach Ruhm, aber in einem behäbigen Luxus lebenden Feudalherren sind sich nicht dessen bewußt, daß sie von einer Situation profitieren (auch wenn sie keinen materiellen Komfort haben, so genießen sie ihn doch in Form einer zahlreichen Dienerschaft). Aus Wohltätigkeit, Glaubensterror, eitlen Vergnügungen, Ehrgeiz, schäbigem Eigennutz setzt sich ein üppiges und unbeständiges Leben zusammen, das der Tod jeden Augenblick schlagartig beenden kann. Niemand in dieser Gesellschaft von Fronherren – die lachen, jagen, Krieg führen, unaufhörlich an den Feind, den Rivalen, denken, sich aber selten langweilen und nie arbeiten –, ist für längere Zeit von dem Gedanken an einen fratzenhaften Teufel frei, der über die ewigen Schrecken der Hölle herrscht. Unser heutiges Leben, das für vernunftgemäß gehalten wird, ist zu einem Teil eine Verkettung von Widersprüchen. Aber ein Standesherr zu Beginn des 15. Jahrhunderts, dem es fern lag, nach Vernunft zu trachten, lebte rückhaltlos in einem Chaos von Widersprüchen, zwischen Berechnungen, Gewalttaten, guter Laune, blutigem Unfug, Todesangst und Sorglosigkeit ...

Als wir von den Verbrechen Gilles de Rais' sprachen, haben wir zuerst auf seinen archaischen Charakter hingewiesen; wir werden sehen, daß dieser Archaismus auf verschiedene Weise zum Vorschein kommt.

Gilles de Rais gehört zunächst einmal seiner Zeit an. Er ist einer dieser vernunftlosen Feudalherren und teilt ihre egoistischen, müßigen und lasterhaften Vergnügungen. Wie sie lebt er in diesen klotzigen und luxuriösen Festungen inmitten von in seinem Dienst stehenden Bewaffneten und voller Verachtung für die übrige Gesellschaft.

Seine Erziehung identifiziert ihn in jedem Punkt mit der Masse dieser mittelmäßigen und auf Prestige bedachten Männer. Wenn er eine militärische Kapazität ist, dann nur insofern, als er Erfahrung in Gewaltanwendung hat; von der Kriegskunst selbst hat er nur die Anfangsgründe gekannt haben können (damals wurden Kriegsführer nicht ausgebildet; als einzige Möglichkeit bot sich das Zusammenleben mit kriegserfahrenen Männern). Der Reichtum der Familie verlangte, daß Gilles zwei geistliche Hauslehrer bekam, die ihm zwar fließendes Lesen und Schreiben beibrachten – er verstand Latein und muß es sogar sprechen gekonnt haben –, aber daß er wirklich gebildet war, wird durch nichts bewiesen. Daß er einige Manuskripte besaß, die er wahrscheinlich zum größten Teil geerbt hatte, bedeu-

tet nicht, daß er ihnen einen Teil seines Lebens gewidmet hätte.
Alles in allem paßt Gilles de Rais sich dem feudalen Milieu seiner Zeit an. Jedoch in einem Punkt (und das liegt an seinem archaischen Charakter) steht er in Widerspruch zu dem Menschen, der die Sorge für seine Erziehung übernommen hat – zu seinem Großvater. Das Leben dieses Großvaters Jean de Craon kennen wir, wie gesagt, besser als das seiner Eltern.
Gilles' Mutter, Marie de Craon, und sein Vater, Guy de Laval, starben jung und nacheinander im Laufe des Jahres 1415. Guy de Laval befürchtet, daß die Vormundschaft über seine Kinder, da seine eigenen Vorfahren verstorben sind, auf den Großvater mütterlicherseits kommt, mit dem er sich schlecht verstanden haben muß und dessen Immoralität ihm zweifellos Angst machte. Er hält das mit Recht für verhängnisvoll und will dem zuvorkommen. Aber so eindeutig er seinen letzten Willen auch formulierte, er blieb wirkungslos. Mit elf Jahren kommt Gilles in die Hände dieses Großvaters, der ihm in gewisser Hinsicht gleicht und dennoch das Gegenstück zu ihm ist.

Jean de Craon
(Der Großvater mütterlicherseits)

Wir haben auf die Immoralität Jean de Craons hingewiesen. Dieser sehr bedeutende Fronherr ist in der Tat völlig skrupellos, er ist brutal und habsüchtig, und seine Geschäftsmanieren grenzen an Banditentum. Aber er ist dabei in keiner Weise anachronistisch, seine Untugenden stehen nicht im Widerspruch zu den für seine Zeit charakteristischen Zügen. Sie lassen sie im Gegenteil schärfer hervortreten.

Die Ansichten und Gewohnheiten eines Freibeuters können bei ihm, einem Grandseigneur, nicht überraschen. Er vertritt sogar exakt die Feudalgesellschaft in einem Zeitabschnitt, in dem das bürgerliche Ideal der Interessenwahrung und Besitzausbeutung vor die Sorge um die an den feudalistischen Ehrbegriff gebundenen traditionellen Tugenden tritt. Es gibt nichts Romantisches am Banditentum eines Jean de Craon.

Sein Reichtum ist beträchtlich. Nächst der Familie des Herzogs ist er der reichste Lehnsmann in Anjou. Und doch beschäftigt ihn nur ein Gedanke: wie er seinen Reichtum vermehren kann. Daran arbeitet er mit Intrigen, die ihn in die hohe Politik seiner Zeit verwickeln; er ist geizig und läßt sich auch den geringsten Vorteil nicht entgehen. Gewöhnlich residiert er in Champtocé, einer Festung, die die Loire beherrscht, wichtig als militärischer Schlüssel zur benachbarten Bretagne. Er übt ein Zollrecht über die Flußschiffahrt aus, greift aber über die anerkannten Rechte hinaus zu gewalttätigen Mitteln: Die Flußschiffer verklagen ihn, und von der Pariser Spruchkammer wird ein Urteil gegen ihn ausgesprochen.

Sein Vater, der bekannter ist als er selbst, war einer der Vertrauten jenes Herzogs von Orléans, der Jean sans Peur umbringen ließ. Wir wissen nicht, ob er dessen gerühmte Ritterlichkeit und einnehmendes Wesen geerbt hat. Mag das ungewiß sein, so stammen seine Begabung und seine Neigung für die Politik sicher von ihm. Der Vater soll äußerst empfindlich in Dingen der Ehre gewesen sein. Möglich, daß Ehre vor allem Feingefühl für die feudalen Spielregeln bedeutete. Aber wenn der Sohn ihm in dieser Beziehung ähnelt, dann etwa so, wie auch der abgefeimteste Gauner zuweilen ein Gefühl für die Gebräuche der Unterwelt besitzt. Sehen wir von einer rein äußerlichen Respektabilität einmal ab, so hat Jean de Craon die Auffassungen und – wenn man so will – die Gewandtheit eines Beutelschneiders. Er ist für Gilles verantwortlich, er hat die Aufgabe, ihn zu erziehen. Aber das kümmert ihn nicht. Er läßt seinem Enkel die Freiheit, soviel Böses zu tun, wie ihm beliebt. Wenn der Großvater überhaupt eingreift, dann nur, um ihm sein eigenes Beispiel vor Augen zu halten. Er lehrt ihn, sich nach seinem Vorbild als über den Gesetzen stehend zu fühlen.

Wir werden sehen, daß sich der junge Mann in diesem Punkt nicht von dem Alten unterscheidet.

Später werden wir den Bericht über eine Raubtat finden, an welcher der Großvater den sechzehnjährigen Gilles teilnehmen läßt.

Es handelt sich um eine Erpressung, bei der eine vornehme Dame – eine Verwandte – entführt, eingesperrt und bedroht wird, in einen Sack gesteckt, um wie eine Katze in der Loire ersäuft zu werden. Drei Männer, die sich einfinden und sie zurückfordern, werden in ein Verlies geworfen, und an den Folgen des Aufenthaltes dort stirbt einer von ihnen. Gilles und sein Großvater lassen uns an die Brutalitäten der Nazis denken.

Großvater und Enkel

Aber ein Unterschied zwischen Großvater und Enkel zeigt sich doch rasch. Der Erste ist durchtrieben und wahrt geschickt seine Interessen. Der Zweite profitiert zuweilen von den Berechnungen des ersteren, aber er selbst stellt keine an. Wo immer Gilles nach dem Prinzip der Vernunft vorzugehen, eine Handlung zu einem gezielten Endergebnis vorzutreiben scheint, da kann man vermuten, daß ein anderer ihn führt und berät. Nie geht er von sich aus zielbewußt vor. Feiger Grausamkeiten ist er fähig, nicht aber der Berechnung. Was bei seinen Taten auf Überlegung beruht, verlangte das Eingreifen eines anderen.

Jean de Craon scheut vor einem Verbrechen nicht zurück, aber was ihn am Verbrechen reizt, ist das Ergebnis. Er kümmert sich um nichts als um seinen Nutzen. Das gilt nicht für Gilles. Nach dem Tode des Großvaters bleibt er bei dem verbrecherischen Leben, in das ihn der alte Feudalherr eingeführt hat. Er wird sogar weiter gehen als dieser, entschieden weiter, aber er folgt dabei nur seiner Besessenheit, seinem Wahn. Er handelt im Fieber. Beim Tode Craons beginnt die Serie von Kindermorden, die uns wie eine Halluzination anmutet. Manchmal geht er sogar über seine Leidenschaft hinaus. Er gibt sich unnützen, schändlichen Gewalttätigkeiten hin. Wenn er grausam und skrupellos ist, vergißt er, sich um seinen Vorteil zu kümmern; er kennt seine Interessen nicht oder er mißachtet sie.

In diesem Punkt ist der Gegensatz zwischen Großvater und Enkel am größten. Er ist vollkommen. Der Großvater versucht schließlich, in Gilles einen Ehrgeiz zu wecken, der seinen Ansichten entspricht. Der habgierige Greis sieht den unbändigen jungen Mann, der vor nichts zurückschreckt, schon bald zu einem der einflußreichsten Männer des Königreichs und zum Mehrer des ungeheuren Reichtums werden, den er ihm hinterlassen wird. Er will ihn beraten, ihn auf den Weg bringen. Und freilich werden der Mut und das Ungestüm Gilles' ihn weit voran bringen auf diesem Weg. 1429 geht er, fünfundzwanzigjährig, als glorreicher Marschall von Frankreich, als Kampfgefährte von Jenne d'Arc und Befreier von Orléans, einem unvergleichlichen Geschick entgegen – so sieht es jedenfalls aus. Aber dieser Erfolg ist vergänglich, er ist die Ankündigung, der Beginn des Zusammenbruchs, er leitet ein beispielloses Unheil ein. Was der Alte in seinem schmutzigen

Geiz zu seinem Vorteil gewendet haben würde – bei Gilles schlägt es in Wahn, in Ausschweifungen um. Dieser Wahn und das Unmaß in ihm machen ihn zum Gegenspieler des unempfindlichen alten Mannes und seiner wohlüberlegten Schurkereien. Zu Lebzeiten seines Großvaters stürzt er sich in unglaubliche Ausgaben, die in wenigen Jahren eines der größten Vermögen einer Zeit verschlingen, in der Reichtum mehr bedeutete als heute, und in der der Unterschied zwischen Reich und Arm sehr groß war. Von Anfang an tritt Gilles dermaßen prunkvoll auf, daß der König und die höchsten Standesherren nicht mithalten können. Als Marschall von Frankreich erhält er beträchtliche Zuwendungen, aber sein Posten ist für ihn vor allem die Gelegenheit, seiner Neigung zu übertriebenen Ausgaben zu frönen. Das Bedürfnis nach Glanz ist wie ein Schwindel in ihm, er kann einfach der Möglichkeit zu blenden nicht widerstehen, er muß durch beispiellose Pracht verblüffen. Den Ruhm, den er auf einen Schlag erwarb, hätten andere zu einem Gewinn für ihr Vermögen gewendet. Ihn treibt er im Gegenteil völlig in den Ruin, stürzt ihn in eine noch schlimmere Verschwendungssucht. Um jeden Preis muß er andere blenden, aber er blendet sich selbst mehr als die anderen. Dieser nicht seltene Drang grenzt bei Gilles an krankhafte Raserei. Gilles de Rais ist nicht nur der ungeheuerliche Verbrecher, er ist auch der sinnlose Verschwender; die Verschwendung ist wie ein Rausch. Jean de Craon hatte angenommen, er werde zur Vernunft kommen, wenn er einmal auf höchster Ebene stünde. Aber tatsächlich dient ihm die erlangte Bedeutung dazu, sich noch mehr zu berauschen, sie treibt ihn, hemmungslos dem Bedürfnis nachzugehen, mit freigebigem, märchenhaftem Kostenaufwand Bewunderung zu erregen.

Der Konflikt zwischen Großvater und Enkel kommt bereits zum Ausbruch, als Gilles mit zwanzig Jahren die Verwaltung seiner Besitzungen fordert. Der Großvater reagiert sofort. Daraus entsteht eine heftige Spannung zwischen den beiden Männern.

Craon kann sich jedoch nicht auf eine unzugängliche Haltung versteifen. Wie sollte dieser rauhe Großvater, und wäre er auch fühllos, hart bleiben? 1415 hat er in der Schlacht von Azincourt seinen einzigen Sohn verloren. Und wenn er, als er sich wieder verheiratete, auch gehofft hatte, seine Frau würde ihm einen direkten Erben schenken, so mußte er sich doch schließlich mit dem Gedanken abfinden, daß dieser Enkel, mit dem er sich schlecht verstand, sein Riesenvermögen erben würde.

Im selben Jahr, in dem sein eigener Sohn starb, übernimmt er Gilles beim Tod von dessen Vater. Er hat ihm eine unheilvolle Erziehung gegeben, nicht nur durch sein eigenes Beispiel, sondern auch weil er so töricht war, ihn dem Müßiggang und der Unordnung der Kindheit zu überlassen. Wir wissen aus Gilles' Erklärungen im Prozeß, wie gewalttätig und wild diese Kindheit gegen Ende seines elften Lebensjahres wurde. Offenbar verließen ihn die beiden Geistlichen, die ihn bisher unterrichtet hatten. Wir wissen wenig über seine Beziehungen zu diesen Männern. Aber zwanzig Jahre später, 1436, ließ er einen von ihnen, Michel de Fontenay, festnehmen und ins Gefängnis werfen, und man weiß, was Gefängnis damals bedeutete.

Seine Studien waren beendet. Sich selbst überlassen, begann eine schreckliche Reifezeit. »... Als Folge der schlechten Leitung, die er in seiner Kindheit gehabt hatte, während der er ohne Zügel gelassen wurde, allem nachging, was ihm gefiel und sich aller möglichen sündigen Handlungen befleißigte ...« Das sind Gilles' eigene, vom Schreiber des Gerichts aufgenommene Worte.

Der Schreiber präzisiert: »Er beging mehrere schwere und abscheuliche Verbrechen ... hauptsächlich in seiner

Jugend, auf eine zynische Weise gegen Gott und seine Gebote ...«

Um die Moral ging es Jean de Craon wahrhaftig nicht. Der Geiz des Großvaters war zweifellos die einzige Ursache ihrer Differenz, bei der sich der Enkel mit seinem Ungestüm notwendig durchsetzen mußte.

Schließlich führt der Großvater den ungeratenen jungen Mann bei Hofe ein. 1425 war Gilles mit Craon in Saumur bei der Begegnung zwischen Charles VII. und dem Herzog der Bretagne zugegen, die sich mit dem Plan einer Vereinigung trugen. Die Bretagne fürchtete damals einerseits die Invasion der Engländer und wollte andererseits der Vorherrschaft der Franzosen entgehen. Die Vorbehalte des »Roi de Bourges«, des Herrschers der Bretagne, gegen Frankreich konnten durch diese Einigung nicht für lange beseitigt werden.

Indes bot sich 1427 eine außergewöhnliche Gelegenheit. Von seiner Schutzherrin, Yolande von Aragon, erhielt Jean de Craon die Generalstatthalterschaft über das Herzogtum Anjou. Yolande von Aragon war die Schwiegermutter von Charles VII. Sie wollte die Mutter einer wirklichen Königin sein, darum lagen ihr die Interessen ihres Schwiegersohnes am Herzen. Zeitweilig wurde sie seiner Willensschwäche und Untätigkeit Herr. Zwei Jahre später wird sie Jeanne d'Arc bei Hofe wirkungsvoll unterstützen. 1427 ergreift sie die Initiative zu einer begrenzten, aber sinnvollen Unternehmung. Der Kampf gegen die Engländer droht wieder, auf ihre Gebiete überzugreifen. Sie verständigt sich mit Craon, dem mächtigsten ihrer Vasallen: Er soll die militärischen Operationen leiten. Doch Craon ist alt, sicher damals schon in den Sechzigern. Persönlich kann er nicht am Feldzug teilnehmen. Erprobte Feldherren führen die Kontingente des Königs an, aber Gilles wird im Alter von dreiundzwanzig Jahren an die Spitze der Armee von Anjou gestellt. Er ist übrigens nicht allein: Jean de Craon vertraut ihn einer Art Mentor an: Guillaume de La Jumellière, einem Gutsherrn aus Anjou, der in den Berichten Gilles' unter dem Namen Monseigneur de Martigné auftritt. Die militärischen Kenntnisse von Gilles sind mäßig, nicht aber die La Jumellières, der unter den Ratgebern in seinem Solde anscheinend der einzige ist, den man als achtbaren Mann bezeichnen kann (die anderen leben skrupellos auf Kosten seiner Naivität). Unter diesen Umständen macht Jean de Craon es Gilles sogar leicht, seiner Neigung gemäß mit seinem persönlichen Vermögen umzugehen. Schon hier erregt der künftige Marschall von Frankreich Staunen über die Zahl der Spione, die er beschäftigt, und über den Sold, den sie erhalten.

Zu Gilles' Glück wird dieser klug geführte Feldzug ein unleugbarer Erfolg. Die Männer Charles' VII. nehmen den Engländern mehrere Festungen ab. Gilles tut sich nicht nur durch den Überfluß seiner Geldquellen hervor. Wahrscheinlich liefert er hier im Angriff die ersten Proben seines großen Mutes und kriegerischen Furors, dessen Ruhm seinen Tod überdauert. Zweifellos legt Jeanne d'Arc wegen dieses Draufgängertums Wert auf ihn, als sie sich entschlossen hat, die Entscheidung vor den Mauern von Paris zu erzwingen. Dort will Jeanne d'Arc den Herzog von Alençon und diesen jungen Mann bei sich haben, der alle stürmische Hemmungslosigkeit und Gewalttätigkeit des Verbrechens in sich trägt. An jenem Tag, vergessen wir es nicht, wäre die von der Jungfrau erhoffte Entscheidung möglich gewesen, wenn ihr nicht ein Bogenschütze die Schulter durchschossen hätte. Augenscheinlich war Gilles in der Schlacht ein hervorragender Anführer. Er gehörte zu jenen, die durch den Rausch des Kampfes vorwärts getrieben werden. Gerade weil Jeanne d'Arc das wußte, wollte sie ihn im entscheidenden Moment zur Seite haben.

Georges de La Trémoille und Gilles de Rais

Doch dieses Ungestüm hätte nichts genutzt, wäre es nicht vorher in Berechnungen aufgenommen worden, zu denen Gilles selbst unfähig war. Wenn der Großvater den Enkel nicht mit Georges de La Trémoille, einem Verwandten, zusammengebracht hätte, wenn er nicht der Vertraute dieses Intriganten gewesen wäre, hätte dieser Hitzkopf niemals die erstrangige Stellung in der Geschichte eingenommen, die er für die Dauer eines Augenblicks innehatte.
Anläßlich der Ankunft Jeanne d'Arcs in Chinon wird Gilles ein Posten im Kalkül eines großen Politikers. Er kennt diesen Plan zwar nicht, aber er dient ihm, und indem er ihm dient, gibt er ihm etwas, das er von sich aus nicht erlangen würde, nämlich Wirkungskraft. Im April 1429 bindet er sich mit einem Eid an diesen Gauner, der Favorit bei Charles VII. und damit praktisch Premierminister geworden ist. La Trémoille braucht einen Mann, der ihm hörig ist; er braucht einen Militär, der Eindruck machen kann und ihm blind gehorcht. Dessen Äußeres und, zu gegebener Zeit, Tapferkeit seinem Interesse entsprechen.
La Trémoille, dieser gerissene Spekulant, hat mehrere Gründe, sich an Gilles de Rais zu halten. Zunächst die Verwandtschaft (ich habe bereits auf den Zusammenhang mit der Familie Craon hingewiesen). Aber vor allem fürchtet La Trémoille, daß andere als er Einfluß auf den König gewinnen könnten. Er mag zuerst an Jeanne d'Arc gedacht haben. Aber eine Frau selbst kann keine politische Rolle spielen. Anders liegt der Fall bei einem Krieger, der sich eventuelle Erfolge zunutze machen und infolgedessen Zugang zum König erlangen könnte. Die Wahl eines so umsichtigen Rechners wie La Trémoille mußte also auf einen Mann fallen, der militärische aber keine politischen Fähigkeiten haben durfte.

La Trémoille zögerte nicht. Er begriff sofort, was Gilles de Rais darstellte. Craon, der Großvater, war skrupellos und durchtrieben; Rais, der Enkel, hatte genauso wenig Skrupel, aber wo es um Listen, Berechnungen und Intrigen ging, war er zerstreut; alles entging ihm. Wir haben kein von La Trémoille formuliertes Urteil über Gilles, das auf die erste Zeit ihrer Beziehungen zurückgeht. Aber 1435, nachdem er in Ungnade gefallen war, wurde dem Intriganten vorgeworfen, er hätte die Leichtgläubigkeit des Marschalls mißbraucht (die beiden »Freunde« hatten damals gemeinsame Geldaffären).
Wie Abbé Bourdeaut es genau ausdrückt, wurde damals »sichtbar, daß La Trémoille die Leichtgläubigkeit und verrückte Verschwendungssucht seines Vetters mißbrauchte«. La Trémoille muß Gilles immer für einen Einfaltspinsel gehalten haben, wenigstens hat er dieser Ansicht zuletzt sehr deutlich Ausdruck verliehen. Er kann nur lachen über solchen Vorwurf; ohne Zögern beantwortet er ihn mit folgender Ungeheuerlichkeit: »Es ist gut«, versichert er, »ihn dahin zu bringen, böse zu sein«!

Bourdeaut (A.), *Chantocé, Gilles de Rays et les Ducs de Bretagne*, S. 78.

Heute läßt einem dieser Ausspruch den Atem stocken, aber wie hätte dieser mit allen Wassern gewaschene, mittelmäßige Staatsmann sich einen Gegensatz zwischen Dummheit und Güte, zwischen Bosheit und Intelligenz denken können? Er erkannte offenbar erst später Gilles' krankhafte Sucht zur Grausamkeit.
Die Boshaftigkeit von Gilles war ohne Grenzen. Dennoch konnte er die Spekulationen und die Hinterlist eines La Trémoille nicht im entferntesten erkennen. Zwar hatte er keinen Widerwillen gegen Tücke und Berechnung. Aber er war dessen nicht fähig, wenn es nicht jemand an seiner

Stelle tat. Unter der Ägide von La Trémoille behauptete er seine Position in der Umgebung von Charles VII. Er spielte in dem entscheidenden und heiklen Kampf um die Befreiung Orléans' zweifellos die bedeutendste Rolle neben Jeanne d'Arc. Abbé Bourdeaut weist darauf hin, daß der »besondere Charakter« dieser Rolle »nicht klargestellt« worden ist: noch 1445, »als Dunois in Jeannes Rehabilitierungsprozeß aussagte, zu einer Zeit, da sich niemand rühmen mochte, mit dem Marschall in Berührung gekommen zu sein ..., stellt er den armseligen Gilles an die Spitze der Führer, welche die Befreiungsarmee befehligten«.

Aber die Rolle eines Befehlshabers beschränkt sich hier auf das persönliche Prestige des Standesherrn und auf den kämpferischen Mut. Gewiß kann Gilles auch, auf die Ratschläge La Jumellières zurückgreifend, bei den Beratungen vor den Kämpfen mitsprechen. Vor allem aber kann er in diesen Kämpfen die Seinen mitreißen und beeindrucken.

La Trémoille drängte ihn in den Vordergrund. Aber was politisch im Sinne von Berechnung war, behielt er sich vor. Wenn der junge Baron de Rais sich auf das Intrigieren verstanden hätte, würde La Trémoille sich gehütet haben, ihn zum Marschall avancieren zu lassen.

Ohne La Trémoille hätte dieser unbesonnene Mensch nie eine historische Bedeutung erlangt. Aber wenn er nicht der Naivling, der hirnverbrannte Draufgänger gewesen wäre, als den wir ihn heute sehen, so hätte La Trémoille sich nie seiner bedient.

Die Einfalt Gilles de Rais'

Gewöhnlich sieht man bei der Monstrosität von Gilles de Rais über die Absonderlichkeit hinweg, daß dieser Marschall von Frankreich ein Schwachkopf war.
Doch die Gestalt hat etwas Behexendes. So hat Huysmans – in extremer Auffassung – in ihm einen der kultiviertesten Menschen seiner Zeit gesehen.
Streng genommen begründet Huysmans seine Meinung damit, daß der Marschall von Frankreich gleich ihm versessen nach Kirchenmusik und Kirchengesang war. Daraus zieht er überraschende Schlüsse aus Äußerlichkeiten, die nichts beweisen.
Aber Huysmans treibt nur die allgemeine Einstellung auf die Spitze. Durchweg beeindrucken die Bedeutung und vor allem die Monstrosität der Gestalt. In seiner Ungezwungenheit lag eine Art Würde, die er noch bei seinen tränenreichen Geständnissen bewahrt. In der Evidenz der Ungeheuerlichkeit liegt eine souveräne Größe, welcher die Demut jenes Unseligen, wenn er die Schrecken des Verbrechens hinausschreit, nicht widerspricht.

> Liegt nicht umgekehrt auch in der Überheblichkeit, die manchmal ein Mensch annimmt, der nicht mehr ist als ein anderer, ein Äquivalent des Verbrechens?

Diese Größe harmoniert gewissermaßen sogar mit der Einfalt, von der ich spreche. Freilich ist ein großer Unterschied zwischen der Einfalt eines Gilles de Rais und dem, was man zuweilen mit diesem Wort bezeichnet. Es geht im Grunde um die souveräne Gleichgültigkeit, mit der er zweimal den Preis zahlte für das, was ihn ergötzte. Diese Gleichgültigkeit, diese Geistesabwesenheit ließ die anderen lachen. Aber Gilles de Rais merkte das nicht einmal.

Ich sagte schon, auf welche Weise ihn Prelati verführte und mißbrauchte. Niemals wird Gilles ihm eine Liebe entziehen, die er ihm bis zum letzten Tag bezeugte. Desgleichen hielt er Briqueville, der ihm eine abscheuliche Vollmacht abnötigte, lange Zeit die Treue.

Am merkwürdigsten sind seine Beziehungen zu La Trémoille, der sich über ihn lustig machte, den er jedoch, ohne es zu wollen, seinerseits getäuscht hat: er wollte ihn dahin bringen, »böse zu sein«!

Aber es gibt wenig Gelegenheiten, bei denen auf übertriebene Gleichgültigkeit oder auf eine Art Geistesabwesenheit nicht heftige Reaktionen folgen. Jede Bedächtigkeit fehlt ihm, keinerlei Reflexion scheint seine unkontrollierten Gefühle zu beherrschen. Man denke nur an die absurde Geschichte in Saint-Étienne! Besonders während des Prozesses unterliegt er diesen knabenhaften, plötzlichen Anwandlungen. Erst beleidigt er die Richter, und unvermittelt – den Grund dieser Veränderung können wir nicht begreifen – löst er sich in Tränen auf und bekennt mit aller Ausführlichkeit nicht zu bekennende Scheußlichkeiten.

Er hat kein Geschick bei seiner Verteidigung. Er regt sich heftig auf, ein Impuls schlägt in den anderen um.

Ich bestehe darauf: das ist ein Kind.

Aber dieses Kind verfügte über ein Vermögen, das nahezu unerschöpflich schien, und über eine fast absolute Macht. Generell sind Kindern keine großen Möglichkeiten gegeben. Aber Gilles de Rais hatte bei seinen Spielereien aufgrund seines Vermögens und seiner Macht tragische Möglichkeiten.

In seinen Verbrechen zeigt sich Gilles allerdings nicht ausschließlich als das Kind, das er im Grunde ist. Im Blutvergießen erreicht seine kindische Einfalt tragische Größe.

Kindlichkeit und Archaismus

Es handelt sich bei Gilles de Rais nicht mehr um das, was wir meinen, wenn wir von Kindereien sprechen. Es geht bei ihm tatsächlich um Monstrosität. Ihrem Wesen nach ist diese Monstrosität kindlich. Aber es geht hier um eine Kindlichkeit, der die Möglichkeiten des Mannesalters zur Verfügung stehen, und diese Möglichkeiten sind eher archaisch als kindlich. Wenn Gilles de Rais ein Kind ist, dann ist er es in der Art, in der die Wilden es sind. Er ist kindlich wie der Kannibale, oder genauer: wie einer seiner germanischen Vorfahren, die durch keine zivilisierten Sitten im Zaume gehalten wurden.

Besonders die jungen Krieger, die durch eine Weihe dem Gott der Souveränität verbunden wurden, zeichneten sich aus freien Stücken durch eine bestialische Blutgier aus: sie kannten keine Regeln, keine Schranken. In ihrer ekstatischen Raserei verhielten sie sich wie wilde Tiere, wie gereizte Bären, wie Wölfe. Die Harier des Tacitus unterstrichen noch das Grausen, das ihre Wildheit erregte; sie bedienten sich schwarzer Schilde und beschmierten sich den Körper mit Ruß, um ihre Feinde zu überraschen und ihnen Furcht einzujagen. Diese »unheimliche Armee« wählte, um das Entsetzen noch zu vergrößern, »stockfinstere Nächte«. Des öfteren wurde ihnen der Name *Berserker* (»Krieger in Bärenhaut«) gegeben. Wie die Zentauren Griechenlands, die Gandharwa Indiens oder die Luperci Roms wurden sie wie Tiere in ihrem Rausch. Die von Tacitus ebenfalls beschriebenen Chatti erlaubten sich die *scelera improbissima*: sie skalpierten, schlugen und marterten. Sie massakrierten, und »weder Eisen noch Stahl vermochten etwas gegen sie«. Die Wut der Berserker machte Ungeheuer aus ihnen. Ammien Marcellin entrüstet sich bei der Beschreibung des päderastischen Treibens unter den Taifali …

Schließlich gaben sie sich Saufgelagen hin, die ihnen noch den letzten Rest an Menschlichkeit nahmen.

Georges Dumézil, *Les Dieux des Germains*, Paris 1939.

Die Religion der Germanen enthielt nichts, was diese Grausamkeiten und jugendlichen Ausschweifungen ausgleichen konnte. Es gab bei ihnen kein Priestertum, das wie bei den Galliern oder Römern dem Rausch, der verwilderten Gemütsart und der Gewalttätigkeit Wissen und Abwägen entgegengestellt hätte.

Wir müssen annehmen, daß von diesen barbarischen Gebräuchen in der Erziehung der Ritter zumindest bis in die ersten Jahrhunderte des Mittelalters etwas geblieben ist. Die Ritterschaft war in erster Linie zweifellos eine Fortsetzung der Gemeinschaft junger germanischer Geweihter. Der christliche Einfluß auf die Erziehung der Ritter macht sich nur zögernd bemerkbar und reicht kaum bis in das dreizehnte oder äußerste zwölfte Jahrhundert zurück, also bis zwei oder drei Jahrhunderte vor Gilles de Rais.

Wieviel von diesen weit zurückliegenden germanischen Bräuchen überdauerte, und was, können wir nicht klar erkennen. Aber es ist so gut wie undenkbar, daß nichts davon fortbestanden haben sollte. Eine Atmosphäre der Gewalttätigkeiten und Zechgelage, das Gefallen, Entsetzen zu verbreiten, wird noch lange bestimmend sein. Archaische Züge in wesentlichen Grundsätzen prägen das Rittertum und den Adel, und diese Züge charakterisieren viele Erscheinungen im Leben von Gilles de Rais.

Diese Züge haben in seinem Leben eine um so größere Rolle gespielt, als er naiv war und vernünftiger Berechnung ebenso fern stand wie durchtriebenen Erwägungen. Die einzigen Elemente, die Spuren in Gilles de Rais' Entwicklung hinterließen, sind einerseits die kriegerische Gewalttätigkeit, die wie zu Zeiten der Germanen außerordentlichen Mut und die Wut eines wilden Tieres mit sich bringt sowie eine Gewohnheit zu trinken, die, wie wir sahen, traditionsgemäß mit sexuellen Ausschreitungen, zum Beispiel Homosexualität, zusammengehen konnte. Zweifellos haben die Jungen, die schon in frühen Jahren lasterhafte oder grausame Gewohnheiten annahmen, sich damals von einer Tradition unterstützt gefühlt, selbst wenn nur beschränkte Gruppen diese Gewohnheiten hatten. Mir scheint überhaupt, daß einige ihrer abnormsten Neigungen sich erst in Gemeinschaft entwickelt und gesteigert haben können. Weder die ferne Vergangenheit, an die das Leben dieser Burschen anknüpfte, noch die Zwangsläufigkeit, mit der sie sich einem höchst brutalen Treiben hingaben, konnten sie zur Mäßigung anhalten. Sie hatten die Macht, junge Leibeigene schonungslos zu mißbrauchen, so wie ihre Vorfahren junge Sklaven ausgebeutet hatten; es gibt keinen Grund zu der Annahme, das Christentum hätte ihre Einstellung, dem Leben menschlicher Wesen nicht mehr Achtung entgegenzubringen als dem von Tieren, wesentlich gemäßigt.

Erst allmählich strebten die Prinzipien der höfischen Liebe danach, die Roheit der Waffenwelt zu beseitigen. Wie das Christentum, war auch die höfische Liebe verhältnismäßig der Gewalt entgegengesetzt. Die Paradoxie des Mittelalters liegt darin, daß die Krieger nicht die Sprache der Gewalt und des Kampfes führten. Ihre Redeweise war oft süßlich. Aber täuschen wir uns nicht: die Bonhomie der alten Franzosen ist eine zynische Lüge. Die von den Adligen des 14. und 15. Jahrhunderts zur Schau getragene besondere Vorliebe für die Poesie war in jeder Beziehung Lug und Trug: die Standesherren liebten den Krieg über alles, ihre Haltung unterschied sich kaum von der der germanischen Berserker, die von Entsetzen und Gemetzel träumten. Das berühmte Gedicht von Bertrand de Born ist ein deutliches Eingeständnis ihrer gewalttätigen Empfindungen. Diese

Gefühle konnten sich mit höfischer Art vertragen, aber das Gedicht läßt erkennen, wie leidenschaftlich die Lust am Blutvergießen und am Grauen des Krieges geblieben war. Gilles de Rais muß diesen an die Wut der Berserker erinnernden Drang nach Gewalttätigkeit mehr als andere gehabt haben. Er hatte außerdem die Gewohnheit zu trinken und bediente sich starker Getränke, um die sexuelle Erregung anzustacheln. Wie bei den Barbaren der Vergangenheit ging es ihm darum, die Schranken zu durchbrechen, es ging ihm darum, selbstherrlich zu leben.

Das Privileg der germanischen Krieger war es, sich über den Gesetzen zu fühlen und daraus gewalttätige Konsequenzen zu ziehen. Ich behaupte nicht, daß die jungen Adligen sich alle gleichermaßen wahnwitzig und toll betrugen, noch weniger, daß Waffenbrüder traditionell zur Homosexualität neigen, aber mag auch die Lebensweise dieser jungen Leute, die mit dem Degen oder der Streitaxt umgingen, gemäßigter gewesen sein, in manchen Zügen muß man sie doch für abstoßend halten: ich zweifle nicht daran, daß sie oft ihre Ehre daransetzten, sich in hassenswertem Gebahren zu übertreffen. Mochten sie sich nicht verhärten, so waren sie doch nicht weit davon entfernt. Die Homosexualität mußte, auch wenn sie den rituellen Charakter augenscheinlich verloren hatte, diese Dinge zweifellos erleichtern.

Das sexuelle Leben: der Krieg

Es schien mir möglich, die Laster Gilles de Rais' in einen Zusammenhang mit traditionellen Brutalitäten und Gelagen zu stellen. Außerdem sind wir jedoch, wenn auch unvollständig, über die tatsächliche Entwicklung seiner Laster unterrichtet.

Ich habe bereits von Gilles' eigenen Geständnissen gesprochen, nach denen er »auf zynische Weise vom Beginn seiner Jugend an« »schwere und abscheuliche Verbrechen« begangen hat. Ich habe auch zitiert, was der Prozeß weiterhin sagt: daß der Ursprung dieser Verbrechen von dem Schuldigen »der schlechten Leitung« zugeschrieben wird, »die er in seiner Kindheit gehabt hatte, während der er ohne Zügel gelassen wurde, allem nachging, was ihm gefiel, und an allen möglichen sündigen Taten Gefallen fand«. Hiervon ausgehend, kann man schwer etwas Genaues sagen. Anknüpfend an einen irgendwie überlieferten Brauch (wir müssen an Geschichten denken, wie man sie gelegentlich hört: »Der Sohn von *dem* hat *das* getan, *der andere* da hat *dies* getan.«), konnte sich da eine gewalttätige, zumindest frühzeitig regelwidrige Lebensweise fortgesetzt haben. Aber in den Geständnissen sind zwei verschiedene Gesichtspunkte enthalten.

Zunächst muß der Enkel während der Kindheit, offenbar von der üblen Anleitung durch den Großvater begünstigt, zügellos und tückisch die verschiedensten, ihm erreichbaren unlauteren Dinge getrieben haben. Er war, wie wir wissen, im September 1415, beim Tode des Vaters (der wenige Monate nach der Mutter starb), elf Jahre alt. Es steht fest, daß die Vormundschaft des Großvaters für das Kind vollkommene Freiheit bedeutete. Aber es handelt sich da zwar um Untaten, ganz sicher um sexuelle, vielleicht sadistische Perversionen, nicht jedoch um Verbrechen.

Die eigentlichen Verbrechen, die »schweren und abscheulichen Verbrechen« fangen mit »dem Beginn seiner Jugend« an.

Über diesen Punkt können wir nichts Genaueres sagen. Zur Terminierung der ersten Kindermorde finden sich in den Prozeßakten widersprüchliche Angaben.

Nach der Anklageschrift läge der Beginn der Kindermorde und auch der Teufelsbeschwörungen gegen 1426, vierzehn Jahre vor dem Prozeß. Aber nach den Geständnissen des Angeklagten, die sich mit den ersten Zeugenaussagen der Eltern seiner Opfer decken, lagen die ersten Morde im Todesjahr des Großvaters, also 1432.

1426 könnte notfalls mit »dem Beginn seiner Jugend« übereinstimmen: 22 Jahre ist er da alt. Zu dieser Zeit beginnt auch der Feldzug in die Gegend von Le Mans. Zwei Jahre zuvor, 1424, hatte Gilles die eigenhändige Verwaltung seiner gesamten Besitzungen gefordert. Als er 1426 in den Kampf zieht, genießt er – im Besitz seiner ganzen persönlichen Macht – eine noch größere Freiheit.

Eine Vermutung könnte den strittigen Punkt erledigen: mit den »schweren und abscheulichen Verbrechen« vom Beginn der Jugend an braucht nicht die Serie von Kindermorden gemeint zu sein, die seit 1432 eine gewisse Regelmäßigkeit gehabt und einer Art »Fixation« stattgegeben haben muß: das gleiche Vorgehen, die gleiche Anordnung, schließlich mehr und mehr die gleichen Teilnehmer. Am »Beginn seiner Jugend« würden überdies zu den Worten »Verbrechen und Abscheulichkeit« nur die Teufelsbeschwörungen und vielleicht die grausamen Brutalitäten passen, die damals mit dem Krieg zusammenhängen konnten.

Meiner Ansicht nach läßt sich nicht daran zweifeln, daß dieser Wollüstling, der soviel Gefallen am Blutvergießen hatte, den Krieg von der ersten Schlacht an ausgenutzt hat. Wir dürfen nicht aus dem Auge verlieren, was wir mit Bestimmtheit von Gilles de Rais und den Kriegen der Zeit wissen.

Wir dürfen nie vergessen, daß in dieser Zeit unaufhörlicher Kriege mörderische Szenen in den brennenden Städten und Dörfern etwas Alltägliches waren. Die Plünderung war damals ein unumgängliches Mittel, um den Vielfraß Militär zu ernähren. Daß der Krieg sämtliche Begierden aufreizt, steht gleichfalls fest ...

Diese fundamentalen Aspekte des menschlichen Lebens kann ich nicht überzeugender darstellen als dadurch, daß ich daran erinnere, daß der König von Spanien, Philipp II., bei der Plünderung von Saint-Quentin sich erbrechen mußte. Weit entfernt davon sich zu erbrechen, fand Gilles zweifellos Gefallen daran, die Unglücklichen ausgeweidet zu sehen. In der wilden Szenerie des Krieges muß dieser Päderast Gelegenheit gehabt haben, sich an Metzeleien geschlechtlich zu erregen.

Diese Metzeleien und das Alltägliche dieser Metzeleien können wir uns anhand der Schrift des Erzbischofs von Reims, Juvenal des Ursins (in seinen Briefen von 1439 und 1440), veranschaulichen. Der Prälat betont: ähnliche Verbrechen begingen nicht nur die Feinde, sondern auch »manche, die sich als königstreu ausgaben«; wenn die Soldaten in einem Dorf den nötigen Proviant suchten, »nahmen sie Männer, Frauen und kleine Kinder, ohne Unterschied in Alter und Geschlecht; sie taten den Frauen und Mädchen Gewalt an; sie töteten die Gatten und Väter in Gegenwart der Frauen und Töchter; sie nahmen die Nahrungsmittel an sich und ließen die kleinen Kinder Hungers sterben; sie nahmen die schwangeren Frauen, fesselten sie, und in ihren Fesseln kamen sie nieder, die Neugeborenen ließ man ohne Taufe sterben, dann warfen sie Mutter und Kind in den Fluß, sie nahmen Priester, Mönche, Männer der Kirche, Arbeiter, sie fesselten sie mehrfach und schlugen die so Gepeinigten, einige von ihnen starben verstümmelt, andere außer sich und von Sinnen ... Man ... kerkert ein ..., man legt in Eisen ... in Gruben, an ekelerregenden Orten voller Unrat überläßt man sie ... dem Hungertod. Viele sterben dort. Und Gott weiß, wie grausam sie behandelt wurden! Man röstet die einen, reißt anderen die Zähne aus, wieder andere werden mit dicken Stöcken geschlagen, nie läßt man sie frei, wenn sie nicht mehr Geld geben, als sie besitzen ...«

Du Fresne de Beaucourt (G.), *Histoire de Charles VII.*, Band 5, Paris 1885, S. 589–590.

Einer der Hauptleute Gilles de Rais' wäre noch 1439 wegen Taten von gleichem Kaliber fast gehängt worden. Allerdings hatte Gilles nach 1427 vielleicht nur wenig Gelegenheit, selbst an solchen sadistischen Szenen teilzunehmen. Nach diesem ersten Feldzug konnte er nur noch zweimal kämpfen, das erste Mal an Jeanne d'Arcs Seite, die gegen dieses wüste Treiben heftig einschritt, und das zweite Mal in Laguy 1432, wo dergleichen möglicherweise nicht vorkam.
Nichts beweist übrigens, daß Gilles an wirklichen Metzeleien teilnahm. Wir wissen nur, daß er in Lude darauf bestand, bestimmte Gefangene französischer Abstammung zu erhängen, die mit den Engländern gekämpft hatten und als Landesverräter gelten konnten. Mag sein, daß die anderen Hauptleute, die mehr auf Geld aus waren, ein Lösegeld vorgezogen hätten. Auf seine Weise schätzte auch Gilles das Geld, aber es sollte nicht so scheinen, als hinge er daran.
Wie dem auch sei, es fällt schwer zu glauben, daß – bei der Teilnahme am Krieg von 1427 – die »schweren und abscheulichen Verbrechen« vom »Beginn seiner Jugend an« nichts mit den Ausschweifungen zu schaffen hatten, zu denen es beim Vormarsch der Bewaffneten kam. Wir werden sehen, daß ihn der Anblick menschlichen Blutes und verletzter Körper faszinierte. Später sollte er sich nur noch für bevorzugte Opfer, für Kinder, interessieren. Aber seine merkwürdige Veranlagung könnte sich schon früher, bei

größeren Gelegenheiten, herausgestellt haben. Er würde nicht von Verbrechen gesprochen haben, wenn er nicht selbst grausam gehandelt, wenn er da nicht schon aus Lust an der Grausamkeit getötet hätte. Das ist nicht sicher, aber es ist anzunehmen und geradezu wahrscheinlich. Allerdings könnte er auch wegen der Teufelsbeschwörungen von Verbrechen gesprochen haben: diese begannen zweifellos in jener Zeit. Aber lag ein Mord vor der 1432 beginnenden Serie? Der Mißbrauch von Kindern hatte, scheint mir, größere Chancen, in Mord auszuarten, wenn Gilles de Rais bei Gelegenheit die Gewohnheit angenommen hatte, sich an Blut zu ergötzen.

Als er von dieser Zeit spricht (und augenscheinlich meint er sie, wenn er von seiner Jugend spricht), sagt er, er habe »zu seinem Vergnügen und nach seinem Willen alles Böse getan, das er konnte«; er sagt weiter, er habe da »seine Hoffnung und seine Absicht in die unredlichen Handlungen und Dinge, die er tat« gelegt. Die Gelegenheit, Gefallen am Gemetzel zu finden, war zu schön. Was später verhältnismäßig gefährlich wurde, brachte in der Schlacht nicht einmal Unannehmlichkeiten.

Das sexuelle Leben: die Kindermorde

Die Beschreibung der sexuellen Verirrungen des Ungeheuers läßt uns diese Seite im Leben Gilles de Rais' wie eine Halluzination erscheinen, und sie ist auch die bekannteste an ihm. Wir kennen sie nicht nur aus den Geständnissen Sire de Rais', sondern auch aus den Aussagen seiner Kammerdiener. Der Prozeß strotzt von beklemmenden Einzelheiten, die von verschiedenen Seiten zusammengetragen werden. Mit einer kleinlichen Genauigkeit, die der Scham spottet, wurde eher zweimal als einmal gesagt, was nur so selten zu erfahren ist: die Gelüste, Fantasien, Launen und Vorlieben des Ungeheuers.

Von 1432 an existierte in jeder Residenz de Rais' ein Raum, wie ihn sich de Sade nicht grausiger hätte ausmalen können: Dort dienten die letzten Zuckungen Sterbender der Lust. Auch in der riesigen Festung Champtocé war ein solches Zimmer dem Entsetzen reserviert. War sein Großvater hier vielleicht gestorben? Vielleicht auch in der Nähe? Im Todesjahr dieses Großvaters begannen die Morde. Von Anfang an gab sich Gilles der Wollust im Kreise seiner Kumpanen hin. Der Verlauf war so, daß er eigenhändig tötete, wenn er den Wunsch danach hatte. Wenn es ihm besser paßte, wandte er sich an Guillaume de Sillé oder an Roger de Briqueville, seine Spießgesellen und Vettern, die aus adligen vom Krieg ruinierten Familien stammten. Gilles tötete oft eigenhändig in Gegenwart von Sillé und Briqueville, aber wenn es sein mußte, legte einer der Haudegen Hand ans Werk. Alle lebten auf Kosten des Meisters; der Meister zahlte, aber erst verschafften sie ihm, was er wünschte.

Zu Beginn gab sich die Gesellschaft der Völlerei hin; man stopfte sich mit Delikatessen voll und schüttete starke Getränke in sich hinein – aber niemals, scheint es, ließen die dienstbaren Geister Gilles allein in der Einsamkeit des Blutes.

Nach 1432 wurde Champtocé wahrscheinlich nur wenig benutzt. Sehr bald traten das Haus von La Suze in Nantes und die Schlösser Tiffauges und Machecoul an seine Stelle. Später wechselten auch die Teilnehmer an diesen Festen; andere drangen in die Geheimnisse ein. Augenscheinlich gab es da zunächst Kirchensänger: André Buchet aus Vannes, Jean Rossignol aus La Roche. Sie hatten zweifellos Engelsstimmen und waren homosexuell, Gilles machte sie zu Chorherren in Saint-Hilaire-de-Poitiers. Weiterhin waren da Hicquet de Brémont und Robin de Romulart (oder »Petit-Robin«), der mit Sicherheit Ende 1439 starb. Zwei Kammerdiener schließlich, die auf die Namen Poitou und Henriet hörten, vervollständigten die blutige Mannschaft. An Tagen, für die man keine neuen Opfer gefunden hatte, wurden andere, jüngere Sänger genommen, denen der Meister das Leben ließ; sie wurden zweifellos nicht in die Geheimnisse eingeweiht und zum Schweigen angehalten.

Diese Luststätten in Machecoul und Tiffauges erschrecken. Es erschreckt, wie gesellig es dort zuging. Auch wenn wir die wenig ernstzunehmenden, den Teufel suchenden Hexenmeister und die das Offizium singenden Priester außer acht lassen, erschrecken sie. Diese Festungen hatten die Bedeutung teuflischer Fallen. Sie schlossen sich hinter Kindern, die so unklug gewesen waren, am Portal Almosen zu erwarten. Die meisten Knabenopfer gingen dieser Täuschung auf den Leim. Es lag in dem ganzen ungeheuerlichen Treiben eine Beklemmung, die dem Schlimmsten Vorschub leistete. Bisweilen traf Gilles de Rais selbst die Wahl, manchmal bat er Sillé oder andere darum. Sobald das Kind in Gilles' Zimmer geführt worden war, ging es los. Gilles umfaßte sein »männliches Glied« mit der Hand, »rieb« es, »steifte« oder »streckte« es auf dem Bauch des Opfers und steckte es ihm zwischen die Schenkel. Er rieb sich »auf dem Bauch der ... Kinder ..., er ergötzte sich und erhitzte sich so, daß das Sperma auf frevelhafte Weise und anders, als es sich gehörte, auf den Bauch dieser Kinder spritzte«. Bei jedem Kind erreichte Gilles seinen Zweck nur ein- oder zweimal, wonach »er sie tötete oder töten ließ«.

Aber die Orgie begann selten ohne eine vorherige Mißhandlung des Kindes. Den Beginn machte eine Art Strangulierung. Die Unglücklichen wurden in eine greuliche Vorrichtung gesteckt. Gilles wollte »ihre Schreie verhindern«, vermeiden, daß sie gehört wurden. »Bald hängte er sie mit eigener Hand auf, bald ließ er sie von anderen mit Stricken und Bändern am Genick aufhängen, entweder an einer Stange oder an einem Haken.« Mit ausgestrecktem Hals vermochten die Opfer nur noch zu röcheln.

In diesem Moment wurde oft eine Komödienszene eingelegt. Gilles unterbrach das Hängen, ließ das Kind herabkommen, und unter Liebkosungen und Schmeicheleien versicherte er ihm nun, er habe ihm weder etwas »Böses tun«, noch es »verletzen« wollen, er wolle sich im Gegenteil mit ihm »vergnügen«. Hatte er das Kind endlich zum Schweigen gebracht, konnte er sich an ihm ergötzen, aber diese Besänftigung war nicht von Dauer.

Hatte er sein wildes Vergnügen an dem Opfer gefunden, brachte er es um oder ließ es umbringen. Doch erst der Tod des Kindes spielte zumeist eine Rolle bei der Lust von Gilles. So schnitt er die Halsader auf oder ließ sie aufschneiden: das hervorspringende Blut vergnügte ihn. Oder er wollte das Opfer im entscheidenden Moment nach dem Tode lechzen sehen. Oder er ließ es enthaupten: dann dauerte die Orgie, »solange der Körper noch warm war«. Manchmal setzte er sich nach der Enthauptung rittlings auf den Leib des Opfers und hatte seinen Genuß daran, die letzten Zuckungen so nah wie möglich zu sehen.

Er variierte manchmal die Todesarten. Er sagt selbst darüber: Manchmal habe er selbst, manchmal seine Helfershelfer »mannigfaltige Arten und Methoden der Quälerei vollführt; zuweilen trennten seine Komplizen und er den Kopf mit Dolchen, Spießen und Messern vom Körper, zuweilen schlugen sie heftig mit einem Stock oder anderen stumpfen Gegenständen auf den Kopf«. Er präzisiert, daß zu diesen Quälereien noch die Marter des Aufhängens hinzukam. In der Vernehmung zählt der Kammerdiener Poitou die Todesarten auf: »Manchmal wurde ihnen der Kopf abgeschlagen; manchmal die Gurgel durchschnitten, manchmal die Glieder abgeschlagen und manchmal wurde ihnen mit einem Stock das Genick gebrochen.« Er sagt weiterhin, daß »ein Schwert, das zu ihrer Hinrichtung bestimmt war und gemeinhin braquemard

»braquemard« heißt etwa »Richtschwert« und ist ein ordinärer Ausdruck für männliches Glied. (Anm. d. Übers.)

genannt wurde« existierte.

Aber wir sind noch nicht am Ende dieser Reise an die Grenze des Bösen.

Von dem Kammerdiener Henriet wissen wir, daß Gilles sich in seiner Gegenwart rühmte, »mehr Vergnügen an der Ermordung von ... Kindern, am Anblick ihrer abgetrennten Häupter und Glieder, am Anblick ihres Verendens und ihres Blutes als an ihrer fleischlichen Erkenntnis« zu haben. Als Vorläufer des Marquis de Sade formulierte er damit das Prinzip der im Laster verstockten Wüstlinge.

Was wir über das Aussuchen der »schönsten Köpfe« wissen, läßt uns irre werden. Wir erfahren es von dem Ungeheuer selbst: Wenn die Kinder schließlich tot da lagen, umarmte er sie, »und die, deren Köpfe und Glieder am schönsten waren, gab er seinen Kumpanen zu betrachten; er ließ ihre Körper grausam öffnen und ergötzte sich am Anblick ihrer inneren Organe«. Auch Henriet, derjenige von den beiden Kammerdienern, der darüber in der peinlichsten Ausführlichkeit berichtet, läßt diesen wahnwitzigen Punkt nicht aus.

Nach seinen Angaben »ergötzte sich« Gilles bei der Betrachtung der abgeschlagenen Köpfe und zeigte sie ihm, dem Zeugen, und Étienne Corrillaut ..., »wobei er sie fragte, welcher der besagten Köpfe der schönste von denen sei, die er ihnen zeigte, der gerade abgeschlagene Kopf oder der von gestern oder ein anderer von vorgestern, und oft küßte er den Kopf, der ihm am meisten gefiel, und erfreute sich daran«. In den Augen von Gilles war die Menschheit nur ein Rohstoff chaotischer Wollust. Und dieser Rohstoff stand ihm völlig souverän zur Verfügung und hatte einzig den Sinn, ihm wüste Vergnügungen zu ermöglichen. In dieser gewalttätigen Wildheit verlor er sich rettungslos.

Es gibt keine sexuelle Beichte, die weitergeht in ihrem Willen, Entsetzen hervorzurufen.

Nicht zu erschaudern scheint unmöglich, vernimmt man die folgenden Worte:

»Und sehr oft, wenn die Kinder starben, setzte er sich ihnen auf den Bauch und fand Gefallen daran, sie so sterben zu sehen, und er lachte darüber mit den besagten Corrillaut und Henriet ...«

Wie ein Klotz fiel schließlich Sire de Rais um; er hatte sich betrunken, um seine Sinne anzustacheln, so sehr er konnte. Die Diener reinigten das Zimmer, wuschen das Blut fort, und während der Meister schlief, verbrannten sie den Leichnam im Kamin. Lange Holzscheite und eine Menge Reisig ließen ihn rasch zu Asche werden. Sie sorgten dafür, daß die Kleider einzeln verbrannt wurden, da sie, wie sie sagten, schlechten Geruch vermeiden wollten.

Die ganze Festordnung hatte nach vorgesehenem Ablauf stattgefunden, sie hatte keinen leidenschaftlichen Aufwallungen entsprochen. Bestimmt, der Wollust eines einzelnen zu dienen, ging alles ohne Beklommenheit vonstatten. Diese Kinder von sieben bis zwanzig Jahren starben, ohne daß mehr Aufhebens gemacht wurde als bei jungen Ziegen.

Wenn es zur Tragödie kam, dann nicht durch diese Kontinuität. Im Gegenteil, das Bemerkenswerteste an diesen Greueln war die Gleichgültigkeit der Teilnehmer.

Sie hätten sich nicht vorstellen können, wie unerbittlich streng, mit welchem grenzenlosen Unwillen und Abscheu das alles heutzutage empfunden wird. Zu seiner Zeit war Gilles de Rais eine sehr bedeutende Persönlichkeit, und die kleinen Bettler, die er ermordete, zählten nicht mehr als junge Ziegen.

Wir können heute kaum ermessen, wie gewaltig damals der Unterschied zwischen einfachen und durch Geburt und Vermögen mächtigen Menschen war: Die Armen wurden erdrückt wie ein Insekt zwischen zwei Steinen.

Mehr als ein Jahrhundert später tötete in Ungarn eine vornehme Dame Dienerinnen, ohne sich mehr damit zu belasten als Gilles, der Kinder tötete. Diese vornehme Dame, Erszebeth Bathory, war mit Königen verwandt; sie wurde erst verfolgt, nachdem sie dem Wunsch nachgegeben hatte, Töchter aus dem niederen Adel zu töten. Gilles de Rais selbst wurde erst nach langem Zögern, erst nach absurden Mißgriffen behelligt. Wahrscheinlich waren die Gerüchte schließlich so laut geworden, daß man nicht mehr ohne weiteres weghören konnte. Ohne Freunde und ohne Unterstützung konnte Gilles sich nicht gegen die Anfeindungen, den allgemeinen Verdruß, retten. Aber wenn er geschickt und zurückhaltender gewesen wäre, hätten seine Verbrechen keine sonderliche Entrüstung hervorgerufen. Ohne anderen Anlaß zu bieten, hätte die erste Regung sein können, daß man die Augen zudrückte.

Die hohe Stellung Gilles de Rais'

In diesem bluttriefenden Drama dürfen wir nicht vergessen, was die Persönlichkeit de Rais' vor allen Dingen bemerkenswert macht: Er ist nicht irgendwer in dieser

Gesellschaft, sondern ein Adliger; dieser Krieger, dieser Oger, der kleine Kinder notzüchtigte und tötete, ist vor allem einmal ein Privilegierter. Der Reichtum ist zudem nicht sein einziger Vorzug. Seine Existenz an sich ist privilegiert, seine Existenz an sich ist faszinierend, strahlend, von vornherein glorreich aufgrund seiner Geburt, glorreich wie Pomp und Krieg.

Die Persönlichkeit de Rais' selbst ist von betörender, überragender Stärke. Natürlich ist die Tatsache der Kindermorde nichts Betörendes. Aber de Rais' Ritterlichkeit ist nicht im Sinne von Edelmut ritterlich. Rais ist in dem Sinne adlig, in dem es die germanischen Krieger waren. Sein Adel bedeutet eine nichtsachtende Wildheit, vor der alles weicht wie vor den Berserkern; eine solche Gewalttätigkeit isoliert denjenigen, den sie beseelt, von der Gesellschaft. Der Adel de Rais' kündigt das Ungeheuer an.

Gelegentlich unterscheidet sich der Adel in ihm nicht mehr von dem Erschreckenden an ihm; er nimmt schließlich den Reiz der Nacht und der von der Nacht eingeflößten Furcht an. Man erinnere sich an die germanischen Harier und den Ruß, mit dem sie sich bedeckten, um besser dem Schrecken der Nacht anzugehören. In der Wildheit liegt ein Doppelsinn von Verführung und Erschrecken. Der adlige Krieger, der Standesherr, der Faszinierende flößt Schauder ein.

Gleichzeitig schauderte Gilles de Rais vor dem Teufel. Aber der Teufel faszinierte ihn, er warb tatsächlich um das Bündnis mit dem, der ihn entsetzte. Im Grunde waren die übernatürliche Welt, die des Teufels oder die Gottes, wie er von adligem Wesen, von souveränem Wesen – wenn man so will. Die Existenz Gottes, oder die des Teufels, hatte nur einen Sinn, nämlich den, den ein Adliger für den Sinn der ganzen Adelsgesellschaft hält: eine Verzauberung tagsüber oder nachts, die in ihrer Wirklichkeit der Wirkung ähnelt, die von sehr schönen, betörenden und faszinierenden Bildern ausgeht. Diese Bilder können blutige Schlachten oder Martyrien darstellen (wobei sexuelle Themen natürlich transponiert werden müssen), aber immer ist der Reiz zutiefst mit Schrecken gemischt.

Auf dieser Ebene hat Sire de Rais wenigstens das Verdienst, daß er in reinem Zustand das Bestreben verkörpert, die Aktivität der Menschen dem Zauber unterzuordnen, dem Spiel der Privilegierten. Die Menschen in ihrer Gesamtheit produzieren; sie produzieren Güter jeder Art. Aber in der Gesellschaft des 15. Jahrhunderts sind diese Güter für die Privilegierten bestimmt, für die, die sich untereinander zerfleischen können, denen die Masse aber unterworfen ist. Die Masse der Menschen hat es nötig zu arbeiten, so daß die Privilegierten spielen können und manchmal sogar spielen, sich gegenseitig zu zerfleischen. Die Güter, die für die Masse der Menschen Arbeit bedeuten, haben für die Privilegierten nur den Sinn des Spiels. Die in den Produkten steckende Arbeit kann ihnen nicht klar werden, da der Adlige, der Privilegierte, nicht arbeitet und niemals arbeiten darf.

Man vergißt das häufig, aber das eigentliche Prinzip des Adels, das, was er seinem Wesen nach ist, liegt in der Weigerung, die Degradierung und Erniedrigung zu erleiden, die der unvermeidliche Effekt von Arbeit wäre.

Grundsätzlich bedeutet Arbeit für die Gesellschaft von damals eine Schande. Sie ist Sache des Sklaven oder Leibeigenen, dessen, der zugleich mit der Verfügung über sich selbst seine Würde eingebüßt hat: Der Adlige, der freie Mensch, könnte nicht arbeiten, ohne verachtet zu werden, ohne seinen Status zu verlieren.

Das hängt mit der Tatsache zusammen, daß die Arbeit an sich keinen eigenen Sinn haben kann; sie ist eine untergeordnete Tätigkeit, eine Dienstleistung, die etwas anderem dient als sich selbst. Wer dem Sklavenleben entgehen will, kann grundsätzlich nicht arbeiten. Er muß spielen. Er muß sich vergnügen, wie sich das Kind, von seinen Pflichten befreit, vergnügt. Aber der Erwachsene kann sich nicht wie das Kind vergnügen, wenn er nicht privilegiert ist. Wer kein Privileg hat, ist gezwungen zu arbeiten. Der Privilegierte wiederum muß Krieg führen. So wie der Mensch ohne Privileg gezwungen ist zu arbeiten, muß der Privilegierte Krieg führen.

Der Krieg selbst hat das Privileg, ein Spiel zu sein. Er ist keine vernünftige Tätigkeit wie die anderen, die nur für das vorausberechnete Ergebnis sinnvoll sind. Der Krieg kann zwar vom Standpunkt der Nützlichkeit aus betrachtet werden: eine Stadt, ein Land können angegriffen werden und müssen sich verteidigen. Aber ohne die Zügellosigkeit in dem Land oder in den Städten, die ihre Nachbarn überfallen, ohne es nötig zu haben, könnten die Menschen den Krieg vermeiden. Der Anfang des Krieges ist die Folge von Zügellosigkeit, sogar dann, wenn er wirklich hier und da das unvermeidliche Ergebnis der Verarmung eines Gebietes ist, dessen Einwohner andernorts etwas suchen müssen, wovon sie weiterleben könnten.

Getrieben wurden diejenigen, von denen die Initiative zum Krieg ergriffen wurde, meistens von einem Ausbruch des Übermutes. Darum konnte der Krieg lange Zeit die Bedeutung eines Spiels haben – eines erschreckenden Spiels, aber eines Spiels.

Zu Zeiten Gilles de Rais' ist der Krieg immer noch das Spiel der Herren. Die Privilegierten begeistert dieses Spiel, wenn es das Volk auch niederschlägt. Es hat für die Privilegierten den letzten Sinn, den die Arbeit für die armen Leute nicht haben kann. Der Sinn der Arbeit ist ihrem Ergebnis untergeordnet, der Sinn des Krieges ist nichts anderes als der Krieg; der Krieg selbst fasziniert und erschreckt. Wer ähnlich wie Gilles de Rais in der Erwartung auf dies schreckliche Aufeinanderprallen der Heere lebt, Entsetzensschreie und Leid hinterlassend, kennt nichts, was ihm diese heftige Erregung sonst gäbe. Die Tatsache, daß die heutigen Generationen so gut wie nichts mehr von einer Exaltation wissen, die, obschon der Tod ihre Grundlage war, damals den am wenigsten verächtlichen Sinn und Zweck darstellte, ist dazu angetan, uns in dieser Welt dem Gefühl unserer Ohnmacht zu überlassen. Werden wir nicht blind, wenn die wahnwitzige Wahrheit von einst sich uns enthüllt?

Was können wir vor einer so vergeblichen Frage anderes tun, als ihr ausweichen?

Aber wir müssen die paradoxe Untersuchung jener Probleme fortsetzen, die sich für Gilles de Rais aus seinem Leben und der Gesellschaft seiner Zeit ergaben ...

Die Tragödie des Adels

Die Tatsache, daß Gilles de Rais in der auf dem Privileg basierenden Kriegsgesellschaft lebte, kann uns nicht an der Beobachtung hindern, daß diese Gesellschaft sich in jener Zeit änderte. In den Augen Gilles ist der Krieg wohl ein Spiel. Aber diese Ansicht wird immer weniger wahr, in dem Maße nämlich, in dem sie aufhört, die der Mehrzahl der Privilegierten zu sein. Mehr und mehr wird der Krieg zu einem allgemeinen Unglück; er ist gleichzeitig die Arbeit sehr vieler. Die allgemeine Lage verschlechtert sich, sie wird komplexer, das Unglück trifft sogar die Privilegierten, die immer weniger erpicht auf den Krieg, auf das Spiel werden und schließlich den Augenblick gekommen sehen, den Problemen der Vernunft Platz zu machen. In

dieser gleichen Zeit implizieren die technischen und finanziellen Mittel des Krieges ein solches Getriebe, daß der Anteil an persönlichem Ungestüm und persönlicher Begeisterung vermindert wird. Die schwere Kavallerie, im wesentlichen die der Waffen, die aus dem Krieg ein prächtiges Spiel machte, verliert noch bei Lebzeiten Gilles de Rais' einen Teil ihrer Bedeutung zugunsten der Infanterie, der Schützen, der Lafetten und der Spieße. Ebenso folgt das Treiben der bewaffneten räuberischen Banden auf die pompösen Kämpfe der geharnischten Rosse und Reiter. Daraus ergibt sich die Notwendigkeit, die disziplinlosen Haufen durch reguläre und hierarchisch gestufte Heere zu ersetzen. Nur die Rangordnung und die Disziplin konnten teilweise den Platz behaupten, den die Privilegierten im Kriege hatten.
Etwas von dem Spiel, das der Krieg in seinem Ursprung ist, besteht freilich fort. Etwas davon besteht im äußersten Falle bis in die heutige Zeit. Aber die Disziplin, die strengen Richtlinien und die wissenschaftliche Kriegführung geben dem Krieg einen im wesentlichen rationellen Charakter, der vergessen gemacht hat, daß der Krieg sich in dem grundlegenden Streit zwischen Spiel und Vernunft erst sehr spät und erst als sekundäre Folge dahin entwickelt hat, sich von der individuellen Wildheit und Gewaltsamkeit, die seinen Kern und seine Wirklichkeit ausmachten, zu unterscheiden und kalter Überlegung den Vorrang zu lassen.
Die Dinge verändern sich langsam: Man kam ja nicht ruckartig zu dieser enormen Schlagkraft der modernen Waffen, die mit der Zeit den starken Spieltrieb, der den Krieg verklärte, erstickt haben. Aber seit den Jahren nach dem Tode Jeanne d'Arcs hatte Gilles de Rais, obwohl er Marschall von Frankreich blieb, in den Armeen seiner Zeit, die regulär werden mußten, nichts mehr zu suchen. Sowie der

Konnetabel de Richemont im Jahre 1434 La Trémoille den Rang abgelaufen hatte, gab es den Ansatz zu einer königlichen Administration, die im Jahre 1439 zu den Generalstaaten von Orléans führte.

Gilles de Rais trug 1434 immer noch den Titel »Marschall von Frankreich«. Aber nachdem La Trémoille in Ungnade gefallen war, bedeutete er nichts mehr. Er war ein »galanter Ritter in Waffen« gewesen, er hatte einen Sturmangriff bewerkstelligen können und konnte herrliche Pferde und vorzügliche Reiter in Reih und Glied stellen. Er konnte trinken und hatte gewiß schlimmere Laster. Vor allem aber liebte er es, sich zu schlagen, und an der Seite Jeanne d'Arcs hat er sich bei Les Tourelles, in Patay und 1432, noch nach dem Tode der Heldin, in Lagny Ruhm erworben.

Von dem Tage an, da eine Verwaltung sich herausbildete und kein Intrigant ihm mehr die Gunst des Königs sichern würde, hatte sein militärischer Wert plötzlich keinen Sinn mehr. Er war an sich nur ein Wirrkopf. Von diesem Zeitpunkt an sprach alles, was er tat, sprachen alle seine Reaktionen und sein Geisteszustand nur dafür, daß er kein Gefühl für die neuen Notwendigkeiten hatte.

Von 1432 an, dem Tage, an dem er der Versuchung nachgab, Kinder zu ermorden, ist Gilles nur noch ein halber Mensch. Alles kommt zusammen. Im August 1432 spielt er in Lagny noch die Rolle des glorreichen Feldherrn. Sein Großvater stirbt im November. Das Hinscheiden dieses rücksichtslosen Gewaltmenschen muß ihn gleichzeitig befreien, erleichtern und haltlos machen. Eine zu umfassende, zu plötzliche Freiheit, ein Reichtum, der ihn vollends schwindeln läßt, müssen ihm schlecht bekommen. Im Sommer darauf fällt La Trémoille in Ungnade. Man darf nicht annehmen, daß Gilles seinen Sturz leicht nahm. Ich habe von seiner Einfalt gesprochen ... Die Zurücksetzung sollte ihn um so härter treffen, als er sich eben erst schreckliche Gewohnheiten zulegte ...

Ich habe von seiner Kindlichkeit gesprochen. Und wirklich verkörperte er auf eine kindliche Weise und infolgedessen ganz ausschließlich und wahnwitzig den Geist der Feudalität, die in ihrem ganzen Stil aus dem Spiel hervorging, das die Berserker gespielt hatten; er war ganz eindeutig dem Krieg durch eine Affinität verbunden, die der Hang zu grausamen Gelüsten zu erkennen gab. Gilles hatte keinen Platz in der Gesellschaft außer jenem, den der Krieg ihm gab. Nur eine dem Feudalkrieg huldigende Gesellschaft konnte diesem Privilegierten zugestehen, was er erwartete. Jetzt vermochte er nichts mehr, als dieses Privileg bis zur Neige auszukosten. Nicht nur seine Eitelkeit war getroffen, auch seine Leidenschaft wurde mit der auf ihn fallenden Mißgunst verwundet. Die erschöpfte Feudalgesellschaft ließ ihn fallen. Unter dem Anschein des Reichtums war inzwischen geschwunden, was er noch zum Leben hatte. Indes unterschied ihn etwas Grundsätzliches von den elenden Seigneurs, die sich bereitwillig mit ihren Resten abfanden. Nie, auch nicht angesichts des Todes, hätte dieser Privilegierte ein Leben akzeptieren können, das ihn nicht mehr faszinierte.

In der Tragödie von Gilles de Rais liegt zunächst etwas Beklemmendes. Man weiß nicht, ob man den Elenden bewundern oder beklagen soll. Aber die Tragödie fand statt, als die erworbenen Stellungen zusammenbrachen, auf denen das Leben der Privilegierten beruhte. Das, wovon die Feudalgesellschaft gelebt hatte, brach zusammen. Die Notlage, um die es ging, wurde immer unerträglicher. Zur gleichen Zeit begannen seine Schlösser, den Tod zu fühlen. In Champtocé, in Machecoul dörrten oder verrotteten in den Gelassen bestimmter Türme Gebeine. Diese Schlösser waren ungeheure Steinmassen, in deren Inneren es unbetretbare Winkel gab, die so tief unter der Erde liegen konnten wie Grüfte. Diese Festungen waren die äußeren Zeichen – oder die Heiligtümer – der alten Feudalkriege, deren Götter diese Herren noch waren. Diese Kriege wollten den Rausch, sie wollten den Taumel und die Zuckungen derer, die ihnen von Geburt an geweiht waren. Sie hatten sie in die Sturmangriffe gestürzt, konnten sie aber manchmal auch in düsterer Besessenheit ersticken. Das Spiel, das diese Schlösser symbolisierten, mußte mit ganzem Einsatz gespielt werden. Wer sie besaß oder bewohnte, hätte sich ihnen nicht leicht entziehen können. Er wäre dazu fähig gewesen, wenn er den Geist verworfen hätte, den diese Mauern verkörperten. Wer, wie Craon, aktiv seinen Interessen nachging, indem er seinen Reichtum mit der Berechnung und Habsucht eines Bürgers verwaltete, brauchte, wenn er wollte, dieses Spiel nicht mehr zu spielen. Aber wer von Interessen beherrscht ist, benimmt sich standeswidrig: er arbeitet gewissermaßen, er ist versklavt. Im Gegensatz dazu war Gilles de Rais weit davon entfernt, den Tatsachen Rechnung zu tragen; seine Passion war, bis zum Ruin eigensinnig und widerspenstig zu bleiben.

Der Untergang Gilles de Rais' hat Aspekte düsterer Großartigkeit.

Man spürt darin das Besessensein vom Tode: da schließt sich ein Mensch mehr und mehr in der Einsamkeit des Verbrechens, der Homosexualität, des Grabes ein; in diesem tiefen Schweigen beherrschen ihn die Gesichter toter Kinder, die er mit einem abscheulichen Kuß entweiht.

In diesem Dekor von Festung – und Gruft – hat der Untergang Gilles de Rais' den Aspekt einer theatralischen Halluzination.

Wir können die seelischen Zustände dieses Ungeheuers nicht beurteilen. Aber zweifellos kam es in diesem blutigen Zimmer, wo Kinderköpfe ihn ansahen, über ihn, so daß er

frühmorgens in die Straßen der Dörfer von Machecoul, von Tiffauges, aufbrechen mußte.
Könnte eine lange unerträgliche Halluzination von bedrückenderer Wirklichkeit sein?
Diese tragische Erscheinung gehört zur Persönlichkeit Gilles de Rais'. Diese tragische Erscheinung hängt mit dem entscheidenden Abstieg zusammen, der sich für ihn aus dem Sturz La Trémoilles ergab.
Sie hängt mit diesem Abstieg so zusammen, wie die persönliche Tragödie des Gilles de Rais zugleich die Tragödie einer Welt darstellt, in der eine solche blutige, und jedenfalls grausame Einfalt verratende Gestalt beheimatet ist. Die Feudalgesellschaft kann tatsächlich nicht von der Unmäßigkeit getrennt werden, die das Prinzip der Kriege ist. Aber sobald die Politik des Königs oder die Intelligenz sie verändern, ist sie nicht mehr die Feudalgesellschaft. Die Intelligenz und die Berechnung sind nicht von Adel. Es ist nicht adlig, zu berechnen, ja zu überlegen, und kein Philosoph könnte begreifbar machen, was der Adel seinem Wesen nach ist. Diese in bezug auf Gilles de Rais gesagten Wahrheiten sollen – das ist ihr positiver Wert – auf die unklare Quelle seines Lebens zielen. Die Tragödie ist notwendigerweise unklar, sie ist um so wahrer, je unklarer sie ist.
Es ergibt sich daraus die verkannte, nichtsdestoweniger aber gültige These, daß es ohne den Adel, ohne seine Weigerung zu berechnen und zu überlegen (die sein Wesen ausmacht) keine Tragödie gäbe – sondern nur Überlegung und Berechnung.
Und so komme ich zu der Behauptung, daß die Tragödie von Gilles de Rais die Tragödie des Feudalismus, die Tragödie des Adels ist, wenn man mit abwägender Reflexion an sie herangeht und mit der Gesellschaft abrechnet, die Reflexion ablehnte (und eine solche Weigerung sogar zu ihrer Basis machte). Aber was bedeutet diese Behauptung?

Sie bedeutet, daß es ohne die tiefe Einfalt in Gilles de Rais, die ihm seine rüde Weigerung eingab und befahl, keine Tragödie geben würde.
Wir schweifen nicht von Gilles de Rais ab. Diese Gedanken wären bedeutungslos, wenn sie sich von der Persönlichkeit und all dem an ihr klebenden Blut lösen könnten. Aber wenn es wahr ist, daß ihn nur die Feudalität, die er verkörperte, tragisch macht, dann unterscheidet sich die Feudalität, die in diesem tragischen Spiel unbestreitbar naiv die Kraft besitzt, die Gewalttätigkeit des Lebens zu binden, nicht von der Souveränität, die das Prinzip nicht nur der griechischen Tragödien, sondern der personifizierten Tragödie überhaupt ist. Die Tragödie ist die Ohnmacht der Vernunft.
Das heißt nicht, daß die Tragödie ihre Rechte gegenüber der Vernunft hätte. Wenn etwas der Vernunft konträr ist, kann ihm ein Recht nicht wirklich gehören.
Könnte ein Recht der Vernunft entgegengesetzt sein? Aber die menschliche Gewaltsamkeit, die die Macht hat, gegen die Vernunft anzugehen, ist tragisch und sollte möglichst unterdrückt werden, zumindest kann sie nicht ignoriert, nicht mißachtet werden. Das mußte ich sagen, da ich von Gilles de Rais spreche, der sich von allen anderen Verbrechern unterscheidet, deren Verbrechen persönlicher Natur sind. Die Verbrechen Gilles de Rais' sind die der Gesellschaft, in der er sie begeht. Diese zerschnittenen Kehlen bedeuten die konvulsivischen Zuckungen dieser Gesellschaft. Sie hatte die grausame Ungleichheit zugelassen, die diese Kehlen ohne Verteidigung ließ. Sie hatte diese tragischen Spiele, die Spiele eines Rasenden an der Grenze einer souveränen Macht, frei – oder doch fast frei – gelassen. Gerade jetzt setzte in dieser Gesellschaft der gründliche Umschwung ein, der diese Unterschiede verringern würde, langsam verringern würde ... Diese all-

mähliche Bewegung sollte ihrerseits einmal eine tragische Heftigkeit annehmen, die von einer entgegengesetzten Gewalt ausging ...

Der dramatische Ruin in Orléans

Ich habe gezeigt, daß diese Tragödie die des Adels war, dieses tragischen und – wenn man will – manchmal sogar tragikomischen Menschenschlages.

Was Gilles de Rais betrifft, so zog sich die Tragödie über die Jahre hin, die seinem Abstieg folgten, von 1433 bis 1440. Sobald er aufhörte, Krieg zu führen, nahm sein Leben den beklagenswerten Verlauf, den ihm seine Verbrechen und die Reihe seiner nutzlosen Bemühungen gaben.

Unabhängig von seinem Willen bekam das letzte Erscheinen des Marschalls auf einem Schlachtfeld den Sinn einer eitlen Parade. An diesem Tage maß sich die Armee des Königs von Frankreich unter der Führung des Konnetabels de Richemont mit den Engländern. Aber weder die Franzosen noch die Engländer traten in Aktion. Nachdem sie ihre Macht gezeigt hatten, zogen sich die Gegner kampflos zurück. Es geschah nichts weiter, als daß Gilles de Rais sich durch die Prächtigkeit seiner Bewaffneten bemerkbar machte. Möglicherweise entschied das ein Zufall; aber fortan sollte er sich dieser Männer, die er in blutige Schlachten geführt hatte, nur noch zur Parade bedienen (außer bei lokalen Affären). Von Anfang an liebte er es, Bewaffnete in Reih und Glied zu stellen, wie andere das heutzutage gern mit Pferden tun. So kam es dazu, daß er Güter verkaufte, um die ungeheuren Kosten zu bestreiten, die dafür erforderlich waren. Zu Zeiten Jeanne d'Arcs

waren diese Ausgaben gerechtfertigt. Wenn sie groß waren, so waren sie doch immer noch im Rahmen eines riesigen Reichtums. Beim Tode des Großvaters vermehrte sich dieser Reichtum. Aber kurze Zeit darauf fiel Gilles' Kredit. Nachdem La Trémoille in Ungnade gefallen war, hatte sein Marschalltitel keinen Sinn mehr. Es trat nun das Gegenteil von dem ein, was logischerweise zu erwarten gewesen wäre. Statt sich aufzubessern, wurden seine Besitzverhältnisse prekär. Seine früher unumgänglichen Ausgaben sind jetzt zu Renommierausgaben geworden. Und der Zug des Fassadenmarschalls scheint noch überladener gewesen zu sein als der des kriegführenden Feldherrn, als müsse er das verlorene Ansehen mit falschem Schein wieder wettmachen. Es gibt zahlreiche Dokumente über die wahnwitzigen Ausgaben de Rais'. Sie ermöglichen indes keinen genauen Überblick. Wir können uns nicht erklären, was ihn schließlich ruiniert zu haben scheint, nicht einmal, in welchem Grade er ruiniert wurde. Wir sehen, was vorging, aber wir sehen weder den Grund dafür, noch das exakte Maß.
Wir können nur behaupten, daß diese Ausgaben sich verdoppelten; der Ruin war einer der quälendsten Aspekte der Tragödie, von der ich spreche. Die Ausgaben Gilles de Rais' sind nicht Folge irgendeiner Verschwendungssucht, sie gehören zu dem exzessiven Spiel, das der Grundsatz des primitiven Menschentums ist. Dies Spiel ist in bezug auf den Krieg selbst sekundär, aber es war von tiefer Realität bei einem Manne, dessen Reaktionen allesamt archaisch sind. Dieser Wilde brauchte einen Ausgleich, da ihm das Kriegspielen fehlte. Er scheint diesen Ausgleich in dem Spiel mit prahlsüchtigen Ausgaben gefunden zu haben. Aber wäre dieses Spiel reizvoll genug gewesen, wenn es nicht den Ruin des Spielers herbeizuführen gedroht hätte?
Als er nichts mehr darstellte, sah Gilles de Rais nur die Möglichkeit zu spielen, immer weiter zu spielen. Was hätte

dieser Feudalherr in dieser Gesellschaft sonst tun können? Das Privileg des Feudalherrn hat nur einen Sinn: es befreit ihn vom Arbeiten und weiht ihn dem Spiel. Aber der Krieg ist das einzige Spiel, das dem privilegierten Menschen volle Befriedigung gewährt. Könnten die »Renommierausgaben« eine Brunst erklären, die der im Krieg aufwallenden vergleichbar wäre? Den Standesgenossen von Gilles de Rais lag nichts mehr daran, mit verrückten Ausgaben zu spielen. Das erschien ihnen albern. Das gehörte zu einer im Verschwinden begriffenen Welt. Bei diesem Spiel hatten sich die Städte gegenseitig übertrumpft, als sie hohe Kathedralen bauten. Aber das 15. Jahrhundert war schon in einer gründlichen Umwandlung begriffen, bei der die Wirklichkeit den Schein übertraf. Ein Gilles de Rais jedoch blieb bei den Reaktionen einer primitiven Gesellschaft, die der Adel des 12. Jahrhunderts noch völlig verstanden hatte. Anläßlich eines im Limousin abgehaltenen »Hofes« ließ ein Ritter im 12. Jahrhundert Silberstücke auf ein umgepflügtes Feld säen; ein anderer ließ als Antwort auf diese Herausforderung in seiner Küche auf Wachskerzen kochen; ein anderer befahl »aus Angeberei«, alle seine Pferde lebendig zu verbrennen. Wir wissen heute, was es mit dieser Prahlerei, die so klar den unverständlichen Ausgaben Sire de Rais' entspricht, auf sich hat.

In Gesellschaften, die von der unseren verschieden sind – wir scharren Reichtümer zwecks ständiger Vermehrung zusammen –, galt das gegenteilige Prinzip, den Reichtum zu verschenken oder zu zerstören, ihn zu vergeuden oder zu verlieren. Angehäufter Reichtum hat den gleichen Sinn wie Arbeit; im Gegensatz dazu hat die Verschwendung oder die Zerstörung des Reichtums in den potlatch

Bestimmte Festspiele nordamerikanischer Indianerstämme. (Anm. d. Übers.)

der Stämme den Sinn des Spiels. Das Zusammenscharren der Reichtümer hat nur einen untergeordneten Wert, das Verschwenden oder das Zerstören von Reichtümern gewinnt dagegen in den Augen des Verschwenders oder Zerstörers einen souveränen Sinn, es dient nichts anderem als eben dieser Verschwendung oder dieser faszinierenden Zerstörung. Ihr gegenwärtiger Sinn, ihre Verschwendung oder ihre Verschenkung, ist ihr letzter Existenzgrund, und dadurch kann ihr Sinn plötzlich nicht mehr auf später verschoben werden, muß sich im Augenblick erfüllen. Aber sie werden in diesem Augenblick verbraucht. Das kann prachtvoll sein: Wer den Verbrauch zu schätzen weiß, ist betört, aber übrig bleibt nichts.

Das ist der Sinn der gesäten und verlorenen Geldstücke, der Kerzen für die Küche und der in den Flammen brüllenden Pferde.

Das ist auch der Sinn der wahnwitzigen Ausgaben, die Rais noch vervielfachte, als er auf den Krieg verzichten mußte. Im Frühjahr 1434, nach dem kampflosen Treffen der beiden Armeen in Sillé, hat er noch nicht endgültig auf ihn verzichtet. Er bleibt in Beziehung mit La Trémoille. Nachdem sich der ehemalige Günstling verpflichten mußte, nicht mehr bei Hofe zu erscheinen, versucht er, eine beschränkte Tätigkeit am Rande wieder aufzunehmen. Er nutzt es aus, daß ein Freund, der Herzog von Bourbon, immer noch im Krieg mit dem Herzog von Burgund steht; er möchte dem Bourbonen zu Hilfe kommen, eine seiner Städte, Grancey, liegt in Burgund und wird von den Burgundern belagert. Zweifellos denkt er, Charles VII. würde ihm diese Aktion zu danken wissen. Er schlägt also Rais vor, Truppen auszuheben und Grancey zu Hilfe zu kommen. Rais scheint zunächst begeistert angenommen zu haben.

Wir können nichts Genaues über das erfahren, was folgte. aber es kam nichts dabei heraus. Möglicherweise haben andere bei dieser Angelegenheit Sand ins Getriebe gestreut ...

Gilles erwirkt zwar, daß Charles VII. ihn offiziell mit der Befreiung Granceys beauftragt, aber wir wissen, daß er an dem gleichen Tag, an dem diese Stadt sich den Burgundern ergibt, in Poitiers ist ... Zuvor hatte er seinen Bruder René gebeten, die Truppen zu übernehmen, die er tatsächlich in der Bretagne ausgehoben hatte.

Dennoch hat der Marschall außer Dienst die Partie noch nicht aufgegeben.

Er begibt sich nach Orléans, um dort auf seine Weise ein prunkvolles Leben zu führen, aber La Trémoille läßt nicht locker. Gilles sagt damals zu, ihm nach Bourbonnais zu folgen. Zu diesem Zeitpunkt plant man, aber wohl fruchtlos, dem Herzog von Bourbon zu helfen.

Die beiden Männer versteifen sich gemeinsam darauf. Am Anfang des folgenden Jahres versuchen sie, Jean de Luxembourg anzugreifen. Nach dem Frieden von Nevers, der zwischen dem Herzog von Burgund und dem König geschlossen wurde (Februar 1435), ist Luxemburg im Kriegszustand mit den Franzosen geblieben.

Aber La Trémoille und Rais haben wenig Geld. Außerdem verstehen sie sich in diesem Punkt schlecht, um so weniger, als Gilles ein königliches Leben, ein Leben in betörender Pracht führen will.

Er zögert. Er hat in den wüsten und zerrütteten Verhältnissen, in denen er versinkt, noch immer nicht aufgegeben, aber La Trémoille dringt vergeblich auf ihn ein. Gilles weiß, daß ihm unbedeutende Unternehmungen ohne Kredit, ohne königliches Geld, vorgeschlagen werden. Er läßt sich entschieden gehen. Er pflegt von nun an den weibischen Prunk eines römischen Kardinals.

Umgeben von jungen Sängern läßt er sich zum Chorherrn von Saint-Hilaire de Poitiers ernennen. (Diesen Titel haben bis dahin nur die Herzöge von Aquitanien getragen.) Bei dieser Gelegenheit mußte er in einem prunkvollen Kostüm und Helm erscheinen, einer halb kirchlichen, halb soldatischen Gewandung. Er reist nun mit einem geistlichen Stab, einem »Kollegium«, dessen Sitz grundsätzlich eine Kapelle der Unschuldigen Kindlein war, die im Weichbild von Machecoul liegt. Diese Kapelle hatte ihre Kanoniker und sogar einen sogenannten Bischof; sie hatte Sänger, eine Singschule ähnlich wie die der Kathedralen; jedermann war auf prächtige liturgische Weise gekleidet; mehr als fünfzig Personen gehörten dazu, ebensoviel Pferde. Zu dem geistlichen Stab kam der militärische: zweihundert Reiter, denen ein Wappenherold und Trompeten voranzogen. Die Hexenmeister, Alchimisten, Stückmeister, den Illuministen und die, denen es oblag, bei seinen Reisen eine Orgel zu tragen, haben wir noch nicht erwähnt ... Dieser in der Einsamkeit des Verbrechens eingeschlossene Mann konnte nicht ohne ein Gefolge auskommen, das an den Hofstaat eines Königs erinnerte. Wir wissen aus notariellen Dokumenten aus Orléans – der Stadt, in der er sich über ein Jahr aufhielt –, was dieses Gefolge insgesamt für ihn bedeutete. Der gleiche Aufwand mußte ihn kurz darauf nach Poitiers begleiten. Dieser Wahnsinn zeigte in Poitiers eine skandalöse Seite, die unterstrichen werden muß. In seiner Begleitung befinden sich zwei junge Sänger, die ihn entzückten; später machte er sie zu Verbrechern. Der eine ist André Buchet aus Vannes, der ihm mindestens zweimal Opfer zuführen mußte. Der andere ist Jean Rossignol aus La Rochelle, an den er ein Gut in Machecoul vergab; dieser nahm an der Überführung von Kinderskeletten aus Champtocé teil. An jenem Tag richtet er in der Kirche von Saint-Hilaire zwei Stiftstellen zugunsten der beiden Lustknaben ein. Gewiß suchte er einen verhohlenen Exhibitionismus, der für ihn den Sinn des Verbrechens annahm. Er

muß diese Engelsstimmen, diese Stimmen verdorbener Epheben, die er an seinen Orgien teilnehmen ließ, bis zum Wahnsinn geliebt haben.
Nach der Reise nach Poitiers und dem langen Aufenthalt in Orléans Ende des Jahres und im Jahre darauf kann man sich den Höllenzug vorstellen, den der Marschall de Rais von dem Tage an führte, an dem er nur noch dem Namen nach Marschall war (der Titel war damals absetzbar, aber er wurde ihm nicht genommen). Orléans kostete, scheint es, 80000 Goldtaler, einen bedeutenden Teil nicht seiner Einkünfte, sondern seines Vermögens. (Für nur 100000 Taler verkauft er 1437 Ingrandes und Champtocé, seine beiden wichtigsten Sitze, auf die Jean V. großen Wert legte.) Um seine Finanzen stand es bei der Rückkehr so schlecht, daß er sich eine Zeitlang auf seine Besitzungen in der Bretagne verkriechen mußte.
De Rais errichtet sein Reich nun in der Festung Machecoul.
Er hatte keine Geldstücke gesät, seine Pferde nicht ins Feuer gesteckt, aber die Ausgaben, in die er sich stürzte, hatten ihm das gleiche Gefühl von protzigem Spiel, von »Angeberei« und Aberwitz gegeben wie die Extravaganzen im Limousin ...
Hier nun verließ ihn Guillaume de La Jumellière, jener Seigneur aus Anjou, dem Jean de Craon ihn anvertraut hatte. Bei allen seinen Feldzügen hatte La Jumellière ihm mit seinen Ratschlägen beigestanden. Er hatte ihn noch begleitet, als er Ende 1434 mit seinem militärischen Stab nach Orléans kam.
Das Strohfeuer der zügellosen Ausgaben in Orléans bedeutet gleichzeitig mit Gilles' endgültigem Verzicht auf den Krieg etwas, was keineswegs ein Ausweg war, sondern die Zuflucht zum Unmöglichen: Die Extravaganzen in Orléans waren längst kein bescheidener Ersatz für die im Limousin,

sie führten zur Tragödie. Orléans hatte 1429 den Ruhm de Rais' verkündet, sechs Jahre später weihte es ihn dem Verderben.

Der Aufenthalt, an dessen Ende Rais klar erkennt, daß die in dieser Stadt erlebte ruhmreiche Vergangenheit tot ist, besagt in der Tat, daß er ihr verbunden bleibt.

Im Laufe seines pompösen Lebens wollte er dort noch einmal einen Tag lang der junge Marschall von Frankreich sein, der er neben Jeanne d'Arc geworden war, als er sich mit unaufhaltsamem Ingrimm auf die Engländer stürzte und seinem Land einen unverhofften Sieg einbrachte. Dieses Ereignis bedeutete für ihn nicht dasselbe wie für alle anderen. Für Gilles de Rais war Jeanne d'Arc offensichtlich unverständlich. Wie sollte er sich für das Geschick eines Volkes interessieren? Was diesbezüglich behauptet wurde, ist peinlich. Er interessierte sich nur für sich selbst. Zur Not konnte er in seinem Infantilismus große Emotionen mitempfinden, sie verstehen konnte er nicht ... Aber am 8. Mai 1435 feierte Orléans wie jedes Jahr seine Befreiung; es ging Gilles de Rais darum, einen Teil der berauschenden Popularität für sich zu gewinnen, die Jeanne d'Arc in Orléans vom ersten Tage an gehabt hatte. Seit vier Jahren war die unglückliche Jeanne tot, war den Flammentod gestorben, und er, Rais, der an ihrer Seite eine der Rollen dieses Tages – nächst der ihren vielleicht die bedeutendste – gespielt hatte, lebte noch. Ihm bot sich noch einmal die Gelegenheit, in der Begeisterung der Menge diesen Tag wiederaufleben zu lassen. Aber diesmal war er allein, und die Befreiung Orléans, der Kampf um Les Tourelles, wurde sein persönlicher Triumph.

Diese Feier zum Gedenken der Befreiung muß offenbar mehrere Tage gedauert haben. Hier warf Gilles nun mit Gold um sich. Er verausgabte sich, wie man sich betrinkt, um sich zu berauschen. Der Hauptteil des Festes bestand –

wie noch heute – aus der ellenlangen Prozession, die im ersten Jahr dem Abmarsch der Engländer folgte, aber die Prozession wurde nun mit »Mysterien« ausgeschmückt, die unterwegs gespielt wurden. Wir wissen, daß in jenem Jahr in dem Augenblick, als die Prozession den Boulevard an der Brücke erreichte, eine solche Vorführung stattfand. Es handelte sich um die Eroberung von Les Tourelles, der Festung, die die Brücke über die Loire beherrschte. Die Stadt beteiligte sich an den Kosten, aber wie die uns erhaltenen städtischen Rechnungen zeigen, übernahm sie nur einen Bruchteil derselben. Rais ließ sehr häufig Mysterien aufführen; sie sollen seinen Ruin verursacht haben. Er kaufte viele neue und herrliche Kostüme, die niemals zweimal getragen werden sollten; es kam vor, daß er den Zuschauern feine Weine und köstliche Speisen servieren ließ. Wir wissen außerdem, daß zwei Fahnen von ihm stammen, die 1439 – vier Jahre später – bei einer weiteren Darstellung des gleichen Sturms auf Les Tourelles verwendet wurden. Wir können nicht daran zweifeln, daß in dem gleichen Jahr, in dem er 80000 Taler ausgab, ein bedeutender Teil dieser Summe zu den beträchtlichen Kosten dieser Feste beitrug.

Aber als er zurück in die Bretagne kam, waren seine Geldkästen leer.

Seine Geldkästen waren leer, und seine entrüsteten Verwandten hatten soeben beim König Bannlettern gegen ihn erwirkt. In Angers, in Tours und Orléans, in Champtocé, in Pouzages und in Tiffauges wurde dieses Interdikt öffentlich verkündet. Er hatte seinen Wonnerausch nicht aufrechterhalten können, ohne einen Teil seiner Besitzungen zu verkaufen, nun aber konnte niemand mehr mit ihm Kaufverträge abschließen, wenigstens nicht im Königreich.

Wahrscheinlich war Gilles de Rais damals gar nicht so endgültig ruiniert, wie es aussehen mochte. Aber neben seiner moralischen Verkommenheit machte dieses Interdikt seiner Umgebung eine andere Verkommenheit deutlich, die ihn selbst ebenfalls bedrücken mußte: seine finanzielle Zerrüttung.

Bei den hohen Ausgaben in Orléans zeichnet sich ein verblüffender Charakterzug endgültig ab: Auf souveräne Weise machte Gilles de Rais sein Leben und sich selbst zu einem aufsehenerregenden Fanal (und das sollte zweimal für ihn gelten). Er hatte Sinn für das Dramatische. 1435 stellte er nichts mehr dar. Aber mit theatralischen Effekten fand er in Orléans die Größe wieder, die er verloren hatte. Für diesen Zweck konnte er sich ruinieren.

1435 konnte er in Orléans jene kriegerische Wildheit szenisch verherrlichen, die seinerzeit die Engländer überwältigt hatte.

1440 wird er eine ungeheure Menschenmenge an einer anderen Herrlichkeit teilnehmen lassen, an dem zweifelhaften und finsteren Ruhm des Verbrechers. Dieses letzte Fanal wird er mit seinem Leben bezahlen. Am Ende dieser wenigen Seiten werden wir zumindest anerkennen müssen, daß er das mit Großartigkeit zu tun vermochte.

Ein verzweifelter Versuch: die Anrufung des Teufels

Das Interdikt der Briefe vom 2. Juli 1435 hatte indes keinen vollen Erfolg, denn der Herzog von Bretagne, Jean V., wollte es in seinen Gebieten nicht als rechtswirksam bestätigen. Die Lage war trotzdem nicht weniger ernst. Rais konnte nur auf der schiefen Ebene bleiben, auf die er durch seinen Verfall nun einmal geraten war.

Und wirklich wurde er von 1432 an von einer Krise in die andere getrieben. Die Verirrung, die in jenem unglücklichen

Jahr Besitz von ihm ergriff, entzieht ihn buchstäblich der Gesellschaft: Wie ich schon sagte, war diese Verstörung mit einer tragischen Halluzination verbunden. Er hatte dennoch das Gefühl, von einem bevorzugten Geschick geführt zu werden: zu guter Letzt würde das Wunder – oder das Ungeheuer –, das er war, gerettet werden. So weit ging seine Naivität. Seine Einfältigkeit, hätte ich beinahe gesagt. Er zweifelte nicht an zwei einander widersprechenden Hilfen, der Hilfe Gottes und der des Teufels.

Der naiv Besessene hat sich nie mit irgend etwas belastet: in dem Pakt, den er dem Teufel anbot, behielt er sich seine Seele und sein Leben vor. Der Privilegierte hätte sich nicht vorstellen können, daß er ins Jenseits nicht – jedenfalls nicht wie im Diesseits – über alle anderen hinweg gehen könne. Er mochte wohl eines Tages in seiner Großherzigkeit arme Leute gebeten haben, an seiner Seite das Abendmahl zu nehmen. Aber das änderte nichts an seinem knabenhaft übertriebenen Selbstgefühl. Das Schlimmste ist, daß er im Prozeß völlig sicher war, seinen Helfer und Komplizen Prelati noch in der gleichen Stunde, in der sie vom Henker gehängt sein würden, im Paradies wiederzutreffen …

Salomon Reinach, der nur eine flüchtige und unvollständige Kenntnis der Dokumente hatte, schrieb diese Gewißheit des Heils freilich seiner Unschuld zu.

Diese Selbstüberhebung, die eine Mitursache des ganzen Dramas ist, muß als allgemein verbreitet und als die Grundlage des feudalen Hochmuts und der dem Adel eigentümlichen Unverschämtheit und Leuteschinderei angesehen werden.

Es gibt einen Ausdruck, der eine Bewegung beschreibt, die die personifizierte Tragödie ist: »Kopfüber ins Unmögliche«. Die Situation ist unhaltbar, aber nie wird dieser

Rais, der bis zum Ende auftrumpft, sich in seiner Maßlosigkeit untreu. Diesem Manne droht ein rascher Ruin, unablässig steht er an der Grenze der Reue, er marschiert auf den Abgrund zu, und dennoch verlassen ihn diese Ungezwungenheit und dieses völlig unangebrachte Vertrauen nicht; sie machen die Katastrophe unvermeidlich.
Tag auf Tag erwartet er den Teufel, die allerletzte Hoffnung ... Er erwartet ihn schon seit Jahren. Wenn er zugibt, daß er »seit seiner Jugend schwere und abscheuliche Verbrechen begangen und vollbracht« hat, so denkt er wenigstens teilweise an seine Beschwörungsversuche. Wann immer er konnte, hat er sich mit jedem Menschen zusammengetan, der behauptete, auf diesem Gebiet Fähigkeiten zu besitzen.
Wir können dessen nicht sicher sein, aber einer der ersten Kontakte, die er mit einem angeblichen Jenseits hatte, das ihn faszinierte, kann auf der Begegnung mit einer Person beruhen, die zweifellos 1426 stattfand; wir wissen nur wenig über diesen Mann. Es handelt sich um einen Ritter aus Anjou. Rais sollte ihn treffen, als er in Anjou vor dem Kampf mit den Engländern unter dem Banner Yolandes von Anjou eine Kompanie Bewaffneter rekrutierte. Er war damals 22 Jahre alt. (Dieses Alter entspricht dem Ausdruck »von seiner Jugend an«, den Gilles selbst gebrauchte.) Der in den Künsten der Alchimie und Teufelsbeschwörung versierte Ritter saß damals im Gefängnis; die Inquisition klagte ihn der Häresie an. Im Gefängnis von Angers, dem Schloß der Herzöge von Anjou, unterhielt sich Gilles mit ihm. Der Ritter besaß ein Manuskript, in dem zweifelhafte Künste abgehandelt wurden. Gilles entlieh es von ihm; er ließ es mehreren Personen in einem Saal laut vorlesen. Wir wissen weiterhin, daß das Buch dem Mann aus Anjou zurückgegeben wurde; was aber mit dem Unglücklichen geschah, wissen wir nicht. Dieser Besuch in einem Gefäng-

nis und die Lektüre eines Manuskripts lassen erste Schritte vermuten. Es ist folgerichtig, daß Gilles sich zu dieser Zeit lange in Angers aufgehalten hat, »vierzehn Jahre« vor dem Prozeß von 1440.
Wir müssen gleichzeitig glauben, daß de Rais 1440, wie er selbst behauptet, die Kunst der Beschwörung seit »vierzehn Jahren« praktizierte.
Also läßt sich denken, daß seine Initiation ins Dämonische mit dieser Information durch einen Gefangenen und ein Buch im Jahre 1426 stattfand. Es folgten zweifellos zahlreiche Kontakte, die auf Übungen hinausliefen, die von professionellen Beschwörern geleitet wurden.
Über diese Beschwörungen, die »vierzehn Jahre« lang praktiziert wurden, erfahren wir im Prozeß, daß sie einmal in den Schlössern Machecoul und Tiffauges, ein andermal in dem sogenannten Haus von La Suze in Nantes abgehalten wurden. In Orléans gab es einen oder mehrere Versuche im sogenannten Haus vom Goldenen Kreuz. Das sind die ersten Beschwörungen, deren Zeitpunkt feststeht: Sire de Rais hielt sich im Haus vom Goldenen Kreuz in Orléans 1434 und 1435 auf.
Ferner kennen wir gewisse Einzelheiten über diesen oder jenen beteiligten Beschwörer oder diese oder jene einzelne Beschwörung.
Wir kennen die Namen eines gewissen Trompeters, der Dumesnil hieß, eines »gewissen Louis«, eines Lombarden: Antoine de Palerne. Diese letzteren hatten sicherlich ziemlich gute Zeiten im Dienste Sire de Rais'; andere hatten es noch besser. Während der Beschwörungen, bei denen Gilles meistens zugegen war, wurde »in Machecoul wie an anderen Orten ... auf dem Boden ein Kreis oder eine Figur in Kreisform« gezogen. Jeder, der den Teufel beschwören wollte, »in der Absicht, ihn zu sehen ..., mit ihm zu sprechen oder einen Pakt mit ihm zu schließen, muß zuerst

diesen Kreis auf die Erde malen ...« Dazu hat Rais übrigens behauptet, daß er den Teufel weder jemals sehen noch, daß er mit ihm sprechen konnte, »obgleich er sich alle Mühe gab, die er konnte, so daß es nicht von ihm abhing, wenn er ihn weder sehen noch sprechen konnte«.

Über bestimmte einzelne Beschwörungen liegt uns ein ausführlicher Bericht vor. Bei einem der Versuche war – außer Sire de Rais – Gilles de Sillé anwesend. Wir wissen den Namen des Beschwörers nicht, aber die Veranstaltung fand in einem Zimmer der Festung Tiffauges statt, zweifellos ziemlich am Anfang. Dort wurde der Kreis gezogen, aber an jenem Tag kam die beiden Beteiligten das Zittern an. Rais, der »in seinen Armen ein Bild der gebenedeiten Jungfrau Maria hielt«, soll voller Furcht in den Kreis getreten sein, »weil der Beschwörer ihm verboten hatte, sich zu bekreuzigen, denn wenn er das täte, wären alle in großer Gefahr; aber er erinnerte sich eines Gebetes an die Muttergottes, das mit Alma begann,

Es handelt sich um eine bekannte Hymne, deren erster Vers lautet: »Alma Redemptoris Mater ...«

und der Beschwörer befahl ihm auf der Stelle, den Kreis zu verlassen, was er auch gleich tat, wobei er sich bekreuzigte; er verließ eiligst das Zimmer, ließ den Beschwörer dort und schloß die Tür hinter sich; kurz darauf fand er ... Sillé, der ihm sagte, daß der in besagtem Zimmer verlassene Beschwörer geschlagen und geprügelt werde, was sich anhöre, wie wenn man ein Federbett ausklopft, was er ... (Rais) nicht hörte; er ließ das Zimmer öffnen und bemerkte am Eingang, daß der Beschwörer im Gesicht und an anderen Körperstellen verletzt war; unter anderem hatte er eine dicke Beule auf der Stirn, und das derartig, daß er sich nicht aufrechthalten konnte; und aus Furcht, daß er an den Folgen besagter Wunden sterben könne, wollte er ihn beichten und ihm die Sakramente geben lassen; aber der Beschwörer starb nicht und genas von seinen Verletzungen.« Indem der Beschwörer den Lärm imitierte, den der Angriff eines Dämonen gemacht haben könnte, und indem er sich selbst verletzte, um überzeugend zu wirken, folgte er zweifellos einem üblichen Verfahren, auf das Rais mindestens zweimal hereinfiel.

Neben der unerhörten Wirkung auf de Rais, der anfangs noch schreckhafter gewesen sein muß, gibt es einen weiteren Grund zu der Annahme, daß diese Beschwörung frühen Datums ist, nämlich die Rolle, die Sillé dabei spielt, und kein anderer als er. Bis um 1435–1436 scheint Sillé, was die Beschwörungen und die Alchimie betraf, zunächst der einzige Zubringer für Gilles gewesen zu sein (im gleichen Zeitraum war er vermutlich auch der Hauptlieferant der Kinder, und wenn sein Meister zu müde war, hat stets er sie getötet).

Anfang 1435–1436 mußte sich an seiner Stelle der Priester Eustache Blanchet mit den Beschwörern und Alchimisten abgeben. (Was die Kinder betrifft, rücken da Henriet und Poitou an die erste Stelle, ohne daß Sillé jedoch verschwindet.)

Ganz zuerst hatte Gilles de Rais Sillé beauftragt, für ihn »in der Gegend flußaufwärts« Beschwörer zu suchen, aber offensichtlich war er nicht zufriedenzustellen. Sillé erzählte ihm, eine Beschwörerin habe ihm erklärt, daß er keinen Erfolg haben könnte, wenn sein Meister seine Seele nicht von der Kirche, insbesondere von seiner Kapelle in Machecoul, abwende; eine andere habe ihm in anderen Worten fast das gleiche gesagt. Ein Beschwörer, den er bringen sollte, ertrank. Ein anderer kam, starb jedoch, kaum daß er da war …

Eustache Blanchet, der später aus Italien den zauberhaften jungen Prelati mitbrachte, scheinen anfänglich nicht minder enttäuschende Fehler unterlaufen zu sein. Der Beschwörer, den Blanchet aus Poitiers nach Pouzages kommen ließ, prellte Sire de Rais. Dieser besaß in Pouzages ein mächtiges Schloß, das wie jenes in Tiffauges von seiner Frau stammte. Aber nicht im Schloß fand die Beschwörung statt. Sie wurde während der Nacht in einem Wald in der Umgebung abgehalten. Rais, Blanchet, Henriet und Poitou waren zugegen. (Sillé muß gerade in Ungnade gewesen sein.)

Der Beschwörer, ein Arzt namens Jean de La Rivière, ging allein in den Wald. Er war bewaffnet. Er hatte einen Degen und andere Waffen bei sich und trug eine Rüstung von weißer Farbe. Die Anwesenden vernahmen plötzlich großen Lärm, wie wenn La Rivière kämpfte. Blanchet nimmt an, daß er aus aller Kraft mit seinem Degen auf die Rüstung schlug. Bei seiner Rückkehr hatte er ein »erschrecktes und verwirrtes« Aussehen. Er gab an, im Wald »einen Dämon, der das Aussehen eines Leoparden hatte«, gesehen zu haben. Der Dämon lief an ihm vorbei, ohne etwas zu sagen. Gilles glaubte dem Beschwörer ohne weiteres.

Er händigte ihm auf der Stelle zwanzig Goldreal aus. Dann kehrten alle nach Pouzages zurück, wo sie zechend und schmausend die Nacht verbrachten. Nun erzählte La Rivière, er wolle etwas holen, das ihm fehlte, und er werde so schnell wie möglich wiederkommen; da er jedoch die zwanzig Goldreal bereits bei sich hatte, sah und hörte man nichts wieder von ihm.

Mit Sicherheit fand diese Beschwörung um 1436 herum statt. Die Geschichte mit dem Goldschmied aus Angers könnte sich zur selben Zeit zugetragen haben. Fest steht, daß Gilles in jenem Jahr durch Angers gekommen sein muß. Er nahm sich dort seinen ehemaligen Lehrer vor, der den Fehler begangen hatte, sich ihm und der Familie zu widersetzen. Gilles konnte sich da im »Silbernen Löwen«

aufgehalten haben, wohin Blanchet einen Goldschmied geschickt hatte, der vorgab, sich auf Alchimie zu verstehen. Gilles händigte ihm eine Silbermark »zum Experimentieren« aus. Aber nachdem der Goldschmied in einem Zimmer eingeschlossen worden war, begann er zu trinken. Gilles war entrüstet, als er ihn schlafend fand ... Er jagte ihn davon, aber der Trunkenbold behielt das Silber.
Dennoch war dieser Trinker vielleicht ehrenwerter als die anderen: Er war kein Beschwörer, sondern Alchimist. Und die von der Kirche nicht so entschieden wie die Zauberei oder die Beschwörung verfolgte und manchmal sogar geduldete Alchimie ist alles in allem schließlich der Ursprung der Chemie ...
Ein wenig später hatte de Rais einen wahrscheinlich rechtschaffenen Alchimisten in seinem Dienst. Dieser war Goldschmied wie der Trinker aus Angers; die Arbeit mit Metallen bereitete auf die Alchimie vor, da sie ähnliche Vorkehrungen benötigt. Wir wissen nicht, wann dieser Mann nach Tiffauges kam, um bei de Rais zu wohnen, aber am 14. Mai 1439, als Prelati dorthin kam, befand er sich bereits dort. An jenem Tage wurden Prelati und Blanchet, die aus Italien kamen, im gleichen Zimmer wie er untergebracht. Fast alles, was wir über ihn sagen können, wissen wir aus der Zeugenaussage von Blanchet; wir können auch wohl annehmen, daß dieser ihn zu Gilles de Rais gebracht hat, wie er ihm schon den aus Angers zugeführt hatte. Der zweite Goldschmied kam aus Paris und hörte auf den Namen Jean Petit.
Noch im Dezember 1439 stand er in Gilles' Diensten, damals schickte ihn sein Herr nach Mortagne, um den dorthin entflohenen Blanchet zur Rückkehr nach Tiffauges zu bewegen. Aber Blanchet weigerte sich. Er beauftragte Jean Petit, Gilles und Prelati zu erklären, daß Gerüchte gegen sie in Umlauf seien und daß sie von ihrem verbrecheri-

schen Leben ablassen sollten. Jean Petit richtete diese Bestellung aus, woraufhin Gilles außer sich geriet und ihn ins Schloß von Saint-Étienne-de-Mermorte führen ließ, wo er in den Kerker geworfen wurde; Blanchet zufolge »blieb er lange« dort. Wir wissen nicht, wann genau er seinen Dienst bei Gilles aufgab, aber am 15. September, dem Zeitpunkt der Verhaftung, soll er nicht mehr bei ihm gewesen sein. Wenn er zu dieser Zeit in Machecoul gewesen wäre, hätte er wie Prelati, mit dem er sich lange die tägliche Arbeit geteilt hatte, verhaftet werden müssen. Prelati arbeitete mit ihm an den Öfen, die er mit Sicherheit vor der Ankunft des Italieners, vielleicht sogar viel früher, aufgestellt hatte.

Andere Alchimisten – so die Italiener Antoine de Palerne und Prelati – waren nicht nur Alchimisten, sondern auch Beschwörer. Antoine de Palerne scheint früher in Gilles' Diensten gewesen, aber nicht lange geblieben zu sein; und wenn dieser von Versuchen mit Quecksilber spricht, stammt die Anregung dazu wahrscheinlich von Jean Petit (die Italiener huldigten vor allem der Teufelsbeschwörung). Gilles war fest überzeugt, früher oder später mit Petit oder Prelati, am ehesten mit beiden, die Umwandlung der Metalle zu erreichen; er glaubte ernsthaft, daß er Gold herstellen würde. Und er blieb bei der Überzeugung, daß er Gold fabriziert hätte, wenn nicht der unerwartete Besuch des zukünftigen Louis XI., des damaligen Dauphin de Viennois, ihn im Dezember 1439 zur Zerstörung seiner Öfen gezwungen hätte. (Ein Erlaß von Charles V. verbot die Alchimie.) Er glaubte fest, daß er sein enormes Vermögen hätte wiedererlangen und sich einer grenzenlosen Macht und eines unerschöpflichen Reichtums hätte erfreuen können.

Prelati, letzte Euphorie und Katastrophe

Tatsächlich besiegelte die Ankunft Prelatis, den Blanchet im Frühjahr 1439 aus Florenz mitbrachte, Gilles de Rais' Untergang. Prelati – jung und mit dem Nimbus der Magie, der Literatur und Italiens geschmückt – betörte Sire de Rais buchstäblich; seine tatsächlichen Kenntnisse und seine scharlatanische Beredsamkeit blendeten ihn.
Gilles erwartete nichts mehr als die Hilfe des Dämons. Diesen brillanten Mann, der ihm wie kein anderer in den Kenntnissen bewandert schien, die ihn auf seinen früheren Vermögensstand zurückkommen lassen sollten, empfing er als seinen Retter.
Prelati – unverschämt, frech und aus einer Stadt stammend, die als eine Hochburg der Homosexualität galt – schien sich aufs beste mit einem Herrn zu verstehen, der seinerseits den skrupellosen und überdies gründlich verdorbenen Ehrgeizling verführen sollte. Gilles konnte ihn um so gewisser verführen, als er immer noch – trotz wesentlicher Verluste – freigebig mit seinem immerhin beachtlichen Reichtum umging. François Prelati wurde als Freund, vielleicht auch als Liebhaber behandelt (aber dessen können wir nicht sicher sein) und vervielfachte von Anfang an die Beschwörungen, ohne sich auch nur im geringsten darum zu kümmern, daß der widerspenstige Teufel entschieden ausblieb. Leichte Lügen, manchmal plumpe Komödien machten die Enttäuschungen wett. Wie das zuvor schon ein anderer Beschwörer getan hatte, half er sich damit, den Angriff eines Dämons vorzutäuschen, der ihn in dem Zimmer, in dem er sich vorsorglich eingeschlossen hatte, mächtig verprügelt haben sollte. Gilles war tief erschrocken; er sah seinen Freund bereits tot; er fand ihn verletzt; er wollte seine Pflege allein übernehmen und ließ niemanden an ihn heran. Aber wenn der Teufel sich

weigerte, ihm zu erscheinen, fehlte es François dafür nicht an Begründungen ... Und richtig, wenn er allein war, gewährte sein Hausteufel, den er Barron nannte, dem charmanten jungen Schwindler hin und wieder die Gnade seiner Gegenwart ... So fiel es ihm nicht schwer, den Aberglauben seines schreckhaften Herrn aufrechtzuhalten. Die Lügen Prelatis können übrigens nicht daran zweifeln lassen, daß zwischen den beiden Männern eine Art Freundschaft bestand; dafür zeugen die herzzerreißenden Abschiedsworte im Prozeß, die Gilles an François richtete. Offensichtlich fanden diese verirrten Wesen keinen Halt mehr. Trotz ihrer gründlichen Verderbtheit mochte der eine wie der andere eine gewisse Empfindsamkeit haben. In der schwindelnden Verwirrung ihrer Gemüter mag die Hinterlist des einen und die Einfalt des anderen sich ganz gut miteinander verständigt haben. Das soll uns indes nicht davon abhalten, an eine Szene zu erinnern, in welcher der junge Komödiant eine Wirtin mit einem brutalen Fußtritt in den Rücken beehrte, weil sie ihn und Gilles mit Klagen über ihren sterbenden Mann belästigt hatte. Dieser Fußtritt hätte die Unglückliche eine Stiege hinunterstürzen lassen, wenn nicht eine alte Amme sie am Kleid festgehalten hätte ...

Im Rahmen dieses Bildes mag man die Erklärung eines Gefühls suchen, wie es aus den Abschiedsworten spricht, die das Ungeheuer an der Schwelle zum Jenseits an seinen Zauberer richtete.

Ich werde später ungekürzt anführen, was die Geständnisse von Gilles und die Zeugenaussagen Henriets, Poitous und Blanchets – von der Prelatis ganz abgesehen – über die Beschwörungen erfahren lassen, die vom Frühjahr 1439 bis zu seiner Verhaftung im Dezember 1440 aufeinander folgen. Aus ziemlich vielen und genauen Beschreibungen erhalten wir einen umfassenden Überblick vom Ritual der

Beschwörungen in dieser Zeit. Ich möchte hier nur die Atmosphäre anschaulich machen, die durch solche wiederholten Anrufungen der teuflischen Mächte im Schloß Tiffauges geschaffen wurde. Die abergläubische Frömmigkeit wie die grausamen Morde seines Herrn, von denen dieser nicht lassen konnte, entdeckte Prelati zur gleichen Zeit. Er mußte ihn in dieser Zwiespältigkeit festhalten, die einmal aus der vergeblichen Erwartung eines rettenden Teufels und zum anderen aus der teuflischen Atmosphäre ermordeter Kinder herrührte. Dem Ausbleiben des Teufels – in dessen vergeblicher Erwartung Rais in der zaubrischen Euphorie des unerschöpflichen Goldes schwelgte – folgte nichts als der Alptraum blutiger Köpfe und die Drohung einer endgültigen Katastrophe, die er in kindlicher Weise tagtäglich immer mehr ignorierte.

Als erstes gewöhnte Prelati seinem Gebieter ab, bei den Beschwörungen anwesend zu sein. Er schrieb das Zögern des Teufels irgendeiner Unzufriedenheit zu. Der Teufel zeigte sich indes jedesmal, wenn der so gewissenhafte Italiener allein am Werk war. Von April bis Dezember 1439 gelang es ihm, den blutrünstigen Mann, der blindlings in sein Verderben stürzte, in eine Art Verzauberung zu bannen. Zwischen Juli und August begab sich Gilles nach Bourges. Da er sich längere Zeit dort aufhielt, empfing er daselbst Nachrichten und sogar ein Geschenk des Teufels: »Schwarzer Staub auf einem Schieferstein«, den Barron, der Hausteufel Prelatis, für Gilles hinterlassen hatte. Dieser schrieb seinem Herrn damals regelmäßig. Zunächst trägt Gilles diesen Staub in einem silbernen Etui an seinem Hals. Aber nach wenigen Tagen gibt er zu, daß der Staub ihm keinen Nutzen brachte.

Nach der Rückkehr aus Bourges traf Rais in Bourgneuf Herzog Jean V. von Bretagne; zweifellos muß er dort auch auf seiner Anwesenheit bei einer Beschwörung bestanden haben, die Prelati an Ort und Stelle abhalten sollte, weil sich Gilles von Barron Einwirkungen auf die Gunst des Herzogs erhoffte. Vergebens. Enttäuscht und bedrückt gab Gilles unverzüglich seinem Blutdurst nach: Ein Junge von fünfzehn Jahren, Bernard de Camus, verlor am gleichen Tag das Leben. Aber nichts hilft: Schrecken und Reue machen ihn niedergeschlagen. Noch in Bourgneuf träumt er davon, Buße zu tun, nach Jerusalem zum Heiligen Grab zu pilgern, um dort zu weinen. Dieser Niederlage folgt die Wende. Prelati, der die Notwendigkeit erkennt, sich seines Herrn gesteigert anzunehmen, schlägt etwas vor, was dessen letzte Rettung sein könnte: Der ungehaltene Dämon fordere eine Opfergabe von Gilles. Es war an der Zeit, dem Teufel ein kleines Kind darzubieten. Zuerst scheint dieser Vorschlag Gilles nicht zu beruhigen. Prelati muß vorher gewußt haben, daß dieser abergläubische Mensch Angst bekommen würde; er wußte, daß den Verbrecher insgeheim die Hoffnung auf die endliche Rettung seiner Seele und die Sorge um sie nie verließen; Gilles konnte sich nicht darüber hinwegtäuschen, wie unverzeihlich und abscheulich es war, ein unschuldiges, unglückliches Kind dem »unreinen Geist« zu opfern. Indes war er in einer äußerst verzweifelten Lage und wollte um jeden Preis seine Seele und sein Leben und das, was ihm an Reichtum blieb, retten; so erschien er eines Abends mit der Hand, dem Herzen und vielleicht auch dem Ohr eines Kindes. So sehr brannte er darauf, den Teufel zu sehen. In dieser Nacht brachte der Italiener die grausige Opfergabe dar; der Teufel jedoch kam nicht …

Den Geisteszustand de Rais' in der folgenden Zeit können wir uns vorstellen. Der blutbesudelte Mensch wird wie im Fieber gelebt haben. Hätte Prelati nun noch die Verzauberung aufrechterhalten können, in die ihn einzuschließen er versucht hatte? Alles konnte ihn erschrecken. Heftige

Zornesausbrüche waren – wie es scheint – sein einziger Ausweg. Auf Veranlassung von Blanchet hatte ihn Jean Petit auf die lauter werdenden Gerüchte hingewiesen, hatte er ihn gebeten, nicht länger im Verbrechen zu beharren. Nun schmachtete der Goldschmied in einem dieser entsetzlichen Gefängnisse und konnte sehen, wie er da herauskam, wenn er nicht dort sterben sollte ...

Was Gilles vollends in die Enge treiben sollte, war der plötzliche Besuch des zukünftigen Louis XI., des damaligen Dauphin de Viennois. Dieser finstere Mensch war von seinem Vater nach Poitou geschickt worden, um den in dieser Gegend immer noch herrschenden kriegerischen Unruhen ein Ende zu bereiten. Er kam nach Tiffauges, wo Gilles anscheinend kaum die Zeit hatte, seine Alchimistenöfen zerstören zu lassen. Denn ein alter Erlaß von Charles V. verbot die Ausübung der Alchimie. Da die Öfen verschwunden waren, beschränkte sich der Dauphin – auf den ein so schäbiger Marschall, wie Sire de Rais es 1439 war, keinen Eindruck machte – auf die Verhaftung des Hauptmanns der Bewaffneten in Tiffauges, der sich Plündereien und andere Delikte in den dortigen Kämpfen hatte zuschulden kommen lassen. Die Verhaftung war die Antwort darauf, daß sich Bewaffnete von Gilles de Rais häufig in der Gegend verproviantierten ... Tatsächlich hatte dieser unfreundliche Besuch ein fatales Ergebnis: dem Verbrecher wurde durch die Zerstörung der Öfen klar, daß er das Gold, von dem er in seiner Not erhoffte, dem Ruin zu entgehen, ganz sicher nicht schnell genug in die Hand bekommen würde. Freilich hätte der Teufel, wenn er gewollt hätte, seinem eifrigen Diener den Gegenstand seiner Wünsche vermittels der Alchimie gewähren können. Aber der Teufel weigerte sich hartnäckig zu erscheinen. Prelatis Zauberkünste und Schwindeleien hatten Gilles nur zu einem Aufschub von wenigen Monaten verholfen. Die Euphorie

verkündete die Katastrophe; das hochstürmende Leben beschleunigte den schließlichen Sturz.
Grundsätzlich waren zu Beginn des Jahres 1440 die Würfel bereits gefallen. Um Besitz und moralischen Kredit des Marschalls stand es äußerst schlecht. Mit einem Schlag fehlte ihm alles. Der Teufel machte sich über ihn lustig. Hätte ihn Prelatis verführerisches Wesen nicht behext, würde er den Prahlhans, dem alles mißlungen war, davongejagt haben. Aber in diesem Elend hätte Gilles die Einsamkeit nicht ertragen. Die Gesellschaft Prelatis war ihm teuer. Sie konnten sich lateinisch unterhalten, und die Unterhaltung mit dem Italiener war scharfsinnig. Die französischen Genossen von Gilles waren wahrscheinlich grobe Kerle, grausame Totschläger wie Sillé; Briqueville war ein gewöhnlicher Profitmacher; Henriet und Poitou, die jüngeren, hatten vielleicht ihre Reize – das lassen ihre lebendigen Zeugenaussagen vermuten –, und vor allem wissen wir, daß Poitou, der Liebhaber von Gilles, schön war. Aber diese Burschen waren Flegel, und man kann folgern, daß Prelati, der sich vielleicht auch den Umarmungen seines Herrn hingab, in Dingen der Kultur vorzuziehen war. Gilles, der sich von Orgie zu Orgie mehr langweilte, konnte seinen Schönredner nicht entbehren. Wenn dieser auch seinen Gebieter nicht mit Hilfe des Teufels gerettet hatte, so verstand es Prelati doch wenigstens, ihm in dem Augenblick, da sein Leben vollends zum Alptraum wurde und sein Blutdurst ihn überwältigte, Vergnügen zu bereiten und ihn zu zerstreuen.
Je mehr er sich von diesen letzten Hoffnungen betrogen sah, desto mehr wurde der unheilvolle Marschall zum Wrack. Seit langem lebte er in einer Hölle, aufgepeitscht von übermäßigen Lüsten, deren Geilheit dem alles bedeutet, den ein vernunftbegabtes Leben langweilt.
Seine Depressionen verursachten Anfälle blinder Wut und Erbitterung. Er hatte dem Schatzmeister der Bretagne,

Geoffroy Le Ferron, eines der letzten Schlösser verkauft, das ihm geblieben war, ein Stammschloß der Familie de Rais, Saint-Étienne-de-Mermorte. Dann erfuhr er, daß einer seiner Vettern, Sire de Vieillevigne, gern das Schloß erworben hätte, weil es einst zu seinem Familienbesitz gehörte. Rais glaubte, Geoffroy Le Ferron wäre damit einverstanden, das Geschäft rückgängig zu machen. Wir wissen nicht, weshalb sich Rais in diesen Gedanken verrannte. Aber er konnte die Weigerung des Schatzmeisters nicht hinnehmen. Gegen alle Vernunft beschloß er, das von ihm verkaufte Schloß mit Waffengewalt zurückzugewinnen. Es gab keine Garnison in Saint-Étienne-de-Mermorte. Der Schatzmeister hatte dort nur seinen Bruder Jean eingesetzt, einen Kirchenmann, der durch die kirchliche Immunität geschützt wurde.

Gilles de Rais verdarb es sich hier nicht nur gründlich mit dem Schatzmeister von Jean V., sondern auch mit Jean selbst, denn der hohe Offizier hatte zweifellos nur seinen Namen für den Herzog selbst hergegeben. Was für Gründe er auch gehabt haben mochte, in der Hartnäckigkeit von Gilles lag eine Art Wahnsinn. Mit Waffen in der Hand stürzte er brüllend in die Kirche des Dorfes, wo der Bruder des Schatzmeisters gerade einen Gottesdienst abhielt.

Bedroht, auf der Stelle den Kopf abgeschlagen zu bekommen, sah sich der Geistliche gezwungen, dem Rasenden die Pforten des Schlosses zu öffnen; er wurde sogleich in Ketten gelegt.

Gilles de Rais' Wutanfall ließ ihn heftig mit Leuten zusammenstoßen, die ihn erledigen wollten; er provozierte zugleich den Herzog der Bretagne und den Bischof von Nantes.

Er wehrte sich; er hoffte, sich retten zu können, wenn er Nutzen aus der Verschiedenheit der Mächte zog. Er überführte seinen Gefangenen Jean Le Ferron von Saint-

Étienne, das dem Herzog der Bretagne unterstand, nach Tiffauges, das einzig von der Krone abhing.
Er bemühte sich um eine Unterhandlung mit Jean V. Aber der Gegenseite genügten vier Monate. Auf der einen Seite hatte Jean V. mit Rais eine Zusammenkunft, die an die Möglichkeit einer Beschwichtigung glauben ließ. Fast gleichzeitig bewirkte andererseits der Herzog, daß sein Bruder, der Konnetabel von Charles VII., sich der Frankreich unterstehenden Festung Tiffauges bemächtigte und Jean Le Ferron befreite, auf den Rais als Geisel gezählt hatte. Am 15. September legten die Männer Jeans V. in Machecoul Hand an Sire de Rais. Sie nahmen ihn fest und führten ihn zusammen mit Prelati, Eustache Blanchet, Henriet und Poitou ins Gefängnis von Nantes.
Die Untersuchung der Kindermorde hatte schon ernsthafte Fortschritte gemacht. Sie war bereits am 30. Juli durch den Bischof von Nantes, Jean Malestroit, Kanzler und rechte Hand Jeans V., angeordnet worden.
Die absurde Geschichte in Saint-Étienne hatte eine Justiz in Bewegung gesetzt, welche sich wegen der kleinen Hungerleider, die ein so hoher Herr ermordete, nicht sonderlich erregt hätte.

Der aufsehenerregende Tod

Es ist noch nicht allzu lange her, daß Hinrichtungen aufgehört haben, ein Schauspiel zur Zerstreuung und Abschreckung der Masse zu sein. Im Mittelalter gab es keine Todesstrafe, die nicht ein öffentliches Spektakel gewesen wäre. Die Hinrichtung des zum Tode Verurteilten war damals, im gleichen Sinne wie die Tragödie auf dem Theater, ein erhebendes und bedeutsames Moment im menschlichen Leben. Die Kriege und Massaker, die Paraden der weltlichen und kirchlichen Herren und die Hinrichtungen beeinflußten das Volk ebenso wie die Kirchen und die Festungen: von hier aus wurde der moralische und der tiefere Sinn des ganzen Lebens schlechthin bestimmt (aber vielleicht auch zugleich sein Mangel an moralischem Sinn oder schließlich sein Mangel an Sinn überhaupt). Bevor Gilles de Rais verurteilt und dann hingerichtet wurde, gehörte er schon im Augenblick seiner Verhaftung der Menge; er galt als ihr zugesichert wie ein auserlesenes Schauspiel auf einem Theaterplakat.

In der gleichen Weise war zehn Jahre früher Jeanne d'Arc der gleichen anonymen Menge versprochen worden, deren Lärm und Wut uns die Jahrhunderte hindurch immer wieder erreichen ...

Unter allen den dieser Menge gebotenen Opfern unterscheiden sich Jeanne d'Arc und Gilles de Rais voneinander – diese beiden Waffengefährten –, wie sich die verhöhnte Unschuld vom Verbrechen unterscheidet, das die Tränen des Verbrechers und die Schrecklichkeit gleichzeitig zur Schau stellt. Im Falle dieser beiden Opfer gibt lediglich ein Gesichtspunkt Anlaß zu einem Vergleich: die *Erregung*, die die murrende Masse erfaßt haben mochte, vor der Jeanne den Flammentod starb, und die *Erregung*, die zweifellos mit dem gleichen anonymen Murren einherging in dem Augenblick, als Gilles in den Flammen sichtbar wurde. Wie befremdend uns das auch anmutet: das Entsetzen, das seine Verbrechen eingeflößt haben (die unzähligen Kinder, die der Mörder umbrachte und an denen er, seinen Geständnissen zufolge, seine Lust büßte), trug mit dem Schauspiel seiner Tränen zum Mitleid der Menge bei. Denn jedesmal, wenn das Volk aufgewühlt ist, kann sowohl das Beste erreicht wie das Schlimmste erwartet werden. An jenem Tag war die Menge aufgefordert worden, sich in einer Prozession beizeiten an die Hinrichtungsstätte zu begeben und für Gilles wie seine Spießgesellen, die man zum Tode führte, zu Gott zu beten. So mochte die Menge an jenem Tage weinend erfahren, daß der als infamer Verbrecher sterbende Edelmann ein Mensch war wie jeder einzelne andere unter ihnen.

Wir wissen nichts von der Wirkung, die seine Verhaftung auf Gilles de Rais gehabt haben muß.

Er mag es zunächst für möglich gehalten haben, sich aus der Schlinge zu ziehen, was die Affäre in Saint-Étienne betraf. Zunächst war er mit aller seiner Stellung gebührenden Rücksicht behandelt worden. Man hatte ihm eines der oberen Zimmer im Schloß angewiesen, das nicht die geringste Ähnlichkeit mit den Verliesen hatte, in die man die Elenden einsperrte (so wenig ähnlich, daß dort ein Verhör des Angeklagten vor zehn bis fünfzehn Personen angestellt werden konnte). Die Verhandlung beginnt vor dem geistlichen Gericht, dessen Vorsitz der Bischof von Nantes und der Inquisitor innehatten. Nur diese kirchlichen Verhandlungen weisen den dramatischen Aspekt auf, der dem Prozeß von Gilles de Rais die bedeutende Stellung gibt, die er unter allen anderen Kriminalprozessen einnimmt. (Die Verhandlungen des weltlichen Prozesses waren bedeutungsloser; die des geistlichen Gerichts sind außerdem die einzigen, von denen eine detaillierte Aufzeichnung überliefert ist.)

Unter all den Hinrichtungen des Mittelalters, so aufsehenerregend sie auch waren, scheint die von Gilles de Rais besonders dramatisch und am aufregendsten gewesen zu sein. Zumindest war wohl schon von Anfang an sein Prozeß einer der lebhaftesten, einer der erschütterndsten aller Zeiten.

Der Mann, den die Richter hier vor sich hatten, war gewohnt, daß man vor ihm zitterte; er war auf andere Art verstockt als die Angeklagten vor unseren Schwurgerichten.

Gilles de Rais war durchaus kein geriebener Halunke, sondern – wie ich schon sagte – tatsächlich ein Schwachkopf. Das wurde bei seiner ersten Reaktion klar, bei seinen Schimpfkanonaden, denen der Zusammenbruch, die Tränen und das Geständnis des Ungestehbaren folgten. Da er anfangs noch furchteinflößend auftrat, hielten sich die Richter vorsichtig zurück. Bei seinem ersten Erscheinen vermieden sie es, das Wesentliche anzusprechen. Zweifellos wollten sie, daß der Angeklagte ihre Kompetenz anerkannte, bevor er ermessen hatte, wie schwerwiegend die Anklage war. Diese erste Vorführung fand am 28. September statt. Um ihn der depressiven Einsamkeit zu überlassen, warteten sie den 8. Oktober ab, bevor sie ihn erneut vorführen ließen. Diesmal zeigte sich die Anklage in voller Härte: unsühnbar. Gilles wurde nicht nur einfach angeklagt, in Saint-Étienne die Immunität der Kirche verletzt zu haben: er hatte den Teufel beschworen, er hatte Kinder ermordet und geschändet, er hatte dem Dämon die Hand, die Augen und das Herz eines Kindes dargebracht. Er sollte jetzt von Anfang an wissen, daß er verloren war. Er explodierte, erklärte seine Richter für unzuständig. Zweifellos legte er es darauf an, den Prozeß in die Länge zu ziehen, wahrscheinlich, weil er auf Interventionen hoffte. Aber er stieß sofort auf die feste Entschlossenheit der Richter, die ihren Willen klar erkennen ließen, ihm ohne viel Federlesens den Garaus zu machen. Am 13. erschien Gilles wieder; in ohnmächtiger Wut tobte er sich aus; er beschimpfte die Richter so schmählich er konnte und nannte sie Hurenjäger und Ablaßverkäufer. Vergeblich versuchte er, ihnen den bei der Verhandlung anwesenden Präsidenten des weltlichen Tribunals entgegenzustellen. Die Richter reagierten kühl; sie exkommunizierten den Wüterich auf der Stelle.

In dieser Zeit hatte die Exkommunikation eine niederschmetternde Macht. Gilles de Rais konnte sich äußerlich über seine Richter stellen. Aber der abergläubische Frömmler, der er trotz seiner Verbrechen und Satansforschungen immer gewesen war, ging in die Knie. Als er in die Einsamkeit seines Zimmers zurückkehrte, suchte ihn wieder der Alptraum auf, in dem er delirierte. Dem Rasenden blieb ein fürchterlicher, indes angemessener Ausweg: aus einem Unheil ein Fanal zu machen! Ein todsicher unheilvolles Fanal, aber ein aufsehenerregendes, ein phantastisches Fanal: die Menge, die sein Auflodern erleben würde, wäre fasziniert …

Im Gefolge der langen Halluzination, in der er gelebt hatte, erreichte der Mann des eitlen Ruhms, der er gewesen war, den Punkt, an dem die heftige Bewegung seiner Gedanken ihre armseligen Grenzen überschritt. Als er endgültig unterging, beruhte sein einziger wirklicher Ruhm auf seinen Verbrechen. Aber seiner Verbrechen konnte er sich nicht rühmen, außer unter einer Bedingung:

Er mußte sie eingestehen, verzweifelt, schon fast sterbend, und gleichzeitig ihre schreckliche Größe enthüllen, diese Größe, die alle erzittern lassen würde!

Er mußte tun, was ihn der christliche Weg lehrte, dieser Weg, dem er trotz allem immer hatte folgen wollen. Wimmernd würde er Gott und alle, die unter seiner bisherigen maßlosen Verachtung für andere gelitten hatten, um Verzeihung anflehen. Wimmernd, sterbend würde er flehen: in dieser schweren Apotheose würden seine Tränen wahrhaft blutige Tränen sein!

Aber von dem, was in dem Augenblick, wo nicht mehr aufgetrumpft werden kann, durch einen hinfälligen Geist geht, nehmen wir, die wir es nach Möglichkeit begreifen oder erraten müssen, befremdet nur wahr, was von einem Punkt zum andern führt. Ebenso erkennen wir in einer Gewitternacht nichts; die flüchtigen Blitze blenden uns – vorausgesetzt, daß sie flüchtig sind; was sich uns deutlicher als eine greifbare Erscheinung einprägt, ist die schwindelerregende Unstetigkeit, mit der die möglichen Erscheinungen einander folgen. Nichtsdestoweniger müssen wir uns veranschaulichen – oder es zumindest versuchen –, durch welches Elend es zu dem kommen konnte, was wir aus den Dokumenten erfahren. Keinesfalls dürfen wir vergessen, daß Gilles de Rais die Reaktionen, die wir ihm zuschreiben, vielleicht überhaupt nur unklar oder ganz anders gehabt hat. In ihrer anstößigen Genauigkeit suggerieren die Sätze die Zerrüttung, aus der diese uns bekannten Tränen, Geständnisse und Bitten hervorgehen. Aber diese Zerrüttung wäre uns ohne die sie suggerierenden Sätze nicht weniger unheimlich als ein Gewitter, das uns weckt und blendet. In diesem Sinne – und nur in diesem Sinne – sind die Erklärungen zu den aufgezählten Tatsachen ein Zusatz. Aber sollte der theatralische Tod Sire de Rais' wirklich klar werden, wenn man ihn auf die Dürftigkeit dieser Fakten beschränkte? Könnten die Fakten überhaupt von dem ungreifbaren Wetterleuchten des Möglichen getrennt werden?

Als Gilles de Rais am 15. Oktober wieder vor Gericht erschien, war die Veränderung, die er in zwei Tagen erfahren hatte, so groß, daß sie dem Tod vergleichbar war: nur der Tod bringt eine gründlichere Verwüstung zustande … Er hatte aufgegeben; er bat seine Richter, ihm seine Beleidigungen zu verzeihen, er weinte. Er gestand nicht alles gleich am ersten Tage, aber wenn er auch leugnete, was für die Geistlichen am schwersten wog, so gab er doch urplötzlich das Ungestehbare zu: er hatte Kinder getötet!

Kniend, weinend, »mit schweren Seufzern«, flehte er um Aufhebung des Exkommunikationsurteils, das die Richter gegen ihn ausgesprochen hatten. Die Richter hatten ihm schon die Beleidigungen verziehen und erteilten ihm auch die erbetene Absolution. Sein Zögern bei den ersten

Geständnissen ist nicht unbedingt bezeichnend. Es ist allerdings nicht ganz unglaubhaft, daß er anfänglich noch entschlossen war zu leugnen. Sollte er angenommen haben, daß dem bußfertigen Standesherrn die Ermordung armer Kinder verziehen werden konnte, während auf Dämonenbeschwörung der Feuertod stand? Das ist zweifellos möglich.

Es ist indes schwer zu glauben, daß er den ersten Sprung, den schwersten, geheuchelt hätte. Ich glaube, daß ihn die tiefe Zerrüttung, in der er sich wand, noch nach Winkelzügen suchen ließ. Er muß von Anfang an, wenn auch unbewußt, zu der schwindelerregenden Möglichkeit bereit gewesen sein, seine Zuhörer mit dem Geständnis seiner abscheulichen Verbrechen zu faszinieren. Und konnte er denn leben, ohne zu faszinieren? Das hätte für ihn bedeutet, nicht zu atmen! Alles Verkrampfte in ihm lechzte nach dem Augenblick, in dem er seine Zuhörer erzittern lassen würde. Fasziniert und entsetzt würden sie erzittern! Dieser Gesichtspunkt gilt ganz allgemein für den Exhibitionismus des Verbrechers, der einen Verheimlichungszwang kompensiert: Das Geständnis wird dadurch für den Schuldigen zu einer Versuchung; allemal hat er vom Anbeginn des Unheils an, das ein Verbrechen ist, die Möglichkeit zu einem Fanal, das selbst unheilvoll ist.

Die entscheidenden Geständnisse, die Geständnisse des Ungestehbaren, machte Gilles de Rais erst vom 21. Oktober, das heißt von dem Tage an, an dem die Folter beschlossen wurde. Diese Geständnisse könnten also die Wirkung der Drohung gewesen sein. Die Annahme, daß die Drohung förderte, was eine Antwort auf die Marter, nicht aber ihre Ursache war, scheint mir logischer. Auf diese Drohung hin bat Gilles de Rais die Richter demütig, ihm eine Bedenkfrist zu gewähren. Zuvor gelobte er, dann ihren Erwartungen entsprechend und aus freien Stücken zu reden. Er setzte durch, daß er nicht von den geistlichen Richtern, sondern vom Präsidenten des weltlichen Strafgerichts, dem sich der Bischof von Saint-Brieuc zugesellte, vernommen wurde. Als die Folter aufgeschoben war, begann Gilles von sich aus mit jenen beispiellosen Geständnissen, nach denen weitere eindringliche Verhöre undenkbar wurden. Die Sitzung vom 22. Oktober war entscheidend: Vor den von einer zahlreichen Zuhörerschaft umringten geistlichen Richtern setzte Gilles seine Schandtaten ausführlich auseinander. Er brachte auch das Schauderhafteste vor: die abgeschnittenen Köpfe, aus denen seine Komplizen und er den schönsten aussuchten, um ihn zu umarmen; auch ihr gemeinsames Gelächter, wenn sie die Grimassen der Sterbenden sahen.

Dieser grimmige Exhibitionismus war nur unter der Bedingung einer Doppeldeutigkeit möglich. Wäre er ohne das Schluchzen des Standesherrn denkbar gewesen? Oder wenn der Verbrecher, der da weinte, nicht dieser Standesherr gewesen wäre? Im Augenblick dieser Geständnisse liegt ein Gipfel ... Sie erscheinen in einem souveränen, einem ungewöhnlichen, befremdenden Licht: aufgrund der Bedeutung des Verbrechers (fordert die Tragödie nicht die Souveränität des Verbrechers?) erregt er mit dem Grausen zugleich die erschrockene Sympathie und das Mitleid derer, die ihn weinen sehen und mit ihm weinen.

Beim Tode von Gilles de Rais wirkt dieses Mitleid beklemmend. Dieser Verbrecher scheint teils wegen seiner Grausamkeit, teils wegen seines Adels und wegen seines Weinens das Mitgefühl des Auditoriums erregt zu haben.

Als am Ende des weltlichen Prozesses das Todesurteil ausgesprochen worden war und der Präsident des Strafgerichts und Gilles einige Augenblicke miteinander sprachen, wandte sich der Richter nicht als Richter an den Angeklagten. Er war so ehrerbietig und rücksichtsvoll zu ihm, wie es ein Mann zu einem anderen unter gewöhnlichen Umständen ist. Diesen Richter rechtfertigte in seinen eigenen Augen wohl die Frömmigkeit, die Gilles in der letzten Zeit bewiesen hatte. Zweifellos verwirrte ihn die hohe Herkunft desjenigen, den er gerade dem Tode geweiht hatte. Vor allem auch, glaube ich, bestürzten ihn die Schändlichkeit und der abscheuliche Charakter der Metzeleien im Verein mit dieser Frömmigkeit, diesen Tränen und dieser hohen Stellung, der Richter konnte die Fähigkeit verloren haben, den Unterschied zwischen sich und diesem infamen Verbrecher zu empfinden.

Zugleich, glaube ich, war dem Schuldigen selbst undeutlich die Erschütterung bewußt, die unter solchen Verhältnissen aus seinem Tode erwachsen würde.

Gilles' Naivität hielt an jenem Tage der Naivität der über ihn erschütterten Richter die Waage. So bat er den Präsidenten des weltlichen Gerichts, beim Bischof von Nantes, der den Vorsitz beim Kirchengericht geführt hatte, für ihn einzutreten. Der »maßlose« Wunsch des Verbrechers war, daß eine Prozession des ganzen Volkes, die der Bischof selbst und die Männer seiner Kirche veranstalten sollten, ihn an die Hinrichtungsstätte begleiten möge, um Gott für ihn und seine Komplizen, die mit ihm sterben würden, zu bitten.

Der Richter versprach ihm sofort, sich um diese Gunst zu bemühen, und sie wurde ihm gewährt.

Zuvor hatte er eine erste Gnade erbeten und erhalten: da er gehängt und gleich nach der Erhängung den Flammen übergeben werden sollte, bat er, daß »bevor sein Körper versehrt wäre und Feuer gefangen hätte«, dieser aus dem Feuer genommen, in einen Sarg gelegt und in die Kirche des Karmeliterklosters in Nantes überführt werde.

So bot sein Tod die Gelegenheit zu theatralischem Gepränge.

Vom Schloß Tour Neuve aus, wo man über den Verurteilten Recht gesprochen hatte, begleitete die Prozession einer ungeheuren betenden und singenden Menschenmenge den Elenden, der die Verachtung des gemeinen Volkes, das ihm nun folgte und für ihn zu Gott flehte, bis zum Äußersten getrieben hatte. Die Prozession kam über eine Wiese jenseits der Loire oberhalb der Stadt.

Bis zum Wahnsinn hatte er diese Kirchengesänge geliebt, die seinem Tod den Glanz gaben, von dem er nie genug haben konnte. Einen Augenblick lang war er in den Flammen zu sehen, umlodert von ihrer beängstigenden Pracht. »Frauen von hoher Geburt« scheinen dafür Sorge getragen zu haben, daß der Tote baldigst am Ende eines Strickes aus dem Feuer gezogen wurde.

Dann legte man ihn in den Sarg, und feierlich wurde seine Leiche zu ihrer letzten Ruhestätte in die Kirche getragen, wo ihn die stille Erhabenheit der Totenmesse erwartete.

Die Chronographie des Geschehens

1400 Schon vor seiner Geburt häuften sich durch eine Reihe von Umständen gewaltige Reichtümer um den schändlichen Gilles de Rais. Da sie ohne Nachkommen sterben würde, beschloß Jeanne la Sage, die Letzte aus der Familie de Rais, den künftigen Vater von Gilles, Guy II. de Laval aus dem Hause der Montmorency-Laval, zu adoptieren und zu ihrem Erben zu machen.

Dieser Guy de Laval war der Neffe des Konnetabel Du Guesclin.

Wenn er den Vorschlag von Jeanne la Sage annahm, mußte er auf Titel und Wappen der Lavals verzichten und für sich und seine Nachkommen Titel und Wappen der Familie de Rais annehmen.

25. 9. 1401 Guy II. de Laval akzeptiert die von Jeanne la Sage vorgeschlagenen Bedingungen und müßte somit Erbe der Baronnie de Rais werden.

14. 5. 1402 Für die Dauer eines Augenblickes scheinen alle Umstände, die zu Gilles' ungeheurem Reichtum und Geschick führen werden, in Frage gestellt. Aus einem uns unbekannten Grund tritt Jeanne la Sage von der Erbeinsetzung zurück, die Guy de Laval zugute kommen sollte. Sie hinterläßt ihr Erbe

Catherine de Machecoul, der Witwe von Pierre de Craon. Aber auf einem Umweg stellt das Schicksal wieder her, was es einmal beschlossen hat. Es genügt dazu eine Verbindung zwischen den Familien Laval und Craon. Die Craons waren damals die mächtigsten Fronherren von Anjou (nach den Abkömmlingen von Louis I. [1339–1384], dem jüngeren Sohn von Jean le Bon, dem sein Vater Anjou als Apanage gegeben hatte).

Guy I. de Laval sichert sich tatsächlich das Erbe von Jeanne la Sage: er heiratet Marie de Craon, Enkelin von Catherine de Machecoul und Pierre de Craon, Tochter von Jean de Craon. Nach einer Reihe von Prozessen wird das geerbte Vermögen durch einen Vergleich zwischen den beiden beteiligten Familien für das neue Paar vorgesehen. In einem Vertrag tritt Marie de Craon ihrem Gatten Guy de Laval ihre sämtlichen Rechte an dem Erbe der Familie de Rais ab. Guy de Laval und seine Nachkommen werden also endgültig neben dem Reichtum auch den Namen und das Wappen de Rais übernehmen. *5. 2. 1404*

Gilles de Rais wird an den Ufern der Loire geboren. Er kommt im Schwarzen Turm von Champtocé – Jean de Craons geräumiger Festung und Wohnstatt – zur Welt. Zur Taufe in der Kirche des Dorfes wird »der ganze Adel der Nachbarschaft« eingeladen, alle nehmen »mit einer Kerze in der Hand« an der Zeremonie teil. *Jahresende 1404*

Bourdeaut (A.). *Chantocé. Gilles de Rays et les Ducs de Bretagne*. S. 46.

1407	Jeanne la Sage stirbt in der Festung Machecoul, wo sie beigesetzt wird. Nach ihrem Tode wohnen Gilles und seine Eltern in Machecoul.
Etwa 1407	Geburt von Gilles' Bruder René.
Gegen Anfang des Jahres 1415	Tod von Marie de Craon, der Mutter Gilles'. Sie wird in der Kapelle Notre-Dame de Rais in der Abtei von Buzay beigesetzt.
28.9.1415	Tod des Vaters, der in der Gruft Marie de Craons beigesetzt wird. Guy de Laval de Blaison hatte kurz vor seinem Tod ein Testament aufgesetzt, in dem er die Vormundschaft über seine Söhne seinem Cousin Jean Tournemine de La Hunaudaye überträgt. Gleichzeitig wünschte er, daß die beiden Lehrer – zwei Priester, denen er Gilles anvertraut hatte – Georges de La Bossac und Michel de Fontenay weiterhin seine Erzieher blieben. Aber das Testament hatte bezüglich der Vormundschaft keine Wirkung. In Wirklichkeit wurde Jean de Craon die alleinige Erziehung Gilles' und Renés sowie die Verwaltung der Güter des Älteren anvertraut. Er ist zu diesem Zeitpunkt noch keine sechzig Jahre alt. Gewalttätig und skrupellos, überläßt er den mutterlosen Gilles zügellosen Leidenschaften. Zu einem bedeutenden Teil ist er für seine völlig laxe Erziehung verantwortlich, der Gilles selbst in seinem Prozeß den Ursprung seiner Monstrosität zuschreiben wird.
25.10.1415	Der Tod von Jean de Craons Sohn Amaury in der verhängnisvollen Schlacht von Azincourt trägt dazu bei, den damals elfjährigen

Gilles zu einem der reichsten Erben des Königreiches zu machen.

Gilles wird von seinem Großvater mit Jeanne 14.1.1417
Peynel, der Tochter von Foulques, Sire de Hambye, verlobt, einer sehr reichen normannischen Erbin. Für Jean de Craon geht es darum, die Besitzungen der Waise in die Hand zu bekommen, indem er die Schulden ihres Vormunds bezahlt. Der geizige Jean de Craon interessiert sich nicht nur für Gilles' Zukunft, sondern auch für die Verwaltung von dessen Gütern während seiner Minderjährigkeit. Die Pariser Spruchkammer verbietet jedoch, daß Jeanne Peynel heiratet, bevor sie volljährig ist.

Auf der Brücke von Montereau erstechen 10.9.1419
Gefährten des Dauphins Charles den Herzog von Burgund, Jean sans Peur, der mitten in Verhandlungen stand, von denen vielerorts angenommen wurde, daß sie dem Bürgerkrieg ein Ende machen und die Anhänger des künftigen Charles VII. und die Burgunder gegen die Engländer zusammenbringen würden. Zweifellos war ein Doppelspiel von Jean sans Peur die Ursache dieser Ermordung, als deren Folge sich für lange Zeit ein Abgrund zwischen den beiden gegnerischen Parteien auftat.

Jean de Craon verlobt Gilles zum zweiten 28.11.1419
Mal, diesmal mit Béatrice de Rohan, der Nichte Jean V., des Herzogs der Bretagne. Wir wissen nicht, warum diese in Vannes vertraglich festgelegte Unternehmung keine Folgen hatte.

17. 1. 1420 König Charles VI., der nicht mehr ganz bei Verstand ist, enterbt den Dauphin Charles, dem der Traum Jeanne d'Arcs später ein Königtum zurückgeben wird, das für verloren galt.

13. 2. 1420 Jean V., Herzog der Bretagne (aus der Familie Montfort) geht in eine von seinen Feinden, den Penthièvres, gestellte Falle. Er wird in Champtoceaux eingeschlossen. Dieser Zwischenfall eröffnet eine neue Phase im Kampf zwischen den Montforts und den Penthièvres. Jean de Craon ergreift damals Partei für die Montforts. Infolgedessen werden seine und Gilles' Lehnsgüter von räuberischen Banden geplündert, die im Dienste der Penthièvres stehen. La Mothe-Achard wird besetzt. Aber die Partei der Penthièvres wird geschlagen und Jean V. befreit. Jean de Craon »und sein Sohn de Rays« werden für ihre Verluste entschädigt und belohnt.

Gilles de Rais scheint nicht selbst an den Kämpfen in diesem Feudalkrieg teilgenommen zu haben. Abbé Bossard vermutete dies zwar – und Roland Villeneuve folgt seiner Annahme, aber Gilles war damals erst sechzehn Jahre alt. Die Dokumente sagen nichts darüber, seine Teilnahme ist unwahrscheinlich; wir wissen nicht einmal, ob er bei der triumphalen Rückkehr Jean V. nach Nantes zugegen war.

20. 5. 1420 Durch den Vertrag von Troyes wird Heinrich V., König von England, der Erbe Charles' VI.: Die Königreiche Frankreich und England sollen unter derselben Krone vereinigt werden. Die Universität Paris und eine Art Generalstaaten erkennen den Vertrag an. Der Herzog der Bretagne erkennt ihn ebenfalls an, aber nach dem Tode von Charles VI. wird er mehrmals das Lager wechseln. Diese launische und nie Wort haltende Persönlichkeit erklärt sich an einem Tage für die englische Krone, am nächsten schon für die Partei des Dauphins.

Jean V. gewährt Jean de Craon und seinem Enkel hundert Livres Rente, die einem Anhänger der Penthièvres entzogen werden. Diese hundert Livres entsprechen mit Sicherheit fast einer Million in heutigem Geld. *28. 9. 1420*

(NFrs. von 1959)

Im Einverständnis mit Jean de Craon entführt Gilles Catherine de Thouars, seine Cousine, Tochter von Milet de Thouars und Béatrice de Montjean, und heiratet sie im Geheimen. Die Besitzungen von Catherine grenzen im Poitou an die Baronnie de Rais, die sie vervollständigen. Es läßt sich für diese Entführung schwer ein Grund sehen. Vielleicht zwang die relativ nahe Verwandtschaft der Partner sie dazu, die kirchliche Obrigkeit und die Familien vor vollendete Tatsachen zu stellen. Jedenfalls machten sich Gilles de Rais und sein Großvater den Umstand zunutze, daß Milet de Thouars gerade in »Meaux an einem heftigen Fieber gestorben« war. *November 1420*

Jean de Craons Frau stirbt. Einige Wochen später heiratet er in zweiter Ehe die Groß- *Um 1420* mutter von Catherine de Thouars, Anne de Sillé, eine Verwandte des zweifellos grausamsten künftigen Spießgesellen bei den Ausschweifungen von Gilles de Rais.

22. 3. 1421 In Bangé, in der Nähe von Saumur, trägt der künftige Charles VII., der sich damals wegen des Wahnsinns von Charles VI. »Regent« nennt, einen Sieg über die englischen Truppen davon.

Um 1421 Nach Einhaltung der Trauerzeit heiratet Béatrice de Montjean einen jungen Ritter, Jacques Meschin de la Roche-Aireault. Dieser begabte junge Mann war Kammerherr am Hof des Dauphin gewesen; er konnte seiner Frau die Unterstützung geben, ohne die sie nichts gegen die Brutalität von Jean de Craon und Gilles de Rais vermocht hätte, die sich bereits der Besitzungen Catherines und des Wittums der Mutter, der Festungen Tiffauges und Pouzages im Poitou bemächtigt hatten.

24. 4. 1422 Offizielle Heirat von Gilles de Rais und Catherine de Thouars mit Einwilligung durch Rom. Jacques Meschin – er wird dafür büßen – hat sich dafür eingesetzt, das Einverständnis von Béatrice de Montjean zu erlangen.

31. 8. 1422 Tod von Heinrich V. von England. Sein Sohn und Nachfolger, Heinrich VI., ist damals zehn Monate alt.

21.10.1422 Tod von Charles VI. Seine Nachfolge wird den Dauphin Charles VII. – den König von Bourges – zum Gegner Bedfords, des englischen Regenten für Frankreich, machen; er ist der Bruder Heinrichs V. und vertritt die Rechte des jungen Heinrich VI.

Bedford verfügt zugunsten eines englischen *14. 6. 1423*
Grundherrn über die Schlösser Ambrières und Saint-Aubin-Fosse-Louvain: das letztere gehörte Jean de Craon.

Jean de La Noe, Garnisonshauptmann von *1423–1424*
Tiffauges im Dienste Jean de Craons, zwingt Béatrice de Montjean, die Schwiegermutter Gilles', und ihre jüngere Schwester, ihm nach Louroux-Bottereau zu folgen, wo er sie einsperrt. Von dort werden sie nach Champtocé gebracht, wo Gilles und sein Großvater drohen, Béatrice in einen Sack zu stecken und in den Fluß zu werfen.

Die Mutter von Catherine wird aufgefordert, auf ihr Wittum, die Festungen Tiffauges und Pouzages zu verzichten. Doch der Gatte verlangt seine Frau zurück. Er bekommt zur Antwort, daß er sie nicht wiedersehen wird, wenn sie nicht auf das Wittum verzichtet (ganz abgesehen von anderen Forderungen). Kurz darauf läßt Jean de Craon drei Boten von Jacques Meschin, darunter dessen Bruder Gilles Meschin, in ein Verlies werfen. Auf Bitten seiner Frau Anne de Sillé schickt er Béatrice zu ihrem Mann zurück, behält die Boten jedoch in Gewahrsam. Die Schwester von Béatrice hatte inzwischen Girard de La Noe geheiratet, den Sohn des Hauptmanns, der die beiden Frauen entführt hatte. Schließlich muß Jacques Meschin den Forderungen der Räuberbrut in Champtocé nachgeben; sie verfügen über eine entschie-

den größere Macht als er. Er zahlt das Lösegeld für die Boten, doch einer von ihnen, der Bruder von Jacques, stirbt an den Folgen des Aufenthalts in einem grauenhaften Verlies, den seine Gefährten nur mit knapper Not überstehen. Später kommt die Geschichte vor das königliche Gericht, das damals in Poitiers zusammentritt. Ein Vergleich im guten kommt zustande, doch die königliche Autorität ist damals so schwach, daß sie ihre Urteilssprüche nicht vollziehen lassen kann.
Die Grenze des Wittums von Béatrice de Montjean wird eingehalten und im Limousin festgelegt. Meschin und Béatrice wird die Wahl zwischen Tiffauges und Pouzages überlassen. Doch Gilles behält beide – Pouzages unter dem Vorwand, daß seine Frau »den Namen vor der Welt« trägt.
Als der Präsident des Gerichts, Adam de Cambray, nach Pouzages kommt, um an den vor Gericht unterzeichneten Vergleich zu erinnern, fallen Gilles de Rais' Männer brutal über ihn her. Für diese Tat werden Gilles und Jean de Craon zu einer Buße wegen Majestätsbeleidigung verurteilt, doch 1443 (Gilles ist bereits drei Jahre tot) ist die Buße noch nicht bezahlt. Nach der Niederlage bei Azincourt setzen sich die großen Feudalherren einfach über die königliche Autorität hinweg, besonders wenn sie den König mit ihren militärischen Kräften unterstützen, wie das bei Gilles und seinem Großvater der Fall war.

Im Alter von zwanzig Jahren übernimmt Gilles die Verwaltung seines gesamten Besitzes; von nun an verfährt er damit nach eigenem Gutdünken, ohne sich mit Jean de Craon zu beraten, der seine Besitzungen noch »in Pacht« hat. 1424

Maurice (Dom. H.), *Mémoires des héritiers de Gilles de Rais* … Bd. II, col. 1337.

Yolande d'Aragon, deren Tochter Marie d'Anjou die Frau von Charles VII. ist, strebt die Niederlage der Engländer an. Sie versucht, Frankreich und die Bretagne zu einigen. Sie erreicht bei ihrem Schwiegersohn, daß er Arthur de Richemont, den Bruder des Herzogs Jean V. von Bretagne, zum Oberbefehlshaber seiner Heere und Konnetabel von Frankreich macht. Sie hat Vertrauen zu der ein wenig schwerfälligen Energie von Arthur de Richemont. Sie hat ihre Rechnung ohne Georges de La Trémoille gemacht. La Trémoille gewinnt Charles VII. ziemlich bald für seine Absichten und läßt den neuen Konnetabel nicht zum Zuge kommen. Er hält ihn von Charles fern, weil er ihm im Licht steht. Richemont wird erst acht Jahre später zur Geltung kommen, wenn die Gegenpartei den Intriganten La Trémoille verdrängt hat. 1425
Erst ab 1433 gelingt Richemont die Festigung der Siege Jeanne d'Arcs. Dann erst wird Frankreich sich endgültig von den Engländern befreien können.

7.10.1425 Auf Anregung von Yolande d'Aragon findet eine Zusammenkunft zwischen Charles VII. und Jean V. von Bretagne statt. Jean de Craon, der einige dem Herzogtum Bretagne unterstehende Güter besitzt, hauptsächlich aber in Anjou wirkt, arbeitet in Übereinstimmung mit Yolande d'Aragon an der Annäherung zwischen Frankreich und der Bretagne. Yolande d'Aragon bittet ihn, bei der Heirat zwischen Isabelle von Bretagne, der ältesten Tochter von Jean V., und ihrem eigenen Sohn, Louis III. von Anjou, zu unterhandeln. Bei dem am 7. Oktober mit einer Übereinkunft zwischen den Parteien endenden Treffen in Saumur ist Gilles anwesend. Das ist seine erste verbürgte Begegnung mit dem jungen König.

6.3.1426 Arthur de Richemont, Bruder des Herzogs der Bretagne und seit kurzem Konnetabel von Frankreich, wird von den Engländern bei Saint-James-de Beuvron geschlagen. An dieser Niederlage ist vielleicht der Kanzler der Bretagne, der englandfreundliche Jean de Malestroit, schuld. Salomon Reinach

Reinach (S.), *Gilles de Rais*, S. 270.

mutmaßt, die Feindseligkeit von Jean de Malestroit gegenüber Gilles stamme aus Saint-James. Bekanntlich sollte Jean de Malestroit 1440 Gilles erhängen lassen. Nichts beweist, daß die Feindschaft der beiden so alt wäre. Aber nach dieser Niederlage versöhnt sich Jean V. mit den Engländern und erkennt zum zweiten Male den Vertrag von Troyes an, der Heinrich V. zum Erben der französischen Krone macht. Da ihm die Unterstützung durch seinen Bruder fehlt, verliert Arthur de Richemont an Einfluß zugunsten von Georges de La Trémoille. Der Einfluß von Georges de La Trémoille entscheidet in diesem Augenblick über die militärische Laufbahn seines Cousins Gilles de Rais. Dieser Einfluß war bekanntlich verhängnisvoll. La Trémoille wird sich dem Stürmen Jeanne d'Arcs entgegenstellen und sogar ihr Werk vor Paris gefährden. Er muß einen Nimbus zerstören, der die Einnahme von Paris beeinflussen konnte.

Die Schlacht gegen die Engländer bei Le *19.6.1427*
Mans.

Yolande d'Aragon macht Jean de Craon zu ihrem Generalstatthalter. Abbé Bourdeaut führt diese Würde – zweifellos zu Recht – auf den Einfluß von La Trémoille zurück, der zu dieser Zeit noch nicht der erklärte Feind von Yolande d'Aragon ist. Tatsächlich ist La Trémoille durch die Craons Vetter von Gilles. Gilles selbst wird im Kampf der Franzosen gegen die Engländer von nun an eine wichtige Rolle spielen. Er ist reich; großzügig entlohnt er zahlreiche Spione. Die Hauptrolle im direkten Kampf spielt damals ein begabter Hauptmann niederer Herkunft, Ambroise de Loré, aber anscheinend gibt das Erscheinen von Gilles de Rais an der Spitze der Truppen Jean de Craons spürbar neuen Auftrieb. Zu dem gewaltigen Reichtum von Gilles kommen unleugbar Bravour,

Entschlossenheit und eine militärische Bedeutung hinzu. Die Schlösser Rainefort und Saint-Laurent-des-Mortiers in Mayenne, ferner die Schlösser Lude und Malicorne in Sarthe werden den Engländern abgenommen. Wir haben einigen Grund, diese für die Franzosen günstige Schlacht dem Eingreifen von La Trémoille zuzuschreiben.

Gegen 1427 Étienne Corrillaut, aus Pouzages gebürtig, damals etwa zehn Jahre alt, tritt als Page in den Dienst von Gilles de Rais. Später wird er sein Liebhaber und noch später sein Zubringer; er wird mit ihm Kinder töten und am 26. September 1440 zugleich mit seinem Herrn hingerichtet werden.

Oktober 1928 Die Engländer bereiten die Belagerung von Orléans vor. Nachdem sie zwischen Orléans und Angers geschwankt hatten, setzen sie alle ihnen zur Verfügung stehenden Mittel vor Orléans ein.

6.3.1429 Gilles de Rais weilt am Hof in Chinon, als Jeanne d'Arc dort, aus Vaucouleurs kommend, dem König begegnet. Sie will die Engländer aus dem Königreich Frankreich vertreiben. Zunächst möchte sie Orléans befreien, dann Charles VII. nach Reims führen. In Reims soll Charles VII. gekrönt und als König gesalbt werden.

8.4.1429 Gilles verpflichtet sich gegenüber Georges, Seigneur de La Trémoille, ihm mit ganzer Kraft zu dienen »auf Tod und Leben, gegen alle und gegenüber allen Seigneurs und anderen, ohne jede Ausnahme . . . im Wohlwollen und in der Liebe des Königs«. Das

Schreiben ist aus Chinon datiert, von Gilles unterzeichnet und mit seinem Siegel versehen. Diesem Schreiben entspricht die Mission, mit der Gilles beauftragt ist: Gilles de Rais soll die vom König der Jeanne d'Arc anvertrauten Truppen führen. Er wird nicht allein sein, aber er hat diesen privilegierten Auftrag, und das aufgrund seiner Vereinbarung mit demjenigen, der die Rolle des Premierministers spielt. Dieser seinerseits will die Situation in der Hand behalten; er muß den Ablauf des Geschehens kontrollieren. Vor allem möchte er sein Interesse wahren. Kein anderer wird sich zwischen den König und seinen Günstling drängen können. Niemand soll aus den Ereignissen ein besonderes Prestige erwerben, das für das Ansehen eines La Trémoille gefährlich werden könnte.

In Blois, wo Jeanne d'Arc mit Sire de Gaucourt angelangt ist, wird ein ansehnlicher Proviantzug zusammengestellt. Gilles und seine persönlichen Truppen schließen sich dem Konvoi an, ebenso der Herzog von Alençon und Ambroise de Loré. Der Konvoi und eine Mannschaft von zehn- bis zwölftausend Mann brechen nach Orléans auf. Jeanne d'Arc an der Spitze stimmt den Gesang »Veni Creator« an. Auf Veranlassung von Gilles überquert die Ritterschaft die Brücke von Blois und geht über die Sologne, so daß sie bei der Ankunft vor der belagerten Stadt von dieser durch die Loire getrennt ist. Die Proteste Jeanne d'Arcs haben diese Ver-

28. 4. 1429

zögerung nicht verhindern können. Jeanne hätte Orléans lieber auf dem rechten Ufer erreicht, um die Loire nicht mit Booten überqueren zu müssen. Die Armee des Königs steht auf dem linken Ufer gegenüber von Chécy. Unter der Führung des Bastards von Orléans, der ihr aus der Stadt entgegengekommen ist, läßt Jeanne d'Arc zweihundert Mann und den Proviant auf einige Boote verschiffen. Gilles de Rais und der Großteil der Mannschaft kehren nach Blois zurück.

4.5.1429 Nach verschiedenen Aufenthalten kehrt die königliche Armee von Blois zurück, diesmal auf dem rechten Ufer. Sie erreicht die Stadt auf der Seite, auf der die Belagerer sich am stärksten verschanzt haben, aber sie erreicht sie ohne Umwege. Mit wehender Flagge kommt Jeanne d'Arc, begleitet von Florent d'Illiers, La Hire und anderen der Armee entgegen. Die Jungfrau, die aus Orléans ausgebrochenen Kompanien und die aus Blois kommende Armee marschieren, vom Westen her, geordnet durch die englischen Zwingburgen. Dann begibt sich Jeanne im Osten vor die Schanze Saint-Loup, die sie nach hartem Kampf einnimmt. Das ist die erste Schlacht, an der Gilles de Rais neben Jeanne d'Arc teilnimmt. Am Tag darauf, dem Himmelfahrtstag, rastet die Armee.

6.5.1429 Die Hauptleute zögern. Aber die Armee greift die Engländer auf dem linken Ufer an, wo Jeanne d'Arc beim Sturm auf die Augustiner-Schanze den Ausschlag gibt. Die Hauptleute denken, sie hätten nun genug getan. Da die Stadt voller Proviant ist, sind sie der Ansicht, daß man sie halten und auf Hilfe vom König warten solle. Gilles de Rais muß diese Ansicht offenbar unterstützt haben.

Jeanne lehnt die Untätigkeit ab. Sie bestimmt den Bastard von Orléans und La Hire als Führer; aber sehr früh am Morgen folgen ihr Gilles de Rais und andere vor die Schanzen von Les Tourelles, den Brückenkopf am linken Ufer. Um ein Uhr mittags trifft ein Bogenschütze Jeanne d'Arc an der Schulter, als sie eine Leiter aufstellt. Die Hauptleute umringen sie und zeigen Anteilnahme an ihrer Verletzung; sie glauben, den Angriff auf den nächsten Tag verschieben zu müssen. Aber Jeanne setzt ihnen ihre Entschlossenheit entgegen, verlangt ihr Pferd und nimmt den Kampf wieder auf. Am Ende des Tages fällt Les Tourelles. Die geschlagenen Engländer haben zahlreiche Tote, unter anderen ist ihr Führer Glasdale in die Loire gestürzt. In dieser das Geschick eines Landes entscheidenden Schlacht kämpft Gilles de Rais verwegen. Der Kampf um Les Tourelles gehört zu denjenigen seiner Taten, die ihm den seine schändliche Verurteilung überdauernden Ruf eingetragen haben, »ein sehr tapferer Ritter zu sein«. *7.5.1429*

Die Engländer heben die Belagerung von Orléans auf. Die ganze Stadt und die Armee feiern die Befreiung mit einer gewaltigen Prozession, die von da an bis heute an jedem 8. Mai wiederholt wird. *8.5.1429*

12. 6. 1429 Jeanne d'Arc unterstellt die Armee der Führung des Herzogs von Alençon und erobert Jargeau an der Loire, zwanzig Kilometer flußaufwärts von Orléans. Nichts beweist, daß Gilles de Rais an der Schlacht um Jargeau teilgenommen hätte.

17. 6. 1429 Die königliche Armee mit Gilles de Rais erobert Beaugency, 20 km flußabwärts von Orléans an der Loire.

18. 6. 1429 Niederlage der Engländer in Patay, nördlich von Beaugency. Gilles de Rais kämpft neben Jeanne d'Arc.

19. 6. 1429 Die siegreiche Armee kehrt nach Orléans zurück.

24. 6. 1429 Von neuem setzt sich die Armee in Marsch. Am gleichen Tage kommt sie nach Gien, aber beim Aufbruch nach Reims kommt es zu Aufenthalten.

29. 6. 1429 Charles VII., Jeanne d'Arc und – neben anderen Anführern – Gilles de Rais brechen nach Reims auf.

10. 7. 1429 Einige Tage darauf ergibt sich die Stadt Troyes der nach Reims marschierenden königlichen Armee.

17. 7. 1429 Charles VII. wird in Gegenwart von Jeanne d'Arc feierlich in der Kathedrale von Reims gekrönt. Gilles de Rais reitet mit dem Auftrag nach Saint-Rémy, aus der dortigen Abtei das Gefäß zu holen, in dem die zur königlichen Ölung dienende Heilige Salbe enthalten ist. An diesem Tag wird er zum Marschall von Frankreich ernannt. Er ist keine fünfundzwanzig Jahre alt. Nach der Ölung umfaßt Jeanne weinend die Knie des

Königs. Charles VII. und alle, die ihn umgeben, brechen in Tränen aus. Gilles de Rais, der später mit seinen Spießgesellen über die von ihnen ermordeten Kinder lachen wird, weint in diesem Augenblick mit der Heldin.

Charles VII. und die königliche Armee *10.8.1429*
kommen nach Compiègne. Beauvais, Creil und Chantilly unterwerfen sich.

Jeanne und der Herzog von Alençon verlas- *23.8.1429*
sen Compiègne in Richtung Paris. Gleichzeitig bricht der Konnetabel de Richemont in die Normandie ein. Der Regent Bedford kümmert sich hauptsächlich um die Normandie und hat in Paris nur eine ziemlich schwache Garnison zurückgelassen.

Jeanne d'Arc ist in Saint-Denis. *26.8.1429*

Zwischen Charles VII. und den Burgundern, *29.8.1429*
die mit den Engländern verbündet sind, wird ein Waffenstillstand geschlossen.

Charles VII. kommt selbst nach Saint-Denis. *7.9.1429*
Der Bastard von Orléans, die Marschälle Boussac und Rais, La Hire und Xaintrailles begleiten ihn.

Jeanne d'Arc hat »alle, die ihr zustimmen« *8.9.1429*

> Perceval de Cagny in Quicherat, *Procès ... de Jeanne d'Arc*, Bd. IV, S. 26.

zu sich gerufen und geht mit Marschall de Rais und Sire de Gaucourt zum Sturm auf die Mauern von Paris über. Gemeinsam nehmen sie das Bollwerk ein, das das Tor Saint-Honoré schützt (in der Nähe der Place du

Théâtre Français). Paris scheint nun zur Übergabe bereit zu sein. Aber gegen Abend wird Jeanne am Schenkel vom Geschoß eines Bogenschützen verwundet. Fest steht, daß sie in einem Augenblick, den sie für entscheidend hält, Sire de Rais an ihrer Seite haben will, was darauf hinweist, daß sie seine militärischen Fähigkeiten schätzte. Perceval de Cagny ist von allen Chronisten laut Quicherat der bestinformierte und vertrauenswürdigste.

9.9.1429 Früh am Morgen rüsten der Herzog von Alençon und Jeanne d'Arc – ungeachtet ihrer Verwundung – zum Kampf. Aber es kommt ein Befehl, zum König in Saint-Denis zu stoßen. Es ist folgerichtig anzunehmen, daß La Trémoille beunruhigt ist. Das außerordentliche Ansehen, das die Jungfrau durch die damals als wahrscheinlich anzusehende Eroberung von Paris gewonnen hätte, würde den Günstling in den Schatten gestellt haben. Gleichzeitig mochte er wohl den Ruhm des Herzogs von Alençon fürchten. Ganz sicher ist das Aufgeben der Belagerung von Paris La Trémoilles Werk. Charles VII. war erschöpft und muß dafür gewesen sein. Wie dem auch sei, die Entscheidung, eine über die Seine geschlagene Brücke, die den Angriff ermöglichen sollte, zu zerstören, ist oft dem König zugeschrieben worden. Wenn Gilles de Rais die Gelegenheit dazu hat, muß er den Interessen La Trémoilles dienen. Am 8. September kämpft er, am 9. aber folgt er den Befehlen.

Charles VII. verläßt Saint-Denis. Er zieht sich in Richtung auf die Loire zurück. Dieser Rückzug gefährdet das Befreiungswerk. Die Städte, die sich Charles VII. ergeben hatten, sind verlassen, und ihre Situation ist gefährlich. Der Abstieg Jeanne d'Arcs, dem Gefängnis und Hinrichtung folgen werden, beginnt mit dem Befehl zum Rückzug von Paris. *13. 9. 1429*

Gegen Ende des Monats gewähren Patentbriefe Charles' VII. dem Marschall de Rais eine »Borte« von »goldenen Lilien auf azurfarbenem Feld« als Ergänzung zum Wappen. Diese Urkunden berücksichtigen die »bedeutenden und vorbildlichen Dienste« und die »großen Gefahren und Nöte«, denen sich der Marschall ausgesetzt hat, »wie die Einnahme von Lude und mehrere andere große Taten, der Entsatz von der Belagerung der Stadt Orléans durch die Engländer ..., sowie die Schlacht um Patay, wo Unsere Feinde nach Aufhebung der Belagerung geschlagen wurden, sodann der Ritt für Unsere Krönung und Salbung, als Wir in der Stadt Reims weilten, wie fernerhin die Zurückeroberung mehrerer Unserer Länder jenseits der Seine ...«. Die Tatsache, daß diese Urkunden in Sully-sur-Loire, einem La Trémoille gehörenden Schlosse, aufgesetzt wurden, unterstreicht noch mehr die Übereinstimmung zwischen Gilles de Rais und dem Favoriten Charles' VII. Jeanne d'Arc wird überhaupt nicht erwähnt. Man hat von der Freundschaft Gilles' für Jeanne oder *Ende September 1429*

Jeannes für Gilles gesprochen. Das sind nichts als Vermutungen, die keine andere Ursache haben als die Naivität gewisser, verhältnismäßig moderner Autoren, die dem abstoßenden Bild von Gilles de Rais ein bestrickendes entgegensetzen wollen. Man hat behauptet, daß der Krieg und der Umgang mit Jeanne d'Arc ihn besserten. Das ist unwahrscheinlich. Möglich ist nur, daß er während seines langen Aufenthaltes in Orléans (1434 und 1435) ein Interesse an Jeanne d'Arcs Andenken zur Schau trug: unter den Bürgern von Orléans hatte die Jungfrau eine wunderbare Popularität erhalten, und für Gilles war es vorteilhaft, daran zu erinnern, daß er an ihrer Seite gekämpft hatte. Aber im September 1429 werden die Kanzleien Charles' VII. diesen noch keine fünfundzwanzig Jahre alten Marschall von edler Abstammung wohl für weitaus volkstümlicher gehalten haben (heute ist er nur noch berühmt durch seine Verbrechen). Man ließ Jeanne d'Arc nicht sofort fallen, aber die führenden Persönlichkeiten wollten ihr nicht mehr die entscheidende Rolle überlassen.

Ende 1429 Gilles' Tochter Marie wird geboren, wahrscheinlich in Champtocé.

Wir wissen, daß Gilles im Alter von fünfundzwanzig Jahren (geboren war er 1404), mit dem Verkauf des Stammschlosses Blaison die Liquidierung seines ungeheuren Vermögens beginnt. Von 1434 an sollte diese Liquidierung immer schneller voranschreiten und ihn rasch in den Ruin stürzen.

Anfang 1430 (oder Ende 1429) ist Gilles de Rais Hauptmann von Sablé in Sarthe. Yolande d'Aragon, die Regentin des Herzogtums Anjou, liegt damals mit La Trémoille in Fehde. Die Besetzung von Sablé ist eine der Episoden in diesem Streit. Nach Sablé versucht Gilles, Château-l'Hermitage in die Hand zu bekommen, das von Jean de Bueil gehalten wird. Dieser ist ein renommierter Hauptmann, Fronherr und Autor eines halb als Roman, halb als Chronik zu bezeichnenden Buches. Dieses Buch mit dem Titel »Jouvencel« berichtet ohne Namensangaben ausführlich über die Vorkommnisse in diesem Krieg. Jean de Bueil gibt rechtzeitig Alarm, so daß Gilles Château-l'Hermitage nicht erobern kann; Jean de Bueil fällt jedoch Gilles' Leuten in die Hände. Der Gefangene wird nach Sablé gebracht. Dort läßt Gilles ihn einschließen, »ganz allein in einem mächtigen Turm, in dem er viel Muße zum Schauen, Träumen und Sinnen hatte«. Er bereitet hier listig seine Rache vor. Er zahlt ein Lösegeld, und sobald er frei ist, verwirklicht er den während der Haft ausgebrüteten Anschlag auf Sablé. Später nimmt Gilles ihm die Stadt wieder ab; das Datum ist schwer zu präzisieren, Abbé Bourdeaut glaubt mit Recht, daß es vor dem Attentat auf La Trémoille liegt, das im Juli 1433 die Laufbahn des Günstlings und seinen Streit mit Yolande d'Aragon beendet. Yolande d'Aragons Mann, Jean de Bueil, nimmt übrigens an diesem Attentat teil. *Um 1430*

Weiterhin muß man den bewaffneten Anschlag auf Yolande d'Aragon, den Gilles de Rais oder Jean de Craon – oder alle beide – ausgeheckt haben, vor den Juli 1433, wahrscheinlich noch vor den Februar 1431 datieren. Als die Königin von Sizilien friedlich ihren eigenen Grund in Anjou durchreitet und in die Stadt Ancenis an der Loire kommt (mindestens 40 km flußaufwärts von Nantes gelegen), halten Männer der Garnison von Champtocé (das 20 km weiter flußaufwärts liegt) einen Teil ihrer Begleiter auf, nehmen sie fest und berauben sie der Pferde und des Gepäcks. Während dieser Zeit befaßten sich auch die Fronherren mit Räuberei.

26.12.1430 Gilles de Rais stellt Rolland Mauvoisin, Hauptmann von Princé (Ortschaft im Lande Rais) einen Schuldschein über zweihundertsechzig Goldtaler aus. Diese zweihundertsechzig Taler sind zum Kauf eines Pferdes für einen anderen Hauptmann Gilles de Rais', Michel Machefer, bestimmt. Die Anwesenheit Gilles, in Louviers zur gleichen Zeit, in der Jeanne d'Arc in Rouen gefangen ist, hat vermuten lassen, daß ein Handstreich zu ihrer Befreiung vorbereitet wurde. Diese Hypothese scheint schlecht begründet. Zunächst hat Charles VII. nicht den geringsten Versuch zur Befreiung jenes Mädchens unternommen, der er sein Königtum verdankte. Gilles aber ist vor allem mit La Trémoille, dem Feind von Yolande d'Aragon liiert. Gerade Yolande ist aber die einzige in der Umgebung des Königs, die an Jeanne ein Interesse hat. Aller Wahrscheinlichkeit nach teilt Gilles die allgemeine Gleichgültigkeit der wichtigen Personen um Charles VII.

Gilles de Rais und Jean de Craon dienen La Trémoille in den komplexen Verhandlungen mit Jean V. von Bretagne und Yolande d'Aragon als Unterhändler. Ebenfalls sind sie Vermittler zwischen Yolande und Jean V. Schloß Champtocé ist die Begegnungsstätte. Von 1430 an trifft dort der Konnetabel Arthur de Richemont, der Bruder Jeans V., begleitet von einem anderen Bruder des Herzogs, Richard, Graf von Étampes, entweder Yolande selbst oder ihre Abgesandten. Es geht darum, ein Bündnis zwischen den Häusern Anjou und Bretagne vorzubereiten. *22.–24.2. 1431*

Cosneau (E.), *Arthur de Richemont*, S. 180.

Jedenfalls begegnet Georges de La Trémoille dort in einer vom 22. bis zum 24. Februar dauernden Konferenz Jean V. Diese beiden Persönlichkeiten wechseln – rein theoretisch – Briefe ewiger Freundschaft. Damals wird die Heirat zwischen Jeans Sohn François von Bretagne und Yolande d'Aragon beschlossen (sie findet am 20. August gleichen Jahres in Nantes statt): Sie wird die Spannung beseitigen, die einen Krieg zwischen Anjou und der Bretagne zu provozieren drohte. Wir wissen über Gilles' und seines Großvaters Rolle bei diesen schwierigen Unterhandlungen nicht genau Bescheid.

Aber ihre tückische Gesinnung mochte sich daran ebenso ergötzen wie die La Trémoilles.

30.5.1431 Jeanne d'Arc wird in Rouen verbrannt.

16.12.1431 Der junge Heinrich VI. von England wird in Notre-Dame zu Paris zum König von Frankreich gekrönt. Trotz der Hinrichtung Jeanne d'Arcs und der feierlichen Manifestation in Notre-Dame befindet sich England damals in einer mißlichen Lage. Nur mit Hilfe des verderblichen Einflusses von La Trémoille kann England seine Stellungen noch einige Jahre lang halten.

10.8.1432 Der Besitz Lagnys sichert den Franzosen die Kontrolle über das Gebiet der niederen Marne in der Nähe von Paris. Der Regent Bedford ist selbst zur Verstärkung der Belagerung gekommen. Gemeinsam mit dem Bastard von Orléans, Sire de Gaucourt, Xaintrailles und anderen, liefert Gilles de Rais den Engländern eine Schlacht. Die siegreiche königliche Armee zwingt den Regenten Englands, die Belagerung aufzuheben. Lagny und Les Tourelles sind die beiden bedeutenden Waffentaten, die dem Marschall den Ruf der Tapferkeit einbringen.

15.11.1432 Jean de Craon stirbt – anscheinend vor Bestürzung – als er erfahren muß, wessen sein ältester Enkel fähig ist. Nicht nur Gilles' Verschwendungssucht hat ihn entsetzt, er muß auch geahnt haben, wohin seine Laster und seine Grausamkeit ihn trieben. In seinem Groll vermacht er seinen Degen und seine Rüstung Gilles' jüngerem Bruder René. Beim Nahen des Todes ist er übrigens schon gründlich verstört. Er läßt von seinem Stolz und seiner freibeuterischen Brutalität ab und bittet um ein bescheidenes Begräbnis.

Gilles vergütet der Anstalt von Louroux-Bottereau einen Schaden, den sein Großvater durch die Hinterziehung von Bezügen verursacht hat, die von seiner Urgroßmutter Catherine de Machecoul am Ende des 14. Jahrhunderts für diese wohltätige Stiftung ausgesetzt worden waren. *26.11.1432*

Poitou, bis dahin Page bei Gilles de Rais, wird sein »Kammerknabe«, aber er ist wahrscheinlich erst ab 1437 Mitwisser der Geheimnisse seines Herrn. *Um 1432*

Folgendes entnehmen wir aus Gilles' Geständnissen über den Zeitpunkt, zu dem er mit seinen Morden begann: »Auf die Frage, an welchem Ort und zu welcher Zeit er begann, die angegebenen Verbrechen zu begehen, ... erwidert er: erstens in der Festung Champtocé, zweitens in dem gleichen Jahre, in dem sein Ahne, Seigneur de La Suze, dahinging.« Wie wir sahen, starb dieser Seigneur, Jean de Craon, am 15. November 1432; wir dürfen jedoch nicht vergessen, daß im Mittelalter das neue Jahr im Frühling begann. *1432–1433*

Im Geständnis heißt es weiter: »... an welchem Ort er mehrere Kinder in großer Zahl – wieviel, ist nicht gewiß – tötete und töten ließ und an ihnen die Sünde der widernatürlichen Unzucht beging und ... in dieser Zeit wußte nur Gilles de Sillé davon ...«

In seinem Geständnis vor dem weltlichen Gericht behauptet Poitou, der mit Sicherheit seit 1427 – als er zehn Jahre alt war – in den Diensten von Gilles de Rais stand, daß dieser noch zu Lebzeiten von Jean de Craon in seinem Zimmer in Champtocé mordete. Poitou hätte es ihn sagen hören; das ist nicht sehr überzeugend. Wir müssen uns, scheint es, an den von Gilles selbst angegebenen Zeitpunkt halten: Im Todesjahr seines Großvaters begann er zu töten. Indes sagte er nicht: nach seinem Tode. Er könnte in seinem Zimmer von dem Augenblick an gemordet haben, von dem an der Alte so schwach war, daß man ungestört so handeln konnte, als sei er nicht mehr da. Wohlgemerkt: vor diesem Tod hätte Gilles andernorts töten können. Ganz gewiß hat ihn – nach oder kurz vor dem Ende des Großvaters – ein Gefühl der Einsamkeit, der Macht, des Freiseins wie ein Rausch ergreifen können. Sein Großvater, dieser alte Räuber, hatte zweifellos seinen Einfluß auf ihn ausgeübt. Er führte ihn ins Leben ein. Er hatte ihm beim Metier der Waffen, das auf Gewaltanwendung und auf der Verachtung von Menschenleben beruht, geholfen und geraten. Von ihm lernte er, wie sich ein Gangster zu behaupten weiß. Seit 1424 wies Gilles zwar seine Einmischung in Geldangelegenheiten zurück. Aber als er 1427 seine Kriegslaufbahn beginnt, verdankt er es der Generalstatthalterschaft von Jean de Craon, als Gleicher unter Gleichen neben erfahrenen Heerführern zu stehen. In der Gegend von Le Mans befehligte er Craons Truppen; durch Craon wird er der Vertraute von Georges de La Trémoille. Georges de La Trémoille entstammte der Familie Craon. Augenscheinlich war Gilles' lebendes Vorbild sein Großvater. Der Enkel hatte es leicht mit diesem Mann, der vor nichts halt machte. Er hatte es leicht und war fasziniert. Indes beherrschte ihn der Gedanke an sexuelle Verbrechen. Und über sexuelle Verbrechen wäre der alte Mann entrüstet gewesen. Ferner mußte Craon sich Sorgen über die wahnwitzigen Ausgaben machen, die Gilles in eine Art Taumel versetzten, dem er nicht widerstehen konnte. Beim Tod des Großvaters sah sich der Enkel als Herr über ein noch größeres Vermögen. Nichts zügelte mehr die Wut, die ihn aufwühlte. Das Verbrechen, diese Negation aller Zügel, sollte ihm die unbegrenzte Souveränität geben, die zuvor dieser Mann in den Augen des Heranwachsenden besessen hatte. Gilles war der Rivale dessen, der ihn aufgezogen hatte, dem er gefolgt war, den er bewunderte – dieses Mannes, der jetzt tot war und der ihn hinter sich gelassen hatte, als er noch lebte. Nun machte er sich daran, ihn seinerseits zu übertreffen. Er würde ihn im Verbrechen übertreffen. Wenn er sich auch keine Gedanken dieser Art machte, so ist die Emanzipation darum doch nicht weniger das rauschhafte Moment, das die ungestehbaren Ausschweifungen auslöst.

Bezüglich des Beginns der Verbrechen

widerspricht Gilles' Geständnis der Anklageakte, die von »vierzehn Jahren vorher« spricht. Diese vor dem Ablegen der Geständnisse aufgesetzte Akte datiert die ersten Morde auf 1426, ohne dies jedoch zu beweisen, sondern einfach auf Vermutungen hin. Als Gilles gestand, hätte er seine Lage nicht erschwert, wenn er der Anklage in diesem Punkt recht gegeben hätte. Außerdem stimmt das im Geständnis angegebene Datum mit dem überein, das die ersten Zeugenaussagen über verschwundene Kinder angeben.

Diese Angaben betreffen freilich nicht Champtocé, das zum Herzogtum Anjou gehört: Die Richter aus Nantes stellten nur in den Grenzen ihrer Gerichtsbarkeit, im Herzogtum Bretagne, Untersuchungen an.

Die folgenden fünf Zeugenaussagen beziehen sich auf Machecoul; aber der ungefähre Zeitraum, in den sie gehören, liegt zwischen 1432–1433, also in dem Jahr, in dem »Seigneur de La Suze dahinging«:

1. Gegen 1432 war ein Sohn von Jean Jeudon aus Machecoul, zwölf Jahre alt, bei Guillaume Hilairet, Kürschner, selbst wohnhaft in Machecoul, in der Lehre. Guillaume Hilairet, der die Aussage zusammen mit seiner Frau Jeanne macht, erklärt, daß Gilles de Sillé das Kind haben wollte, angeblich, um es mit einer Botschaft zum Schloß zu schicken. Am gleichen Tage, ziemlich spät, fragt Guillaume Hilairet Gilles de Sillé und Roger de Briqueville, was aus seinem Lehrling geworden sei. Sie antworten, sie wüßten

nichts darüber, außer daß er nach Tiffauges gegangen sei: »und an einen Ort, sagte besagter Sillé, an den die Spitzbuben seinen Lehrjungen mitgenommen hätten, damit er Page würde, dachte er.«

Als Zeuge vorgeladen, bestätigte Jean Jeudon die Angaben Hilairets. Die Behauptungen dieser ersten Zeugen werden bekräftigt von André Barbe, Schuster, von Jeannot Roussin und von Jeanne, Witwe von Aimery Édelin, sowie von Macé Sorin und seiner Frau, alle aus Machecoul. Wie man sehen wird, hatten sich diese letzteren zu fast genau der gleichen Zeit ihrerseits über das Verschwinden eines Kindes zu beklagen. Hilairet sagt, der Sohn von Jean Jeudon sei vor sieben oder acht Jahren verschwunden. Seine Aussage macht er am 28. September 1440 (oder an einem der beiden folgenden Tage). Die Erinnerung Hilairets würde sich also auf die Jahre 1432 oder 1433 beziehen. Man wird weiter sehen, daß kurz darauf folgende, weitere Kinderverluste den Zeitraum von 1432 bis 1433 mit hoher Wahrscheinlichkeit festlegen.

2. Ein Kind von Jeannot Roussin aus der Umgebung von Machecoul verschwindet im Alter von neun Jahren beim Viehhüten. Der Zeuge erinnert sich, daß dieses Kind genau am Tage nach dem Verschwinden von Jean Jeudons Sohn vermißt wurde. Es ist in der Tat unmöglich, die beiden nacheinander liegenden Fälle, die augenscheinlich ein Gefühl des Schreckens verbreiten, nicht als

zusammenhängend zu betrachten. Gilles de Sillé, der das Verschwinden von Jean Jeudons Sohn verursachte, hat auch mit dem von Jeannot Roussins Kind zu schaffen. Dieses Kind kannte wohl den Komplizen von Sire de Rais: Als Gilles de Sillé mit ihm sprach, wurde er in einem langen Mantel und mit einem Schleier vor dem Gesicht gesehen.

Zum Zeitpunkt erklärt Jeannot Roussin in seiner Zeugenaussage, daß es »ungefähr neun Jahre her« ist. Wir müßten also diesen Fall und die Fälle der ersten vier bekannten Opfer in das Jahr 1431 legen, da der zweite auf den ersten folgte, und, wie wir sehen werden, der dritte und der vierte kurz nach dem zweiten geschahen. Aber diese sehr spät gemachten Schätzungen sind notwendigerweise ziemlich ungenau; außerdem könnte die Zahl neun im Falle des im Alter von neun Jahren verschwundenen Sohnes von Roussin von der Zahl seiner Lebensjahre zu der Zahl der Jahre seit seinem Verschwinden geworden sein. Schließlich wird die Zahl acht und einmal sogar sieben bei anderen Kindern gebraucht, die zu verschiedenen, von den Aussagen jedoch mit einiger Genauigkeit als nahe beieinander liegend bestimmten Zeitpunkten verschwanden.

3. Jeanne, Witwe von Airnery Édelin, zuvor Frau von Jean Bonneau, klagt über den Verlust ihres Sohnes, der bei der Mutter der Klägerin gegenüber von Schloß Machecoul lebte. Er war Schüler, acht Jahre alt, »sehr

schön und sehr rein und ein begabtes Kind«. Er verschwand vor ungefähr acht Jahren, vierzehn Tage später als das Kind von Macé Sorin und auch später als die Kinder von Jean Jeudon und Jeannot Roussin. Macé Sorin und seine Frau sind Zeugen dafür, daß dieses Kind seitdem nicht mehr gesehen worden ist.

4. Das Verschwinden eines Kindes von Macé Sorin wird nicht vom Vater selbst bezeugt, der bei Gericht, indes in Übereinstimmung mit seiner Frau, über das Verschwinden der Kinder der Witwe von Aimery Édelin, von Jeannot Roussin, von Jean Jeudon (der dort als Guillaume Jeudon angegeben wird, vermutlich infolge einer Verwechslung) und von Alexandre Chastelier aussagt. Das dürfte jedoch nur an einer Beschädigung der Dokumente liegen, die uns nur unvollständig erhalten geblieben sind, da Jeanne, die Witwe Aimery Édelins, genau angibt, daß vierzehn Tage, nachdem ihr eigenes Kind verschwunden war, das von Jeanne ebenfalls nicht mehr gesehen wurde –, das ist eine sehr genaue Angabe, die zutreffen muß. Wir wollen indessen eine Kuriosität vermerken. Macé Sorin und seine Frau weisen darauf hin, daß das Kind von Jeanne, der Witwe Édelins, nicht »von besagtem Sorin« war. Jedenfalls muß hier eine Lücke sein, die es unmöglich macht, diese Unregelmäßigkeit zu erklären.

5. Das Verschwinden des Kindes von Alexandre Chastelier wird von André

Barbe, von Guillaume Hilairet und seiner Frau sowie von Macé Sorin und seiner Frau bezeugt. Es heißt, daß dieser Fall sich »um die gleiche Zeit« ereignete, als das Kind der Witwe von Édelin verschwand, was vierzehn Tage vor dem Verlust des Kindes von Macé Sorin war.

Diese acht Jahre später abgegebenen fünf ersten Aussagen machen die beachtliche Erregung deutlich, die auf diese Serie von Entführungen folgte, eine Erregung, die so stark war, daß sich ihrer acht Jahre später sieben Personen mit hinreichender Genauigkeit erinnern. Übrigens wagt man in Machecoul über diese Vorfälle nach einer gewissen Zeit kaum noch zu sprechen – aus Furcht vor den Angehörigen der Kapelle von Sire de Rais oder vor seinen anderen Leuten –, wie der Schuster André Barbe aussagt; die Einwohner fürchten, daß man sie verhaftet oder mißhandelt, wenn ihre Klagen bekannt werden. Ganz zuerst wurden in der Gegend noch Stimmen laut. Als Antwort darauf muß Gilles de Sillé sogar eine Geschichte erfinden: Die Kinder wären als Lösegeld für seinen von den Engländern gefangenen Bruder Michel genommen worden; die Engländer hätten eine bestimmte Zahl kleiner Jungen verlangt, um sie zu Pagen zu machen. Aber dieser Schwindel wird sehr bald durchschaut, und die Furcht gebietet Schweigen. Die Zungen lösten sich erst im Prozeß. Aber im Prozeß, acht Jahre später, stimmen alle Zeugenaussagen überein. Gilles de Sillé wird in den Aussagen der Eltern dieselbe Rolle zugeschrieben wie im Geständnis von Sire de Rais. Dieser Gilles de Sillé, Cousin von Gilles de Rais, gehört zur gleichen Familie wie Anne de Sillé, die Jean de Craon so spät geheiratet hat. Gilles de Sillé ist der Kumpan des Ungeheuers von Machecoul von spätestens 1432 an bis 1440, wo es ihm während des Prozesses gelingt, rechtzeitig zu fliehen. Er führt Sire de Rais Kinder zu, und oft tötet er sie vor dessen Augen. Dieser scheint nie Schwierigkeiten gehabt zu haben, seine Gefährten – später seine Diener – zu Komplizen zu machen.

Gilles de Sillé ist der erste. Dann kommt Roger de Briqueville, der bald in Sire de Rais' Geständnis auftritt und schon in der Aussage von Guillaume Hilairet über die erste festgestellte Entführung erwähnt wird.

Gegen den 10. 7. 1433

Auf Befehl von Charles d'Anjou, dem mit Charles VII. verschwägerten Sohn der Königin Yolande d'Aragon, ergreifen Jean de Bueil (Hauptmann im Dienste Yolandes), Pierre de Brézé und Prigent de Coëtivy (bedeutender Feudalherr, der nach 1440 die Tochter von Gilles de Rais heiraten wird) zu nächtlicher Stunde im Schloß Chinon Georges de La Trémoille. Die Entführung geschieht trotz der Anwesenheit Charles VII., dessen Günstling La Trémoille war. Dieser wird »in größter Todesgefahr« gegen Lösegeld freigelassen; er muß sich verpflichten, nicht mehr bei Hof zu erscheinen. Die Partei von Yolande d'Aragon und dem Konnetabel de Richemont gewinnt die Oberhand. Charles VII. empfindet gegen den Konnetabel, La Trémoilles Gegner, eine nahezu physische Aversion; hingegen hat er für den damals zwanzigjährigen Charles d'Anjou die zärtlichsten Gefühle. Von nun an übt Yolande d'Aragon wirklich die Macht aus. Charles VII. läßt seine Schwiegermutter walten, deren Sohn Charles d'Anjou sich durchsetzt. Unter diesen Verhältnissen ist der energische Arthur de Richemont – der wahre Feind La Trémoilles – bereit, die Last des Krieges gegen die Engländer auf sich zu nehmen.

Jeanne d'Arc hat den Franzosen den Sieg gebracht, aber nur Richemont vermag ihn auszubauen. Er allein wird die durch die Intrigen und durch die Privatpolitik La Trémoilles gefährdete Situation sanieren können. Jedenfalls bedeutet die Entfernung des letzteren das Ende der Karriere Gilles de Rais'.

März 1434 Nachdem La Trémoille in Ungnade gefallen ist, erscheint Marschall de Rais in der königlichen Armee noch einmal bei Sillé-le-Guillaume, wo die Franzosen und die Engländer sich gegenüberstehen, ohne sich zu schlagen. Dieses Mal wird die königliche Armee vom Konnetabel befehligt. Dieser führt »die Marschälle Rais und Rieux, Sire de Rostrenen und mehrere Ritter und Knappen aus der Bretagne und Poitou« an. Die Königin Yolande hat ihren Sohn Charles d'Anjou mit den Männern des Königshauses, die ihm zu folgen gewillt waren, geschickt.

Die Herren de Bueil, de Brézé, de Coëtivy, de Chaumont und der Vicomte de Thouars folgten dem Ruf.

Cosneau (E.), *Arthur de Richemont*, S. 208.

Der Herzog von Alençon, Sire de Lohéac und noch andere sind von der Partie. Fast ausnahmslos (außer Gilles de Rais) sind die anwesenden Feldherrn Feinde von La Trémoille. Dieser Aufmarsch ist auf der einen wie auf der anderen Seite eine einfache Machtdemonstration, eine Parade. Die Feinde beobachten einander unbewegt, ohne einen Angriff zu wagen. Schließlich ziehen die Engländer sich in ein nahegelegenes Dorf zurück und verschanzen sich dort. Sie weichen in ihre alte Stellung zurück nach Sablé, von wo sie kamen, greifen kurz darauf jedoch die Stadt Sillé an; die unbedeutende Ortschaft kapituliert nach drei Tagen. Anschließend an diese Schlacht kehrt Richemont an den Hof zurück.

Für Gilles de Rais ist die Affäre Sillé von persönlicher Bedeutung: Sillé ist einerseits das Lehnsgut seiner Schwiegermutter, der Witwe seines Großvaters, andererseits ist – wie bereits erwähnt – der treueste seiner Zechgenossen und Spießgesellen Gilles de Sillé, der Cousin von Anne.

Bei dieser Affäre legte Gilles de Rais Wert darauf, in einem vorteilhaften Licht zu erscheinen. Die am Lauf der Maine lebenden Bewohner Anjous haben seine Leute bewundern können. Zu jener Zeit hat er ein militärisches Gefolge von übertriebener Pracht – vielleicht hat er den Pomp nach dem Tode seines Großvaters noch vermehrt. Der Abbruch seiner Karriere und das Bewußtsein seiner Verbrechen veranlassen ihn mit Sicherheit, um so glänzender aufzutreten, je mehr sein Stern – ohne daß er noch daran zweifeln konnte – im Sinken war: Bei dieser zunehmenden Herrlichkeit und Verschwendung muß ein Gefühl von Bedrängnis mitgespielt haben.

Frühling 1434

Immerhin hat sich La Trémoille, obwohl er in Ungnade gefallen war, zahlreiche Stützen erhalten. Sein Einfluß ist jetzt unbedeutend, hat aber auf das Leben von Gilles de Rais noch letzte Auswirkungen. Die Stadt Grancey in Burgund gehört dem Herzog von Bourbon, der mit La Trémoille weiterhin auf gutem Fuß steht. Diese Stadt wird von Truppen des Herzogs von Burgund belagert, und La Trémoille hat entweder im Ort oder in der Umgebung zwei Kompanien Bewaffneter. Er will Marschall de Rais verpflichten, die Belagerung von Grancey aufzuheben. La Trémoille bietet ihm 10000 Real und die Versicherung, daß Charles VII. ihn entschädigen wird. Gilles stellt in der Bretagne eine ausreichende Truppe zusammen und erhält in Tours vom König den Auftrag, Grancey zu befreien. Charles VII. holt seinen ehemaligen Günstling nicht mehr zu seinen Beratungen, gewährt ihm aber seine Unterstützung bei diesem zweitrangigen Unternehmen. Dennoch fühlt sich Gilles am Ende: Er weiß, daß er von dieser Seite nichts mehr zu erwarten hat. Er läßt es mit dem Schein bewenden. Er vertraut die Truppen der Führung seines jungen Bruders René de La Suze an, der damals zwanzig Jahre alt ist. Von Tours begibt er sich nicht, wie man angenommen hat, nach Orléans, sondern nach Poitiers.

Am 15. August ergibt sich die Stadt Grancey der Armee Philipps des Guten. *15. 8. 1434*

Am gleichen Tage läßt sich der Marschall, den Charles VII. mit der Befreiung von ihren Belagerern beauftragt hat, in der Kirche Saint-Hilaire in Poitiers zum Chorherren bestellen. Die Aufgabe Granceys und die Zeremonie in Saint-Hilaire sind bezeichnend für die Richtung, in der das Leben des seltsamen Marschalls von Frankreich schließlich verläuft. Zweifellos haben die gewalttätigen Schlachten für Gilles etwas Verlockendes. Es ist sicher, daß er sich in ihnen auszeichnet. Aber bald genug tut er fast nur noch etwas für die nach seinem Geschmack zelebrierten Paraden, bei denen er durch seine Großartigkeit besticht. In Sillé-le-Guillaume fällt er durch die Schönheit seiner Kompanie auf. Seit er Marschall von Frankreich ist, unterhält er einen prunkhaften militärischen Stab. Er ist reich, und das besonders seit dem Tode des Großvaters, von dem an er wahrhaftig wie von Sinnen ist. Sein Gefolge gleicht dem eines Prinzen. Mehr noch berauscht der triumphale Aufwand der großen religiösen Zeremonien diesen kriminellen Päderasten. Er entzückt sich an den Kirchengesängen ebenso wie an Wein und starken Getränken. Die liturgischen Messen werden damals trotz des kriegsbedingten Elends mit einer erstaunlichen Pracht abgehalten. Sie haben eine faszinierende Bedeutung, die ihnen heute andere Schauspiele streitig machen. Jean de Bourdigné unterbricht den Bericht über historische Ereignisse, um auf die vorzüglichen Gottesdienste in der Kathedrale von Angers besonders hinzuweisen, die Charles VII. während eines Aufenthaltes in der Stadt täglich hört: »In Frankreich«, sagt der Chronist, »gibt es keine Kirche, in der der Dienst an Unserem Herrn in größerer Ehrerbietung gefeiert wird, nirgends werden die Hymnen, die Vorgesänge und anderen Kirchenlieder würdevoller und ausdrucksvoller gesungen und die geistlichen Zeremonien triumphaler ausgeübt ...«

Bourdigné (Jean de), *Histoire agrégative ... d'Anjou, fol. 137ff.*

Gewiß kannte Gilles de Rais, der die Stadt häufig aufsuchte, diese Zeremonien in Angers; er muß an ihnen teilgenommen haben und ließ sich von ihnen betören, wie er später über die Kostüme der Domherren in Lyon vor Entzücken außer sich geraten sollte.

Wie dem auch sei, die Reise nach Poitiers wirft Licht auf wesentliche Aspekte im Leben Gilles de Rais'. Die Gestaltung seines geistlichen Stabes und seiner Singschule nimmt von da an eine bedeutende Stellung ein unter den Dingen, um die er sich kümmert. Von dieser Zeit an reist er stets mit den Angehörigen seiner Kapelle, die ihm zu Pferde folgen. Das tut er insbesondere an dem Tage, an dem er sich eine geistliche Würdenstellung verleihen läßt, die zuvor unter Laien nur die Herzöge von Aquitanien erhielten. Außerdem befinden sich in Poitiers zwei junge Männer in seiner Gesellschaft, deren Stimmen ihn bezaubern und die er in seine Ausschweifungen mit hineinzieht: André Buchet aus Vannes, der ihm mindestens zweimal junge Opfer heranschafft, und Jean Rossignol aus La Rochelle. Angetan mit dem Kostüm der Chorherren, richtet Gilles an jenem Tage in der Kirche von Saint-Hilaire zwei Pfründen zugunsten dieser jungen Männer ein.

Von Poitiers aus begibt sich der Marschall und Chorherr nach Orléans, wo er sich in aller Öffentlichkeit von seiner Verschwendungssucht hinreißen läßt. Spätestens am 27. September ist er in Orléans; es ist uns bekannt, daß an diesem Tage einige seiner Diener für ihn eine Bürgschaft übernahmen. Damals ist es bereits etwas alltägliches, daß er sich außerstande sieht, die enormen Ausgaben zu regeln, die er sich auflädt. *27. 9. 1434*

Genaue Auskunft über diese Ausgaben geben uns Dokumente, die bis zu dem Brand 1940 in den Archiven Orléans' erhalten geblieben sind. Teilweise macht uns Abbé Bossards Werk mit ihnen bekannt.

Während seines Aufenthalts (oder seiner Aufenthalte) in Orléans wird Gilles de Rais von seinem geistlichen Stab und von seinen Bewaffneten begleitet. Er selbst wohnt im Hotel »Croix d'Or«, das weniger ein Gasthaus für Reisende, als ein Privathaus gewesen sein muß, das er für seine Bedürfnisse herrichten ließ. Der Anklageakte von 1440 zufolge sollen er und die Seinen in diesem Hause die Beschwörung böser Geister versucht haben. Sein Bruder René de La Suze logiert im »Petit saumon«. Sein »Kollegium« (darunter sind die geistlichen Würdenträger seiner Kapelle zu verstehen) wohnt im »Écu de Saint Georges« bei Guillaume Antes, sein »Kantor« in der »Enseigne de l'Épée« bei Jean Fournier, seine Soldaten – darunter sein Wappenherold, den er Rais-le-Héraut nennen läßt – in der »Tête noire« bei Agnès Grosvillain, sein Gardekapitän Louis l'Angevin, genannt Louynot, – zusammen mit anderen Gefährten, darunter dem schrecklichen Gilles de Sillé – bei Guyot Denis im »Grand Saumon«, seine Ritter, Monseigneur de Martigné, Monseigneur Foulques Blasmes, Jean de Rains und Bauléis im »Image de Sainte-Marie-Madeleine«, Jean de Montecler bei Colin le Godelier, sein Stückmeister Hector Broisset in der »Coupe« bei Macé Dubois, seine und seines Bruders Pferde in der Herberge »Roche-Boulet« bei Marguerite, Witwe von Thévenon Hué, die Pferde seines Kollegiums, der Vikar seiner Kapelle Ollinet, ein gewisser Petit-Jean, der Priester

Le Blond und sein Barbier in der »Enseigne du Fourbisseur« bei Jean Couturier, Jeudi genannt, Seigneur Jean de Vieille, sein Profos Boisoulier und ein Trompeter namens Georges bei Jeanette la Pionne und sein »Illuminist« Thomas bei Marguerite im »Dieu d'amour«; andere Diener sind auf das »Cheval Blanc« bei Charles le Halot, das »Homme sauvage« bei Sébille la Trasilonne und das »Écu d'Orléans« bei Foulques d'Estrapon verteilt.

Oktober 1434

Empört über das Prasserleben, dem er die Kapitulation zuschreibt, kommt La Trémoille nach Orléans, um Gilles wieder auf den rechten Pfad zu bringen. Er will mit ihm gemeinsam dem Herzog von Bourbon zu Hilfe eilen. Der alte Günstling hat zweifellos Einfluß auf den Marschall: Gemeinsam kommen sie nach Issoudun. Von dort begeben sie sich nach Bourbonnais, wo der Krieg zwischen den Getreuen Charles' VII. und den Burgundern fortdauert.

Durch die von Abbé Bossard verwendeten Dokumente aus Orléans ist uns die Reise Gilles' nach Montluçon im Oktober bekannt. Wir wissen, daß er sich von dort bis zum Dezember im »Écu de France« aufhielt. Er macht eine Zeche von achthundertzehn Goldreal, von denen er beim Aufbruch nur vierhundertfünfundneunzig bezahlen kann. Er reist weiterhin mit seinen Truppen, sowie mit einem beträchtlichen Gefolge. Seine Ausgaben sind so hoch geworden, daß er sich ständig in Schwierigkeiten befindet.

Georges de La Trémoille reist damals im Einverständnis mit ihm.

28.12.1434 Zu diesem Zeitpunkt ist Gilles wieder in Orléans, aber wir wissen nicht genau, wie lange er dortblieb. Am 28. Dezember unterzeichnet er hier jedenfalls eine Akte. Im Oktober war er in Montluçon, und in Gesellschaft von La Trémoille verbringt er nun kurze Zeit in der Gegend. Er mag im November nach Orléans zurückgekommen sein, bis Januar bleibt er dort.

Die Akte, die er am 28. Dezember aufsetzen ließ, ist zumindest befremdlich. Er hat seinen noch sehr jungen Vetter bei sich aufgenommen, dessen dem König Charles VII. ergebene normannische Familie von den Engländern ruiniert worden ist: Dieser Vetter Roger de Briqueville wird bereits in den Aussagen aus Machecoul erwähnt, die sich auf 1432 oder 1433 beziehen. Von 1432 an wird er von Sire de Rais unterhalten und neben Gilles de Sillé sein Ratgeber und Saufkumpan. Nach dem eigenen Bekenntnis des Marschalls weiht er ihn kurz nach Gilles de Sillé in seine Geheimnisse ein. Am 28. Dezember stellt er ihm eine höchst merkwürdige Vollmacht aus. Von nun an kann Briqueville in seinem Namen handeln; wenn er es für gut hält, kann er die Schlösser und Ländereien seines Herrn in der Bretagne verkaufen; er erhält außerdem das Recht, um die Tochter seines Herrn anzuhalten und sie zu heiraten, wenn er dies will. Marie ist damals keine vier Jahre alt. Nach Abbé

Bossard muß man, wenn man diese skandalöse Vollmacht erklären will, eine Nacht der Ausschweifung, eine Nacht voll Trunkenheit voraussetzen. Es sei denn, das Geburtsdatum des Kindes Ende 1429 ließe angesichts der Abwesenheit eines Vaters, der schon seit langem keine Beziehungen mehr zu seiner Frau gehabt zu haben scheint, gewisse Zweifel aufkommen ...

Anfang Februar 1435

Ein letztes Mal bemüht sich Gilles de Rais, wenigstens dem Anschein nach, seine Stellung in jener Partie, die er mit La Trémoille zu spielen begonnen hat, zu halten. Die Vettern befinden sich auf ihrer gemeinsamen Reise in Forez, als der Friede zwischen Charles VII. und Philippe von Burgund unterzeichnet wird.

Dieser vom König schon lange gewünschte Friede beendet einen innerfranzösischen Krieg, der mit Sicherheit durch die Ermordung von Jean sans Peur auf der Brücke von Montereau angeschürt worden war. Herzog Philippe entschloß sich erst nach siebzehn Jahren, den Mord an seinem Vater zu verzeihen, an dem Charles VII. mitschuldig gewesen sein muß. Nur der höchstpersönliche Wille eines Fronherren, Rache zu üben, zählte, die Leiden der Bevölkerung galten nichts. Der Friedensvertrag wird schließlich am 5. und 6. Februar 1435 in Nevers unterzeichnet.

Wie schon gesagt, befinden sich La Trémoille und Gilles gerade in Forez. Sie beschließen, zusammen nach Langres, dann nach Laon zu gehen, wo der Krieg noch anhält: Jean de Luxembourg, der mit Philippe le Bon verbündet ist, lehnt den Frieden ab. Er bedroht weiterhin Laon. Gewiß hofft La Trémoille, er werde bei Charles VII. ein wenig von seinem eingebüßten Ansehen wiederfinden, wenn er Laon angreift und vielleicht befreit.

Die Truppen der beiden Kumpane hätten in dem Gebiet eingesetzt werden können. Aber es fehlt an Geld. Gilles übernimmt es – zweifellos um sich La Trémoille vom Hals zu schaffen –, nach Lyon zu gehen und seinen Kredit auszunutzen, um das Geld zur fälligen Besoldung der Truppe bei irgendwelchen Bankiers zu leihen. Gilles kehrt mit einigen Geldmitteln nach Langres zurück, aber sobald es um den Marsch nach Laon geht, stößt er auf den Widerspruch seiner Hauptleute: Das verteilte Geld hat nicht gereicht. Gilles verstand tatsächlich nichts von finanziellen Dingen, er läßt sich regelmäßig übervorteilen. Es wäre »den Augen vieler sichtbar« gewesen, daß La Trémoille die Leichtgläubigkeit und wahnwitzige Verschwendungssucht seines Vetters ausgenutzt habe. Das wird La Trémoille damals vorgeworfen, er lacht nur darüber: »es war gut, ihn dahin zu bringen, böse zu sein ...«

»Ein zynisches Wort, das zeigt, mit welcher Geringschätzung der ehemalige Minister von Charles VII. und viele andere den Marschall de Rais betrachteten«.

Bourdeaut (A.), *Chantocé, Gilles de Rays et les Ducs de Bretagne*, S. 78.

Jedenfalls läßt Gilles in Langres einmal mehr eine angefangene Sache im Stich, wobei er möglicherweise seinem Bruder die Sorge überlassen hat, die Truppen nach Laon zu führen. Unter dem Vorwand, das fehlende Geld zu besorgen, bricht er nach Orléans auf. Er unterschreibt in Langres sogar eine Erklärung, nach der Champtocé Georges de La Trémoille gehören sollte, falls sein Bruder und er ohne Erben sterben.

Op. cit., S. 79.

Man darf daraus nicht – wie Abbé Bourdeaut – folgern, daß Gilles die Absicht hatte, sich enger an Georges La Trémoille zu binden. Die Klausel ist lediglich konventionell. Im gleichen Augenblick verläßt Gilles entschieden den Weg, auf den ihn La Trémoille gebracht hat.

In Orléans verkauft oder verpfändet Gilles den silbernen Schrein von Saint-Honoré. *26. 2. 1435*

Das Geschäft entspricht äußerlich der La Trémoille als Vorwand angegebenen Absicht. Tatsächlich leitet er eine Reihe von Geschäften ein, die keinen anderen Zweck als ein zügelloses Leben in Saus und Braus haben. Von nun an ist der Marschall nur daran noch interessiert.

Paradoxerweise ist das erste, was wir über dieses Prasserdasein berichten müssen, eine fromme Stiftung: die Kapelle in Machecoul. Gilles läßt von zwei Notaren in Orléans, Jean Caseau und Jean de Réconin, eine Akte aufsetzen, in der die Stiftung dieser Kapelle *26. 3. 1435* beurkundet wird. In der Prachtentfaltung ihrer Zeremonien und dem Reichtum ihres Klerus wetteifert sie mit einer Kollegialkirche oder sogar mit einer Kathedrale. Das Konzept dieser Akte befand sich vor 1440 in Orléans. Abbé Bossard hat einen Teil daraus wiedergegeben, den wir hier zitieren möchten.

Der Text beleuchtet einen der sonderbarsten – der verwirrendsten – Aspekte im Leben des Kindermörders: »So hatte der edle Herr Monseigneur Gilles, Seigneur de Rais, Graf de Brienne, Seigneur de Champtocé und de Pouzages, Marschall von Frankreich, unlängst zum Wohl und Heil seiner Seele und um sich und seine verstorbenen Vater, Mutter, Verwandte, Freunde und dahingegangenen Wohltäter unserem Herrn Jesus Christus ins Gedächtnis zu bringen, in der Ortschaft Machecoul-en-Rais im Herzogtum Bretagne eine Stiftung zum Gedenken der Heiligen Unschuldigen gemacht; und so hat er in dieser Stiftung einen Vikar, einen Dechanten, einen Erzdechanten, einen Schatzmeister, einen Kanoniker, ein Stiftskapitel und ein Kollegium bestallt und befohlen; ebenso hat er angeordnet, ihnen Renten, Bezüge und Besitzungen zur Deckung ihres Lebensunterhalts und ihrer Bedürfnisse zu geben, auf daß der Gottesdienst erweitert werde und in besagter Ortschaft Machecoul fürderhin zelebriert werden könne; und da besagter Seigneur die gute Absicht und den festen Vorsatz hatte und noch hat, besagte Stiftung zu erhalten, wie er das jeden Tag deutlich gezeigt hat und zeigt, aus ganzem Herzen wünschend, daß der Vikar, der Dechant und das Stiftskapitel nach seinem Verscheiden friedlich beibehalten und in gutem Besitzstande bleiben, wie er ihnen von ihm überantwortet und zugeteilt worden ist wie angegeben, und damit diese vor jeder Bedrängnis bewahrt und geschützt seien, hat dieser Seigneur dem König von Sizilien und Herzog von Anjou, von dem er Schloß und Burgvogtei Champtocé als Lehen im Bereich des Herzogtums Anjou hat, außer diesen das Passier- und Straßenzollrecht in der Ortschaft gegeben, in der sich besagte Stiftung befindet, und er hat dem Herzog von Bretagne die Hälfte der ganzen Herrschaft, Baronie und Länderei Rais gegeben in dem Falle, daß Madame Catherine de Thouars, Frau des besagten Monseigneur de Rais, oder seine Tochter Marie de Rais, oder andere Verwandte, Freunde, Erben und Klageführer, die im Namen besagter Demoiselle Marie oder anderer, mit welchem Recht oder auf welche Weise oder aus welchem Grund auch immer, besagter Stiftung hinderlich wären oder gegen sie Einspruch erhöben, damit die besagten Herren, der König von Sizilien und Herzog von Anjou und der Herzog von Bretagne sie tragen, unterstützen und verteidigen können ...«

Tatsächlich bedeuten solche Klauseln wenig. Die Schenkung Champtocés an La Trémoille (falls Gilles ohne Erben stirbt) ist im besonderen mit diesem bedingten Legat für König René nicht vereinbar. In dem einen wie dem anderen Fall handelt es sich um leere Zusicherungen. Diese letzteren zeigen jedoch die enge Bindung Gilles an diese Stiftung, die ihn ruinierte.

Wie wir gesehen haben, erschrecken die Einwohner von Machecoul, die Eltern der unschuldigen Opfer des Stifters, bei dem Gedanken, ihre Klagen könnten »Leuten der Kapelle von Sire de Rais« zu Ohren kommen. Eine Kapelle der Heiligen Unschuldigen als Zuflucht eines Kindermörders! Dieser Jean Rossignol, dieser André Buchet, die an den Morden Gilles' teilnehmen, gedenken mit ihren himmlischen Gesängen der Heiligen Unschuldigen!

Außer dem Text vom 26. März 1435 gibt uns ein weiteres zeitgenössisches Dokument genaue Auskünfte über diese so blutige geweihte Stätte. In einem nach dem Tode von Sire de Rais von seinen Erben angefertigten Gutachten zu dem Zweck, die Verschwendungssucht ihres Verwandten nachzuweisen, heißt es folgendermaßen:

»Gilles führte, wohin er auch ging, eine Sängerkapelle mit sich, die aus 25 bis 30 Personen, aus Kindern, Kaplanen, jungen Klerikern und anderen bestand, diese begleitete ihn auf seinen Reisen, so daß er, besagter Kapelle wegen, zu der ihre Diener hinzukamen, mehr als fünfzig Personen und ebensoviel Pferde auf seine Kosten unterhielt. Auch gab er dieser Kapelle große Mengen von Gold- und Seidenstoffen zur Zierde, Kerzenleuchter, Weihrauchfässer, Kreuze, Schüsseln etc. von großer Prächtigkeit, die dreimal mehr kosteten, als sie wert waren, nebst mehreren Orgeln; eine davon ließ er sich von sechs Männern nachtragen. Weiterhin hatte er in dieser Kapelle einen Dechanten, Sänger, Erzdechanten, Vikare, einen Schulmeister etc., wie dies in den Kathedralen üblich ist, und einer von ihnen wurde Bischof genannt; er zahlte den einen vier Taler, den anderen dreihundert Taler, und beglich ihre Ausgaben; er kleidete sie in schwere scharlachrote Gewänder, die mit feinem Pelz besetzt waren etc.; sie hatten Hüte aus hellem Filz, mit feinem Fell gefüttert, etc., und in ihrem Dienst war nur Eitelkeit, keine Frömmigkeit oder Gesittung. Und wenn er Lust bekam, einen davon auszuwählen, gab er ihm außer seinem Lohn ein Erbe, sogar seinen Eltern, wie er das bei dem sogenannten Rossignol aus La Rochelle, Chorknabe in Poitiers, tat, dem er La Rivière in der Nähe von Machecoul, das zweihundert Livre Rente wert war, als Land gab; zudem gab er dessen Eltern mehr als zweihundert Taler.

Maurice (Dom. H.), *Mémoires* …, Bd. II, col. 1557–1558.

Diese irrsinnigen Ausgaben bringen Gilles auf einen Weg, auf dem er zugrunde gehen wird. Er kann diese Ausgaben nicht begleichen. So kommt es dazu, daß er in Orléans bewegliche und unbewegliche Habe verpfändet, um Bargeld zu bekommen. Wir haben schon gesehen, daß er am 26. Februar einen silbernen Heiligenschrein verkauft (oder verpfändet).

8. 5. 1435 Wir können aus den Dokumenten keine genauen Angaben über die Teilnahme Gilles' an den Festen zu Ehren Jeanne d'Arcs im Jahre 1435 entnehmen, aber wir haben guten Grund zu der Annahme, daß er dabei eine Rolle von paradoxer Bedeutung spielte. Zweifellos ist es ja diese seine Teilnahme, die man mit der sich innerhalb weniger Monate in nichts anflösenden unerhörten Menge von Goldtalern berechnen muß.

Aus der schon zitierten Denkschrift der Erben wissen wir bereits, daß das Theater großen Anteil an seinen Ausgaben hatte. Er ließ auf seine Kosten mehrere Arten von Stücken aufführen: »Mysterien«, »Spiele«, »Farcen«, »Moriskenspiele«, »Gestalten« und »Moralstücke«. Der Marschall verlangte prächtige Aufführungen. »Jedesmal, wenn er spielen ließ, gab er dem Stoff gemäß ganz neue Kostüme in Auftrag.« Bezüglich des Theaters dieser Zeit konnte man von Kompositionen sprechen, deren Schönheit an den Stil von Wandteppichen erinnerte. Gilles Verlangen nach Prächtigkeit überschreitet in diesem Punkt – wie in allen anderen – die Grenzen. Sein Bedürfnis zu blenden ist so groß, daß er unter den Gerüsten, auf denen die Dekoration steht und gespielt wird, und die bei jeder Vorstellung aufgerichtet wer-

den müssen, den Zuschauern Wein und Gewürzwein, gar nicht zu reden von vorzüglichen Gerichten, bereitstellen läßt.
Wir wissen zudem, daß die Befreiung Orléans' seit 1429 an jedem Jahrestag mit einer großen Festlichkeit, in jedem Falle mit einer Prozession, begangen wird. Über das Jahr 1435 lesen wir in den Abrechnungen der Stadt:
»Für Guillaume Le Charron, für Michelet Filleul, als Gabe für sie, um ihnen bei der Bezahlung der Gerüste und anderer von ihnen am achten Tage des Mai gemachten Ausgaben zu helfen, wo sie während der Demonstration am Brückenboulevard einige Mysterien gaben.«
Es handelt sich zweifellos um das »Mysterium der Belagerung Orléans«. Diese ungeheure Theatermaschine, die mehr als zwanzigtausend Verse umfaßte und fast fünfhundert Schauspieler brauchte, ist in Vergessenheit geraten. Aber sie ist nach einem in der Bibliothek des Vatikans aufbewahrten französischen Manuskript herausgegeben worden. Dorthin war es vermutlich nach dem Raub aus dem Bistum Saint-Benoit-sur-Loire bei Orléans gelangt. Dieses Mysterienspiel wurde kurz nach den Ereignissen von irgend jemandem aus Orléans verfaßt, und daß es realisiert werden sollte, beweisen die genauen szenischen Angaben. Aber es konnte nur in Orléans für die dortigen Einwohner gespielt werden. Eine andere Stelle in den Rechnungen zeigt uns, daß Episoden

aus der Belagerung dieser Stadt fast in der gleichen Zeit tatsächlich aufgeführt worden sind. Diese Passage befindet sich in den Rechnungen aus dem Jahre 1439:

»Für Jean Hilaire, zum Ankauf einer Fahne und eines Banners, die Monseigneur de Rais gehörten, um den Angriff so darzustellen, wie Les Tourelles den Engländern abgenommen wurde ...«

Es ist kaum anzunehmen, daß ein 1435 auf dem Brückenboulevard gespieltes Mysterium nichts mit dem »Mysterium von der Belagerung«

Le Mystère du Siège d'Orléans. Veröffentlicht nach dem Manuskript des Vatikans ... Dieses sehr lange Theaterstück, das aus den Jahren nach der Belagerung stammt, stellt die verschiedenen Episoden szenisch dar.

gemein hat, wenn feststeht, daß in der gleichen Zeit der Sturm auf Les Tourelles in Orléans dargestellt wurde. Die Schanze von Les Tourelles war der Brückenkopf. Es handelt sich in beiden Fällen also um die Gegend an der Brücke, aber der Sturm auf Les Tourelles ist nur eine entscheidende Episode der Belagerung und des Mysteriums von der Belagerung. Das soll nicht heißen, daß dieses ganze Mysterium gegeben wurde, aber während der Prozession am 8. Mai wurde zumindest ein Teil daraus aufgeführt.

Die Person von Gilles de Rais spielt in diesem Mysterium eine wichtige Rolle. Seine Fahne und sein Banner sind in der Tat un-

entbehrlich, wenn man den Sturm auf Les Tourelles darstellt, bei dem er sich hervorgetan hat. 1439 werden sie von der Stadt gekauft. Wer sie an Jean Hilaire verkaufte, können wir nicht erfahren, wir wissen nur, daß sie »Monseigneur de Rais gehörten«, daß sie also ursprünglich in seinem Besitz waren.
Es ist einigermaßen sicher, daß Gilles de Rais persönlich bei den Schauspielen mitwirkte, die 1435 in Orléans zu Ehren von Jeanne d'Arc gegeben worden sind. Wir wissen nicht, unter welchen Bedingungen und in welchem Grade er sich dort beteiligte. Aber aus der Denkschrift der Erben erfahren wir, daß Gilles während seines Aufenthaltes in Orléans (der sich mit zwei oder mehreren Unterbrechungen von September 1434 bis August 1435 hinzieht) 80000 bis 100000 Goldtaler ausgab.

Hunderte von Millionen, vielleicht eine Milliarde in heutigem Geld: NFrs. von 1959.

Alles in allem haben wir nach seinem Aufenthalt in Orléans ohnehin den Eindruck, daß sein Vermögen wie sein Glück recht angegriffen sind. Wir wissen, daß er auf prächtige Schauspiele versessen ist, und daß ihn diese Leidenschaft ruiniert. Es ist also folgerichtig, anzunehmen, daß er sich an den Kosten der im Mai 1935 gegebenen Schauspiele beteiligt hat. Diese Schauspiele sind Ausnahmen, sie scheinen nicht wiederholt worden zu sein.

2. 7. 1435 In diesem Jahr sind Gilles de Rais' Ausgaben und die umfassenden Landverkäufe, die allein ihm die Kosten zu bestreiten ermöglichen, derartig, daß seine Familie nicht länger ruhig bleibt. Sein Bruder und sein Cousin André de Laval-Lohéac erwirken bei Charles VII., der den Marschall für völlig heruntergekommen hält, Interdiktsbriefe, die in Ambroise am 2. Juli 1435 aufgesetzt werden. Gilles büßt das Recht ein, seinen Besitz zu verkaufen, und von nun an kann niemand mehr gültige Verträge mit ihm abschließen. Diese Sperre wird in allen Gebieten öffentlich verkündigt, in denen Gilles de Rais sich gewöhnlich aufhält: in Orléans, in Tours, in Angers, in Champtocé, in Pouzages und in Tiffauges …

Schon früher, wenigstens während der Zeit in Orléans, folgten die Verkäufe wichtiger Domänen so rasch aufeinander, daß man im Augenblick der Sperre, ohne daß es möglich gewesen wäre, »die Bilanz der Verkäufe des unseligen Barons festzulegen«, getrost behaupten kann, »daß ihm im Poitou nichts mehr blieb außer den Gütern seiner Frau, an die er nach alter Sitte nicht heran konnte; nichts blieb ihm in Maine, nichts in Anjou, außer Ingrandes und Champtocé. Nur seine Besitzungen in der Bretagne waren noch fast vollständig«.

Bourdeaut (A.), *Chantocé, Gilles de Rays et les Ducs de Bretagne*, S. 86–87.

Obgleich Gilles seine Domänen verkauft, *7. 7. 1435*
muß er sich auf das Allernotwendigste einschränken. So kommt es dazu, daß er am 7. Juli in Orléans zwei goldene Leuchter verpfändet, die vermutlich aus der Kapelle in Machecoul stammen.

Er versetzt bei Charles Halot, dem Hotelier *25. 8. 1435*
des »Cheval blanc«, einige Gegenstände von großem Wert für eine Summe von 200 Goldreal: ein Manuskript von Valère Maxime; ein anderes, »Vom Gottesstaat« vom heiligen Augustin, auf Latein; ein zweites Exemplar des »Gottesstaat«, dieses auf Französisch; zwei Chormäntel, von denen einer aus Damast ist, und ein Meßgewand aus schwarzem Satin.

Ungefähr um die gleiche Zeit versetzt er, diesmal bei Jean Boileau, ein viertes Manuskript, die »Metamorphosen« von Ovid, von dem wir wissen, daß es auf Pergament gedruckt war, »eingebunden in vergoldetes Leder, geschmückt mit Kupferschlüsseln und einem Schloß aus vergoldetem Silber«. Dieses letzte Manuskript wurde freilich zwei Jahre später wieder ausgelöst.

Noch während seines Aufenthalts in Orléans versetzt er seine Pferde, sogar sein eigenes Pferd Cassenoix, an dem er hing; er versetzt auch seine Wagen und Geschirre.

Gilles verläßt Orléans und zieht sich auf *August bis*
seine Ländereien zurück, wahrscheinlich *September*
nach Rais. Seine ungeheuren Ausgaben und *1435*
das ihn betreffende Interdikt rauben ihm jeden Kredit. Er ist, wenn nicht verkommen,

so doch zumindest tief gesunken. Bei ihm bleiben nur diejenigen seiner Gefährten, die als Parasiten von ihm leben und seine blinde Verschwendungssucht ausnutzen.
Ein Ritter wie Guillaume de La Jumelière verläßt ihn nun endgültig. Er war ihm von Beginn an bis Orléans gefolgt, wo er, wie wir wissen, in seinem Dienst stand. (Gilles brachte ihn dort im »Image de Sainte-Marie-Madeleine« unter; in den Dokumenten wird er als Monseigneur de Matigné erwähnt.) Dieser Abgang ist kennzeichnend für die Unbeständigkeit und Haltlosigkeit, die nun bei Gilles hervortritt.
Es ist übrigens denkbar, daß außer den skandalösen Verkäufen und Vergeudungen Gerüchte über die verbrecherischen Greueltaten des Marschalls zu La Jumelière gedrungen sind. Der Skandal wurde natürlich nicht von einem Tag auf den anderen bekannt. Die Gerüchte im Volk haben sich nur langsam verbreitet. Die Armen sprechen nicht ohne Zittern, die Herren schweigen oft aus einem anderen Grund: Es geht ihnen dabei wie den Geistlichen, wenn sie Vergehen der Ihren verschleiern müssen, die sie verurteilen, aber Schweigen darüber bewahren.

Jahresende 1435

Die folgende Aussage kann möglicherweise mit der Rückkehr aus Orléans zusammenhängen. Aber zuvor muß gesagt werden, daß sie keine ernsthafte Bedeutung hat. Der Notar hielt sie im Prozeß fest, aber ihr geringer Wert kann nur die These der Anklage schwächen. Wir nehmen sie nur der Vollständigkeit halber auf, da wir andere gleich gering bedeutende auch erwähnen, und bei dieser Gelegenheit zeigt sich klar, daß die Anklage alles in allem auf präzisen Angaben beruht, deren Zahl doch immerhin beträchtlich ist.

Im Prozeß von 1440 sagt ein Einwohner aus Machecoul aus, Guillaume Hilairet, Zeuge des ersten aufgeführten Kindesverlustes, daß er »damals in Machecoul eine Frau aus Rais gesehen hat, deren Namen er nicht kennt und die sich über den Verlust eines Kindes von ihr beklagte«. Dieser Satz folgt der Aussage über eine Tat, von der der Zeuge sagt, daß sie »ungefähr fünf Jahre« zurückliegt, das heißt also, daß sie 1435 stattfand. Aber diese Begegnung mit einer Unbekannten beweist nichts und kann außerdem zu einem anderen Zeitpunkt stattgefunden haben. Wie dem auch sei, die undeutliche Erinnerung an die Klagen einer Mutter entspricht der Atmosphäre, die sich mit der Rückkehr Gilles' nach Rais, das er im Schutze hoher Mauern beherrschte, eingestellt haben muß.

Gilles beginnt eine heftige Fehde mit Michel *Mai 1436*
de Fontenay, einem der beiden Hauslehrer, denen sein Vater ihn auf seinem Sterbebett bei der Aufsetzung seines Testamentes am 28. September 1415 anvertrauen wollte. Michel de Fontenay, Priester aus Angers, der Universität dieser Stadt befreundet, hatte in Champtocé die Veröffentlichung der könig

lichen Interdikte gegen Gilles überwacht. Auf der Durchreise in Angers bemächtigt sich Sire de Rais seiner. Das war eine Gewalttat, bei der er sich öffentlich eine Autorität anmaßte, die ihm nicht zukam. Dieser Autoritätsmißbrauch war um so wahnwitziger, als Michel de Fontenay Geistlicher und Notabler war. Gilles ließ ihn in Champtocé, dann in Machecoul einschließen. In diesen Gefängnissen hätte ihn zweifellos das gleiche Schicksal ereilt wie 1423 den unglücklichen Gilles Meschin. Aber auf die Proteste des Bischofs, der Polizei und der Universität hin war Sire de Rais gezwungen, jenen Mann freizulassen, der sich in seiner Kindheit um seine Erziehung gekümmert hatte.

24. und 25.8.1436 Die Familie – an erster Stelle der Bruder, René de La Suze, und ein Cousin, André de Laval-Lohéac – stellt sich offensichtlich geschlossen gegen die Verhandlungen, die Gilles mit Herzog Jean V. von Bretagne in Angriff nimmt, der offen erklärt hat, die Interdiktsbriefe nicht beachten zu wollen. Um den Absichten der beiden Herren, die ihm als Vasallen verbunden sind, vorzugreifen, verlangt Jean V. eine Treuebekräftigung.

5.9.1436 Da Jean V. von seiten dieser beiden Herren Intrigen und zweifellos auch Anschläge fürchtet, begibt er sich persönlich nach Machecoul. Er nimmt dort die Treueschwüre der Hauptleute entgegen, denen die Gilles in der Bretagne gehörenden und noch nicht verkauften Ortschaften unterstehen: Michel de Sillé, Bruder von Gilles de Sillé, und sein Statthalter Jean de Dresneuc, für Machecoul, Conan de Vieilchatel für Saint-Étienne-de-Mermorte, Yvon de Kersaliou für Pornic und Valentin de Mortemer für Le Louroux-Bottereau. Diese Hauptleute mögen der Familie treuer ergeben gewesen sein als Gilles selbst.

Charles, der jüngere Sohn von Yolande d'Aragon, regiert in Anjou im Namen seines Bruders René, des Königs von Sizilien, des »guten Königs René«, der damals Gefangener Philipps von Burgund ist; gleichzeitig ist Charles seit 1433 der tatsächliche Premierminister von Charles VII. Charles von Anjou, Graf von Maine, hat am 13. September in Ancenis an den Ufern der Loire eine Zusammenkunft mit Jean V. von Bretagne und dem Konnetabel Richemont. Gilles de Rais kann weiterhin in den Grenzen des Fürstentums Bretagne Ländereien verkaufen; wie wir schon sahen, liegt dort ein Großteil seines Vermögens. Aber vor allem besitzt er in Anjou immer noch die schönen Festungen Ingrandes und Champtocé, die Jean V. um jeden Preis erwerben möchte: Champtocé an der Loire ist gewissermaßen der Schlüssel zur Bretagne. Champtocé steht in Ancenis zur Debatte. Anwesend sind Gilles' Bruder René, der Leutnant von Konnetabel Richemont geworden ist, und sein Vetter André de Lohéac, der mit ihm gemeinsam die Interessen der Familie des Marschalls vertritt. Auch Dunois und Jean de Bueil sind bei dieser Konferenz zugegen. Die Frage Champtocé, *13.9.1436* zu der es durch Gilles' Notlage kommt, ist von erstrangigem Interesse. Zweifellos will Jean V. nur Zeit gewinnen. Wir wissen nicht, welche Friedensangebote er macht, aber er läßt sich darauf ein, mit dem Sohn von Yolande d'Aragon Bündnisschreiben auszutauschen. Er hat indessen nicht die Absicht, sich daran zu halten. Bündnis und Treue werden auf jeder Seite bekräftigt, aber niemand hat die Absicht, Wort zu halten.

Anfang 1437

Étienne Corrillaut, Poitou genannt, aus Pouzages gebürtig, wird Kammerdiener bei Gilles de Rais. Er ist damals noch keine zwanzig Jahre alt. Nach der Aussage dieses Poitou im kirchlichen Prozeß hat Gilles Verkehr mit ihm, seit Poitou bei ihm wohnt; danach wollte er ihn töten und hatte schon einen Dolch ergriffen, doch Gilles de Sillé hinderte ihn daran, indem er ihm klar machte, welch ein schöner Junge das sei, und daß er daher behalten werden müsse. Im Geständnis beim Zivilprozeß sagt er, daß er zehn Jahre nach seinem Eintritt in die Dienste von Gilles (er fing dort also um 1427 an) zwei tote Kinder im Zimmer seines Herrn sah, der ihn daraufhin töten wollte, aber von Briqueville und Sillé daran gehindert wurde. Erst dann hatte Gilles fleischlichen Verkehr mit ihm, und er mußte schwören, daß er nichts von dem, was er gesehen hatte oder sehen würde, enthüllen werde. Er hütet das Geheimnis von Gilles, tötet oftmals seine Opfer und verschafft ihm welche; er wird zugleich mit seinem Herrn gehängt werden.

Zu dieser Zeit steht der andere Kammerdiener, der Pariser Henriet Griard, seit fast drei Jahren im Dienst von Gilles de Rais, aber er ist noch nicht Mitwisser geworden. Etwas später wird Poitou beauftragt, ihn in die Geheimnisse einzuweihen.

Kurz nach Beginn des Jahres 1437 übergibt Catherine, Frau eines in Nantes wohnenden Malers namens Thierry ihren Bruder an Henriet, damit er nach Machecoul in die Kapelle des Herrn komme. Es ist das erste Kind, das Henriet nach seinem eigenen Geständnis nach Machecoul in das Zimmer geschafft hat, in dem es getötet wird. Henriet scheint zunächst nicht gewußt zu haben, worum es geht. Sein Gebieter verlangt, daß er zuerst einmal einen Eid leistet: Er wird über alles Geheimnisvolle, das er erfahren wird, schweigen müssen. Nach seinen Geständnissen wunderte er sich darüber, den Bruder von Catherine Thierry nicht mehr zu sehen. Daraufhin unterrichtet ihn Poitou davon, daß Gilles das Kind mit eigener Hand getötet hat.

Die Aussagen Poitous und Henriets stimmen überein, aber nach Henriet hätte dieser Mord drei Jahre vor dem Prozeß stattgefunden. Poitou spricht von vier Jahren. Jedenfalls erfahren wir durch diese verschiedenen Angaben, wann ungefähr Poitou und später Henriet Komplizen ihres Herrn wurden.

René d'Anjou, der Gefangene Philippes von Burgund, wird am 28. Januar befreit. Er kehrt unverzüglich nach Anjou zurück. Bei *Februar oder März 1437* seiner Rückkehr bitten ihn René de La Suze und André de Lohéac, ihren Widerstand gegen den eventuellen Verkauf von Ingrandes und Champtocé zu unterstützen, wobei sie Gilles' räuberische und gewalttätige Handlungen anführen: War seine Mutter nicht von Gilles' Leuten überfallen worden? René von Anjou erklärt Champtocé für zu seinen Gunsten beschlagnahmt. Dann erwirkt er von Jean V. das unterzeichnete und gerichtlich versiegelte Versprechen, Champtocé nicht zu kaufen. Jean V. wird sogar »beim Leichnam Unseres Herrn, während des Meßgesanges« schwören.

Er hört jedoch nicht auf, mit Sire de Rais die Kaufbedingungen auszuhandeln!

26.5.1437 Nach bretonischem Brauch hatte Jean V. nicht das Recht, von seinen Vasallen Land zu kaufen. Aus diesem Grunde erwirbt er die Herrschaft La Bénate im Namen seines Sohnes Pierre für zehntausend Taler. Sechzig Livre gibt er Princé, dem Wappenherold Gilles', der seinen Interessen in dieser Angelegenheit gedient hat. Aber er stößt auf den Widerstand von Anne de Sillé: Jean de Craon, dessen Witwe sie ist, hatte tatsächlich zu seinen Lebzeiten dieses Land, das ihm gehörte, seiner Frau als Wittum zugewiesen.

Oktober 1437 Von den Verhandlungen zwischen Jean V. und Gilles de Rais unterrichtet und entschlossen, ihnen einen Strich durch die Rechnung zu machen, besetzen René de La Suze und André de Laval-Lohéac Champtocé. Gilles fürchtet einen Anschlag auf Machecoul und er bittet Gilles de Sillé und Robin Romulart, »aus einem Turm in der Nähe des unteren Saales« der Festung »die Gebeine von vierzig Kindern« zu holen und zu verbrennen. Laut Geständnis von Poitou soll Gilles de Sillé später zu Poitou und Henriet gesagt haben: »War das kein Verrat von Roger de Briqueville, als er Robin Romulart und mich bat, Frau von Jarville und Thomin d'Arraguin durch einen Spalt zusehen zu lassen, als wir die Gebeine herausholten?« Zweifellos wurden die edlen Freunde Briquevilles von krankhafter Neugier angezogen. Die Geschichte dürfte kaum erfunden sein. Sie entspricht dem Gefühl, das die Verbrechen eines Gilles de Rais in der Welt der privilegierten Herren hervorrufen: eine ziemlich unbestimmte Entrüstung, offenen Skandal, zuweilen eine uneingestandene Verwirrung. Die Zahl der Spießgesellen, die Gilles ohne Schwierigkeiten in seiner Umgebung findet, zeigt nur, daß seine Verbrechen damals durchaus nicht als so ungeheuerlich empfunden wurden: Es handelt sich schließlich um einen Grandseigneur und armselige Kinder. Die Justiz reagiert erst anläßlich einer anderen Affäre: Unter bestimmten politischen Umständen hätte die Justiz überhaupt beide Augen zudrücken können.

November 1437

Die Gebeine werden vierzehn Tage oder drei Wochen bevor La Suze und Lohéac nach Machecoul kommen, verbrannt. Der Bruder und der Vetter von Gilles besetzen Machecoul im November. Trotz der von Gilles de Sillé und Robin Romulart vorgenommenen Säuberung sollte man in dem unteren Teil des Turmes, aus dem die Gebeine von etwa vierzig Opfern fortgeschafft wurden, noch zwei Kinderskelette finden. Der Hauptmann einer der Kompanien, die den Ort besetzt haben, fragt Poitou und Henriet, was sie darüber wüßten. Die Kammerdiener geben in ihrer Aussage an, erwidert zu haben, daß sie von nichts wüßten: Gilles habe ihnen zu diesem Zeitpunkt noch nicht »seine Geheimnisse enthüllt«. Sie lügen offensichtlich. Waren sie erst nach der Besetzung Machecouls Mitwisser geworden, also erst bei dem Transport aus Champtocé, so hätten sie gemeinsam eingeweiht werden müssen. Wir haben aber gesehen, daß Poitou Henriet in Kenntnis gesetzt hat.

Ohne Zweifel spielte die Entdeckung der Skelette eine Rolle in den von da an immer weiter um sich greifenden Gerüchten. Zweifellos sind es diesmal angesehene Herren, die augenscheinlich Bescheid wissen, nicht mehr nur Eltern, sondern Feinde von Gilles.

2.11.1437 Jean V. ist beunruhigt; er fürchtet, Anjou könnte einen Krieg gegen die Bretagne beginnen, Jean de Bueil könnte von Sablé aus in seine Länder einbrechen. Der Herzog beruft eine Versammlung aller Vasallen des Herzogtums nach Vannes ein, unter andern die Herren de Rehan, de Châteaubriant, de Malestroit und de Rais. Jean V. tauscht mit Gilles Brief und Siegel über ihre Waffenbrüderschaft aus. Er nimmt seinem Schwager André de Laval-Lohéac die Generalstatthalterschaft der Bretagne ab, um sie für angeblich erwiesene Dienste dem zu geben, den er soeben zu seinem Waffenbruder gemacht hat. Er glaubt, es gäbe ein Komplott der Lavals gegen ihn …

Arthur de Richemont ist mit dem Krieg gegen die Engländer beschäftigt, als sein Bruder ihn um Unterstützung gegen die Laval-Lohéacs bittet: Er hat die entschiedene Absicht, Champtocé in die Hand zu bekommen.

Gilles hält sich in Vannes auf, wo Jean V. Hof *25.12 1437*
hält. Er hat damals nur ihn, einen habsüchtigen Feudalherren als stark interessierten Gönner. Von allen Seiten wird er von nun an geschnitten. Und bald wird auch die geheuchelte Freundschaft Jeans V. diesen nicht hindern, Gilles den Richtern in Nantes auszuliefern. Jetzt aber weilt Gilles mit seiner Kapelle in Vannes: Zu Weihnachten singt diese das Offertorium vor dem Herzog.

Gilles schließt einen Handel mit Jean V. ab: Er gibt Champtocé her. Dafür wird er hunderttausend Goldtaler bekommen. Um sein Vermögen steht es miserabel, es handelt sich hier nur um ein letztes Aufleben. Aber erst muß er die von seinem Bruder besetzte Festung in die Hand bekommen. Zu diesem Zweck fängt er auf Umwegen Verhandlungen mit ihm an. In Übereinstimmung mit René d'Anjou versucht die Königsmacht, sich an die Stelle von René de La Suze zu setzen.

Aber die Brüder kommen zu einer geheimen Verständigung, René wird die Festung aufgeben und so tun, als hielte er sie, und Gilles wird ihm dafür siebentausend Goldtaler und die Ortschaft La Mothe-Achard geben.

Februar–März 1438 Guillaume, Sohn von Guibelet Delit, besuchte häufig das Haus La Suze, wo er dem Koch von Sire de Rais, Cherpy, beim Braten half. Nach Aussagen der Mutter, Jeanne genannt, soll ein gewisser Jean Briand – in Diensten von Gilles und in La Suze wohnend – zum Koch Cherpy gesagt haben, es sei nicht gut, das Kind hier in der Küche helfen zu lassen. Seitdem hatte sie das Kind nicht wiedergesehen und nichts mehr von ihm gehört.

Das geschah im Februar oder März 1438; im Prozeß 1440 heißt es: »Letztes Fasten war es ein Jahr her.« Drei oder vier Monate später (gegen Mai) beklagt sie sich darüber bei der Frau von Jean Briand und behauptet: »Es heißt, daß Sire de Rais kleine Kinder fangen läßt, um sie zu töten.« Bei diesen Worten tauchen Leute von Gilles auf, die sie nicht namentlich kennt. Die Frau von Jean Briand spricht mit ihnen; laut Jeanne Delit ließe Sire de Rais kleine Kinder töten; sie fügt hinzu, daß Jeanne so etwas besser nicht sagen solle, es könne ihr leicht ein Unglück zustoßen.

Später entschuldigt sich die unglückliche Jeanne bei den Leuten von Gilles.

Gegen Juni 1438 An einem nicht näher zu bestimmenden Tag überläßt René de La Suze, wie abgemacht,

Champtocé seiner Frau, die er davon in Kenntnis gesetzt hatte. Zwanzig Bewaffnete von Gilles unter dem Kommando von Yves de Kersaliou, Hauptmann zu Pornic, spielen die Komödie eines Handstreiches und besetzen den Ort. Jean de Malestroit, Bischof von Nantes und Kanzler der Bretagne, der Gilles vor Gericht laden wird, soll im Namen von Jean V. Besitz von dem Gebiet ergreifen. Aber inzwischen hat Gilles fünf seiner Diener, Gilles de Sillé, Hicquet de Brémont, Robin Romulart, Henriet und Poitou zum Turm der Festung geschickt, um dort die Skelette von etwa vierzig Kindern herauszuholen. Diese legen sie in drei Kisten und befördern sie »so heimlich sie können« nach Machecoul, teilweise auf dem Wasserweg. In Machecoul lösen zwei Sänger aus der Kapelle von Gilles, Jean Rossignol und André Buchet, deren Namen wir bereits erwähnt haben, Hicquet de Brémont und Robin Romoulart ab. Hier in Machecoul werden die Gebeine verbrannt: In Champtocé war das nicht möglich, denn die Festung mußte unverzüglich dem Herzog übergeben werden. Aus den Zeugenaussagen von Henriet und Poitou erfahren wir, daß »die Gebeine ausgetrocknet waren ... durch die lange Zeit«, die sie im Turm gelegen hatten. Den genauen Zeitpunkt, zu dem die Kinder umgebracht wurden, kennen wir nicht. Wir müssen nur annehmen, daß dies seit Herbst 1432 geschah, nach dem Tode von Jean de Craon.

Mit Sicherheit mußte sich Gilles dann nach Vannes begeben, um vom Herzog zu empfangen, was ihm zustand und was, wie wir annehmen dürfen, in nichts bestand: Er behielt allerdings die Gebiete in der Bretagne, die er vorher verpfändet hatte, um Geld zu bekommen. Anscheinend waren die Darlehen, die er auf diese Ländereien erhielt, vom gleichen Wert wie Champtocé. Indes hat André Buchet, der zu der Kapelle von Sire de Rais gehörte, bei dieser Gelegenheit – vielleicht über einen gewissen Raoulet als Zwischenträger – ein neun Jahre altes, als Page gekleidetes Kind von Vannes nach Machecoul geschickt. Grundsätzlich müßte die Bezahlung der erneuten Besitzergreifung von Champtocé gefolgt sein. Nun, wir wissen durch die Aussage von Henriet, daß André Buchet das Kind in dem Augenblick sandte, als Gilles vom Herzog das Geld für Champtocé erhielt: aber Gilles konnte auch vorgetäuscht haben, daß er es erhalten habe.

Um den 16.6.1438

Jean Jenvret und seine Frau vermissen ihren Sohn, einen Schüler von neun Jahren, der manchmal das Haus La Suze aufsuchte. Im Augenblick seines Verschwindens befand sich Sire de Rais in Nantes in diesem Haus: »acht Tage vor Johanni war es zwei Jahre her« (um den 16. Juni 1438). Jean Jenvret wohnte bei Monseigneur d'Étampes, das heißt, er gehörte zum Gesinde von Richard, dem Bruder des Herzogs der Bretagne, Comte d'Étampes.

Bevor Perrine Martin, die bekannteste Zubringerin für Gilles, im Gefängnis von Nantes starb, gestand sie, den Jungen nach Schloß Machecoul geschafft zu haben. Poitou behauptet, er habe das Kind im Haus La Suze getötet. Perrine Martin brachte vielleicht nur die Leiche nach Machecoul. Vier Zeugen aus der Gemeinde Sainte-Croix in Nantes kannten das Kind; sie haben die Klagen seiner Eltern über dessen Verschwinden gehört und es seitdem nie wiedergesehen.

Jean, ein zwölfjähriger Schüler, Sohn der *Um den*
Jeanne Degrepie, Witwe des verstorbenen *24.6.1438*
Regnaud Donete, in der Gemeinde Notre-Dames-de-Nantes, verschwand um Johannis (24. Juni 1438). Gilles de Rais hielt sich im Haus La Suze auf, wohin das Kind gelegentlich ging. Perrine Martin habe es zu Gilles in dessen Zimmer gebracht, dieser habe ihr den Befehl gegeben, es zum Pförtner von Machecoul zu schaffen, was sie auch getan habe. Die Mutter und sechs Personen aus derselben Gemeinde bezeugten sein Verschwinden.

Entsprechend den Zeugenaussagen wurde *Um den*
der Sohn von Jean und Nicole Hubert, der *26.6.1438*
wie sein Vater Jean hieß, von Gilles de Rais im Haus La Suze getötet. Von allen mutmaßlichen Opfern des Gilles de Rais ist dieser 14 Jahre alte Jean Hubert mit Sicherheit derjenige, über dessen Schicksal wir aus den Zeugenaussagen die genauesten Einzelheiten kennen. Im Frühjahr 1438 hat er noch bei seinen Eltern, Jean und Nicole, in

der Gemeinde Saint-Léonard von Nantes gewohnt. Letztere zogen später in die Gemeinde Saint-Vincent um. Das Kind geht zur Schule, bis seine Eltern es einem gewissen Mainguy anvertrauen, bei dem es wohnt. Aber dieser Mainguy stirbt, und Jean kehrt nach Hause zurück. Das ist kurz vor Johannis (24. Juni 1438).

Ein gewisser Pierre Jacquet (oder Jucquet), bekannt auch unter dem Namen Princé, hält sich damals in Nantes auf; er gehört zum Gefolge Gilles' und ist sein Wappenherold. Den Beinamen Princé kann er nach dem Heimatort seiner Familie erhalten haben: Princé oder Prinçay war ein Dorf in der Nähe von Chéméré, wo Sire de Rais ein Schloß besaß, in dem er zuweilen residierte.

Dieser Princé nimmt den jungen und »sehr schönen« Jean Hubert etwa am 17. Juni »in Pacht« mit sich. Er macht ihm schöne Versprechungen: er werde sein Page werden; nicht nur das Kind, sondern auch die Eltern sollten viel Gutes davon haben.

Im Gespräch mit seinen Eltern erzählt ihnen das Kind, daß Princé, sein Herr, Angst vor seinem eigenen Pferd habe; aus Furcht, getötet zu werden, wage er nicht, es zu besteigen ...

Die »Pacht« dauert acht Tage, bis Johannis. Aber die Eltern haben schon Grund, enttäuscht zu sein: das Kind müsse besser untergebracht werden, und die Versprechungen werden nicht gehalten. Princé spricht nicht mehr davon, es zu behalten; die Eltern

möchten, daß es wieder zur Schule geht. Princé gibt das Kind wirklich Gilles' Kammerdiener Henriet Griart, der es in das Haus La Suze mitnimmt, wo es die Bekanntschaft eines Edelmannes macht, wahrscheinlich eines Schotten, der zu Gilles' militärischem Stab gehört. Der kleine Jean spricht von ihm als einem »guten Edelmann«, und in der Aussage der Eltern wird er Spadine genannt (was Spalding entsprechen könnte).
Auch von »Spadine« habe der kleine Jean Gutes zu erwarten, dieser »gute Edelmann« solle ihn in ein fernes Land mitnehmen. Wie man sieht, war sein baldiges Verschwinden vorauszusehen ... Spadine ist anscheinend beauftragt, das Kind zu betören, es scheint dem Geschmack der Männer von Gilles, die für ihren Herrn zu allem bereit sind, zu entsprechen. Henriet seinerseits redet davon, daß der Junge Kammerdiener bei Gilles werden solle, an Stelle von Poitou, der sich zurückziehen wolle. Die Versprechungen kosten die Schönredner nichts; sie wußten, daß der Tod sie ihnen abnehmen werde ...
Die von Spadine irgendwie beruhigten Eltern sind mit allem einverstanden (als Spießgeselle und Mörder kommt Spadine in der Tat in der Anklageschrift vor, scheint aber der Verhaftung durch Flucht entgangen zu sein).
Der kleine Jean kann Spadine nach dem 18. Juni in La Suze getroffen haben. Am 17. ist er noch bei Princé, den er an diesem Tag verläßt, verlockt von Spadines Verspre-

chungen. Die Nacht verbringt er bei seinen Eltern, die ihm ihre Zustimmung geben; dann begibt er sich in das Haus La Suze und bleibt dort bis zu seinem Tode, den er acht Tage später durch den Braquemart des Marschalls gewaltsam erleidet.

Während dieser letzten sieben Tage sahen ihn die Eltern übrigens ständig ... Das ist in jener Zeit, in der Gilles »sich nach außerhalb begab und dort vier oder fünf Tage weilte«, wobei ein Teil seiner Leute und das Kind in La Suze blieben. Als der Grandseigneur zurückkommt, erlaubt er dem Pagen, sein Zimmer zu säubern und bezeigt ihm freundliche Gefühle; er läßt ihn Weißwein trinken und durch Spadine einen für ihn gebackenen Brotlaib überreichen. Diesmal gibt der Junge den Laib noch seiner Mutter und sagt ihr, daß Spadine ihn bei sich haben wolle, »um bei ihm zu wohnen und zusammen mit Sire de Rais auszureiten«; die Mutter meint, das sei gut. An jenem Tag sagt das Kind seiner Mutter zu wiederholten Malen Adieu, und »er ging zu dieser Stunde« tatsächlich; sie sah ihn niemals wieder und erfuhr auch nicht, was aus ihm geworden war. Diese endgültige Trennung soll am 26. Juni, den Donnerstag nach Johannis, stattgefunden haben. Wenn wir uns auf die Aussage der Eltern über die Zeit nach diesem 26. Juni verlassen, so wohnte Sire de Rais vierzehn Tage in Nantes in seinem Hotel. Dann schickt Spadine nach dem Vater, um ihn zu fragen, was aus dem Kind geworden sei. Aber es war Spadine gewesen, dem dieser den kleinen Jean anvertraut hatte. Jetzt wird der Vater als Tölpel behandelt, es wird ihm vorgeworfen, daß er selbst sein Kind verloren habe. Zu wiederholten Malen beklagen sich die Eltern bei Gilles' Leuten. Man antwortet ihnen, ein schottischer Ritter, der das Kind sehr gern gehabt habe, habe es mitgenommen. Nachdem Spadine abgereist ist, tun die Burschen dann, als dächten sie, er habe das Kind mitgenommen. Daraufhin wendet sich der verzweifelte Vater gegen Princé: Princé sei schuld, »der auf das Kind nicht aufgepaßt und es nicht geleitet« habe. Princé erwidert, darum kümmere er sich nicht, »der Page sei mit einem guten Edelmann, der ihm viel Gutes tun werde, auf Abenteuer gegangen«.

Leute aus Nantes, die Hubert und seine Frau gut kannten, treten als Zeugen auf; sie sagen, sie hätten das Kind vor Johannis 1438 in ihrem Hause gesehen, seit diesem Tage aber beklagten sich die Seinen über sein Verschwinden, und niemand habe es wiedergesehen.

Gilles de Rais hat in seinem Geständnis zugegeben, daß er »vor etwa achtzehn Monaten« (gerechnet vom Frühjahr 1440) zwei Pagen, darunter den von Pierre Jacquet, im allgemeinen Princé genannt, getötet hat oder töten ließ.

Die Aussage der beiden Kammerdiener schließt sich dem Geständnis des Herrn an.

Poitou erklärt, er habe den Knaben preisgegeben, weil er an seiner Stelle »Kammerdiener werden« wollte. Henriet gibt an, Gilles habe das Kind »fleischlich und schändlich bei seiner widernatürlichen Unzucht« mißbraucht und dann mit eigener Hand getötet.

August 1438 Der Sohn von Jean Fougère aus der in der Nähe von Nantes liegenden Gemeinde Saint-Donatien ist zwölf Jahre alt und sehr schön. Im August 1438 wird er vermißt, und man erfährt auch später nicht, was aus ihm geworden ist. Allerdings beweist nichts, daß Gilles de Rais an seinem Verschwinden schuld ist. Wir wissen nicht einmal, ob er sich damals in Nantes befindet.

September 1438 Bei der Rückkehr aus Nantes und augenscheinlich unterwegs nach Machecoul rastet Sire de Rais in Roche-Bernard, wo er bei einem gewissen Jean Colin wohnt. Poitou bringt es fertig, daß Peronne Loessart ihm ihren zehnjährigen Jungen anvertraut. Dieser geht zur Schule und ist eines der schönsten Kinder der Gegend. Poitou verspricht Peronne, daß er das Kind weiter zur Schule schicken wird, wo es so gut lernt. Poitou soll dem Armen »viel Gutes« tun. Er fügt hinzu, das Kind werde auch ihm selbst Gutes einbringen. Außerdem verspricht Poitou, Peronne hundert Sous für ein Kleid zu geben. Kurz darauf gibt er ihr aber nur vier Livre; Peronne erwidert, es fehle eines; tatsächlich sind hundert Sous fünf Livre, Poitou streitet ab, jemals fünf Livre versprochen zu haben. Später führt der Knecht den jungen Loessart in Jean Colins Haus. Er wird beauftragt, ihn nach Machecoul zu bringen, wo er ihn umbringen wird, wie Poitou selbst aussagt.

Am Tage, nachdem sie das Kind weggegeben hat, sieht Peronne ihren Sohn und Sire de Rais zusammen aus dem Haus von Jean Colin kommen. Die Mutter spricht zu dem Herrn und versucht, ihm ihr Kind zu empfehlen. Aber Gilles geruht nicht zu antworten. Er wendet sich an den anwesenden Poitou; das Kind, sagt er, sei »gut ausgewählt«, denn es sei »schön wie ein Engel«. »Ziemlich bald darauf« entfernt sich dieses in Gesellschaft des Mörders »auf einem kleinen Pferd, das besagter Poitou besagtem Jean Colin abgekauft hat«. Dieser und seine Frau Olive sind Zeugen im Prozeß; sie bestätigen, daß Gilles de Rais auf dem Wege aus Vannes im September bei ihnen logiert hat und daß Poitou Peronne Loessart dazu brachte, ihm ihren Sohn anzuvertrauen. Für 69 Sous hat Colin das kleine Pferd an Poitou verkauft, auf dem das Kind fortgeritten ist. Zwei oder drei Monate später trifft Colin das Pferd mit einem anderen Reiter wieder. Einige von Sire de Rais' Leuten erwidern den Frauen, die sich darüber beklagen, nichts mehr von dem Kind gehört zu haben, es sei in Tiffauges, andere behaupten, es sei tot. Es sei beim Überqueren der Brücken von Nantes umgekommen: »der Wind hat es in den Fluß stürzen lassen«. Sie behaupten außerdem, Poitou habe die Gegend verlassen; er sei in Richtung Redon verzogen.

September 1438 Der Sohn des verstorbenen Jean Bernard aus Port-Launay am rechten Ufer der Mündung in der Nähe von Coueron ist ungefähr zwölf Jahre alt; er geht etwa im September 1438 nach Machecoul, um ein Almosen zu bekommen. Die vier Zeugen aus Port-Launay, die darüber berichten, erinnern an »die Teuerung, die damals war«. Tatsächlich liegt Port-Launay 15 km von Nantes entfernt, wo man die Loire überqueren muß; von dort sind es nach Machecoul noch über 40 km. Das läßt immerhin darauf schließen, daß der Verschwender in Machecoul für seine Almosen bekannt war. Der Sohn von Jean Bernard taucht nicht wieder auf; ein anderes Kind, mit dem er betteln gegangen war, wartet mehr als drei Stunden vergeblich auf ihn; sie wollten sich an einer bestimmten Stelle in der Burg Machecoul treffen. Niemand weiß mehr darüber; Zeugen hörten die Mutter, die wegen der Weinlese nicht selbst zum Gericht kommen kann, »sehr darüber klagen«.

Oktober 1438 Perrot Dagaye, der etwa zehn Jahre alte Sohn von Éonnet Dagaye und Neffe von Éonnet Le Charpentier, dem Fleischer der Gemeinde Saint-Clément-hors-les-murs in Nantes, verschwindet im Oktober 1438. Zwei Zeugen aus der Gemeinde Saint-Clément bezeugen die Klagen der Mutter und die Tatsache, daß das Kind seitdem nicht wiedergesehen worden ist. Tiphaine, Frau von Éonnet Le Charpentier, erklärt, daß ihr Neffe Perrot »vor etwa zwei Jahren vermißt wurde und daß man seither keine Neuigkeiten darüber erfahren hat, bis Perrine Martin, auch Pellissonne genannt, festgenommen wurde«.

Jeanne, Witwe von Aimery Édelin aus Machecoul, die ihren eigenen Sohn schon vorher verloren hatte, berichtet, daß sie »vor etwa zwei oder drei Jahren in Machecoul einen gewissen Oran aus der Gegend von Saint-Même sah, der den Verlust seines Kindes jämmerlich beklagte und beweinte und in besagter Ortschaft Machecoul nach ihm fragte, aber andere Nachrichten darüber waren besagter Jeanne unbekannt«. *1437–1438*

Gilles weigert sich, La Mothe-Achard seinem Bruder zu geben; damit bricht er das Versprechen, das er ihm gegeben hat, als René ihn Champtocé wieder in Besitz nehmen ließ. Obendrein gewinnt er mit Waffengewalt das Schloß Saint-Étienne-de-Mermorte zurück, das er ihm 1434 abgetreten hatte. *Gegen Ende 1438*

In Nantes wird ein freundschaftliches Abkommen zwischen den beiden Brüdern geschlossen, die infolge der Vorfälle um Saint-Étienne-de-Mermorte im Jahre 1438 gegeneinander prozessieren. Gilles gibt La Mothe-Achard wahrhaftig seinem Bruder, behält aber Saint-Étienne. *15. 1. 1439*

Der achtjährige Sohn von Micheau und Guillaumette Bouer aus Saint-Cyr-en-Rais, einem an Bourgneuf-en-Rais grenzenden Dorf, ist am Sonntag Quasimodo 1439 (12. 4.) nach Machecoul betteln gegangen. *12. 4. 1439*

Er kehrt nicht zurück, und seit diesem Tage hört seine Mutter nichts mehr von ihm, obgleich der Vater »mehrmals an verschiedenen Orten nach ihm gefragt hat«. Es hat nicht viel Sinn, hervorzuheben, was Guillaumette Bouer anschließend berichtet, nämlich: »daß am folgenden Tage – an dem in Machecoul zum Andenken an den verstorbenen Mahé Le Breton Almosen gegeben wurden –, als sie dabei war das Vieh zu hüten, ein großer, schwarzgekleideter Mann, den sie nicht kannte, auf sie zukam und sie fragte, wo ihre Kinder seien? Er fragte, ob sie gerade das Vieh hüteten, woraufhin sie ihm sagte, sie seien zum Betteln nach Machecoul gegangen. Und damit ließ er sie stehen«. Diese Geschichte macht jedoch die gespenstische Atmosphäre lebendig, in der Kinder verlorengingen, ohne daß man Sire de Rais mit Sicherheit dafür verantwortlich machen konnte.

Ysabeau, Frau von Guillaume Hamelin aus Fresnay, die am Jahresende selbst zwei ihrer Kinder vermißt, erfährt von diesem letzten Fall am 16. Dezember 1439. Es handelt sich also wohl um den Quasimodo-Sonntag 1439 und nicht 1440.

Hauptsächlich hält Gilles sich damals in Tiffauges auf; diese Vermißtenmeldung ist also zumindest zweifelhaft.

Ende April 1439 Prelati und Blanchet kommen zusammen nach Saint-Florent-le-Vieil am linken Ufer der Loire. Sie bleiben einige Tage dort. Gilles erfährt durch Blanchet von ihrer Ankunft und schickt ihnen zwei von Henriet und Poitou begleitete Knappen entgegen, die sie nach Tiffauges geleiten sollen.

Spätestens am Himmelfahrtstag (14. Mai) kommt François Prelati in Tiffauges an, begleitet von Blanchet und einigen anderen: Gilles de Rais freut sich sehr über das, was Blanchet ihm mitteilt. *14.5.1439*

Prelati und Blanchet lassen sich im Schloß nieder, wo sie mit einem Alchimisten – Jean Petit, Goldschmied aus Paris und einer alten Frau – Perrote – dasselbe Zimmer bewohnen. Hier im Schloß müssen sie zusammen logieren; tatsächlich ist bald darauf von einem kalten Wind die Rede, der aus einem benachbarten Saal (dem unteren Saal der Festung) kommt und durch »besagtes Schloß« geht.

Guillaume Sergent und seine Frau Alyette aus La Boucardière, einem Weiler in der Nähe von Machecoul, Angehörige der Gemeinde Sainte-Croix in Machecoul, waren ausgegangen, ein Feld umzugraben, und dort Hanf zu säen; sie finden zu Hause ihren achtjährigen Sohn nicht mehr vor, den sie dort gelassen hatten, damit er auf ein kleines Mädchen von achtzehn Monaten aufpaßte. Trotz ihrer Umfragen in der Gemeinde Machecoul und anderen Gemeinden hörten sie nichts mehr von ihm. Gilles de Rais hält sich gerade in Tiffauges auf; diese Zeugenaussage ist also wenig von Nutzen. *Mai 1439*

Olivier Darel, Sohn von Jean und Jeanne Darel aus der Gemeinde Saint-Saturnin in *29.6.1439*

Nantes, sieben oder acht Jahre alt, verschwindet am Sankt-Peter-Tag. Er taucht in der Menge unter – in der Rue du Marché oder vor der Kirche Saint-Saturnin –, wo er mit seiner Großmutter mütterlicherseits war. Der Vater war an jenem Tage krank und erklärt, in mehreren Gemeinden gewesen zu sein, um Neues zu erfahren; seine Frau und die Mutter seiner Frau sagen gemeinsam mit ihm aus. Éonnette, Frau von Jean Bremant, wohnhaft am Markt in Nantes, hat das Kind gut gekannt und erklärt, es sei seit der Zeit, zu der die Eltern sein Verschwinden beklagten, nicht mehr bei ihr erschienen.

Da Gilles de Rais sich damals allem Anschein nach in Tiffauges aufhält, hat diese Aussage nicht mehr Nutzen als die vorige.

Juni 1439 Zu einem Zeitpunkt, der schwer näher zu bestimmen ist, mit Sicherheit aber nicht vor dem Frühjahr 1439 liegt, nimmt Gilles eine falsche Jeanne d'Arc bei sich auf, eine Doppelgängerin, die seit 1436 jedermann zu überzeugen sucht, daß sie den Flammen des Scheiterhaufens in Rouen entkommen und wirklich »die Jungfrau« sei.

Quicherat (J.), *Procès ... de Jeanne d'Arc*, Bd. V, S. 319ff.

Diese falsche Jeanne d'Arc kann reiten und befehlen wie die echte; Gilles vertraut ihr in Hinblick auf ein auf Le Mans abzielendes Unternehmen einen Teil seiner Bewaffneten an. Aber die falsche Jungfrau wird, anscheinend im Laufe des Jahres 1439, von Charles

VII., der sie treffen wollte, entlarvt. Der König fragt sie nach dem Geheimnis, das zwischen ihm und Jeanne besteht. Daraufhin kniet die Heuchlerin, die inzwischen geheiratet hat und infolge ihrer Heirat den Namen Des Ambroises trägt, vor Charles VII. nieder und gesteht ihren Schwindel ein.

Quicherat (J.), *Procès … de Jeanne d'Arc*, Bd. V, S. 281.

Gilles hatte hiervon mit Sicherheit gehört; er schickt einen seiner Männer, den Gascogner Hauptmann Jean de Siquenville, als Ersatz für sie mit dem Auftrag, ihn bis zu seiner Ankunft zu vertreten und wenn möglich die Ortschaft Le Mans zu besetzen. Wahrscheinlich versucht der Marschall aber nicht einmal, ihn zu treffen. Le Mans bleibt bis 1448 in den Händen der Engländer.

Juni–Juli 1439

Gilles de Rais und François Prelati richten mit Hilfe von Gilles de Sillé, Eustache Blanchet, Henriet und Poitou den großen unteren Saal des Schlosses Tiffauges für eine Teufelsbeschwörung her. Nach dem Mahl, vor Mitternacht, zeichnen sie mit einer Degenspitze mehrere Kreise auf die Erde, in die sie Kreuze, Lettern und Zeichen »in der Art von Wappen« einschreiben. Dann tragen Eustache Blanchet und Henriet Weihrauch, Myrrhe und Aloe, einen magnetischen Stein und Gefäße mit stark kohlehaltiger Erde herbei, die sie ebenso wie Fackeln, Pechpfannen und Leuchter anzünden. Auch ein Buch wird beschafft, in dem Beschwörungsformeln

und die Namen mehrerer Geister stehen. Gilles und François stellen diese verschiedenen Gegenstände zurecht, François fügt einige Zeichen hinzu und läßt dann die vier Fenster des Saales öffnen.
Darauf werden Eustache Blanchet, Henriet und Poitou ersucht, sich in das Zimmer von Sire de Rais zu begeben. Allein geblieben beten Gilles und François, abwechselnd stehend, sitzend oder kniend, zu dem bösen Geist und lesen aus dem von ihnen mitgebrachten Buch. Der Dämon zeigt sich jedoch nicht, und nach zwei Stunden der Absonderung begeben sich Gilles und François wieder in das Zimmer, wo die anderen auf sie warten. Es ist ungefähr eine Stunde vor Mitternacht.
Zweifellos handelt es sich um diese Beschwörung, bei der Gilles dem Teufel, falls er sich zeigt, eine von ihm unterzeichnete Verschreibung, die er bei sich trägt, aushändigen will. Obgleich sich kein Teufel sehen läßt, wird die Verschreibung nicht annulliert. Wir kennen nicht deren Text, aber es ist sicherlich derselbe, den Prelati am nächsten Tag Barron geben will, wenn dieser erscheint (wir kennen den Wortlaut dieser Verschreibung, weiter unten geben wir ihn wieder). Auch am nächsten Tag wird der so dargebotene Pakt nicht angenommen, aber da Gilles in seinen Geständnissen bekennt, daß er dem Teufel ein solches Dokument aushändigen ließ, müssen wir schließen, daß Prelati die Übergabe desselben bei einer der

zehn oder zwölf Beschwörungen, die er für Gilles veranstaltete, und bei denen sich ihm Barron – nach seinen Aussagen – gezeigt haben soll, vorgetäuscht hat.
Auf Befehl von Gilles begeben sich François Prelati und Poitou ziemlich spät am Abend des folgenden Tages auf eine Wiese unweit eines alten, unbewohnten Hauses, das ungefähr 1 km von Tiffauges in Richtung Montaigu gelegen ist.
Sie ziehen mit einem Messer nach Vorschrift des Buches einen Kreis und Zeichen auf dem Boden und treten in diesen Kreis. Trotz Prelatis Verbot bekreuzigt sich Poitou heimlich. Als die mündlichen Anrufungen beginnen, hört der Kammerdiener mehrmals den Namen »Barron«, mit lauter Stimme von Prelati gesprochen. Sie bleiben ungefähr eine halbe Stunde, doch nichts zeigt sich.
Von Anfang an, seit sie in den Kreis traten, regnet es in Strömen; nun kommt noch ein heftiger Wind auf, und es wird so stockfinster, daß sie nach vollbrachter Tat nur unter Schwierigkeiten den Heimweg finden.
Ferner wissen wir durch die Aussage Prelatis, daß Gilles ihm vor dieser Beschwörung jenen von ihm selbst auf französisch verfaßten Brief (oder jene Verschreibung) ausgehändigt hat. Er lautet folgendermaßen: »Erscheine nach meinem Willen, und ich werde dir alles geben, was du begehrst, außer meiner Seele und der Verkürzung meines Lebens.« Der Teufel kam nicht, und

François gibt Gilles noch am gleichen Tag den Pakt zurück.

Gilles und François planen eine weitere Beschwörung mit anderen Mitteln, nehmen aber Abstand davon, weil ihnen ein dazu erforderlicher Stein fehlt. So beschränken sie sich darauf, die bisherigen Versuche zu verdoppeln. Gilles nimmt nicht mehr daran teil. Es muß wieder betont werden: Wenn Gilles abwesend ist, erscheint nach Prelatis Geständnissen auch der Teufel. Nach wiederholten Beschwörungen, die denen im unteren Saal des Schlosses Tiffauges glichen, soll »ein Teufel namens Barron ... zehn oder zwölfmal in Gestalt eines schönen jungen Mannes von ungefähr zwanzig Jahren« erschienen sein.

Mai bis November 1439

Noch fast in die gleiche Zeit fällt eine weitere Beschwörung Prelatis, bei der sich sein Scharlatanismus, den Gilles augenscheinlich nie bemerkt hat, klar enthüllt. Wie dem auch sei, die Beschwörung fand 1439 zu jener Zeit statt, in der Blanchet im Schloß Tiffauges wohnte: zwischen Himmelfahrt (14. 5.) und Allerheiligen. Der Geistliche war an diesem Tag ausgegangen und wurde zu seinem Herrn befohlen. Er eilt zu ihm und findet Gilles niedergeschlagen. Sire de Rais ist davon überzeugt, daß Prelati tot ist! In dessen Zimmer hatte es tatsächlich großen Lärm gegeben, man hörte heftiges Wehklagen und Schläge, »als ob man eine Decke schlüge«. Der Teufel wütete so sehr, daß Gilles entsetzt ist. Er wagt nicht, das Zimmer zu betreten, und bittet Blanchet kleinmütig, es an seiner Stelle zu tun. Dieser schlottert vor Angst nicht weniger als sein Herr. Schließlich ist Blanchet so mutig, durch eine Art inneres Fenster, das ziemlich hoch liegt, zu schauen. Von dort aus kann man in das Zimmer sehen. Prelati wird gerufen und gibt keine Antwort, begnügt sich vielmehr damit, noch lauter zu wimmern. Als er schließlich jammernd herauskommt, erzählt er, der Teufel habe ihn »greulich verprügelt«. Er ist verletzt und muß eine Woche das Bett hüten. Gilles selbst pflegt ihn und läßt niemanden in sein Zimmer. Er bringt ihn zum Berichten. Prelati meint, er verdanke die erhaltenen Schläge dem Zorn der Geister, die darüber empört seien, daß er sie bei Unterhaltungen für unbedeutende und ziemlich nutzlose Dämonen gehalten habe. Zweifellos aus diesem Grund versucht er eine Art von Wiedergutmachung: er habe gehört, so behauptet er wenigstens, besagte Geister seien aus einer Materie geschaffen, die von der Jungfrau Maria hervorgebracht sei.

Diese Komödie vermittelt den rechten Eindruck von der Leichtgläubigkeit Gilles'. Man muß auch festhalten, daß Sympathie und Zärtlichkeit diese Arglosigkeit bestimmen. Prelati ist zweiundzwanzig Jahre alt, elf Jahre jünger als sein Herr, den offensichtlich die Schönheit und Bildung des Italieners betört, wie er gleichermaßen vom Teufel und dem, der ihn zu beschwören versteht, fasziniert ist. Überdies muß der junge Prelati einen ganz besonderen Reiz besitzen, den Charme des Durchtriebenen. In seinem Geständnis wird Gilles von seiner Begabung berichten: er sprach ein elegantes Latein, war ihm angenehm und führte mit Eifer alle Arbeiten aus, die sein Herr von ihm verlangte.

Die beiden verstanden sich um so besser, als sie gleichermaßen skrupellos und genügend brutal waren. Besonders in seiner Gewalttätigkeit gegenüber Perrine Rondeau ist Prelati nichts als ein junger Rüpel – ein eleganter und vielleicht bestrickender Rüpel, aber ein Rüpel. Im Prozeß gelang es ihm, dem Tod zu entkommen; er wurde nur zu lebenslänglicher Haft verurteilt, und René d'Anjou erreichte seine Freilassung. Dennoch sollte er am Galgen sterben. Nur Gilles' Abschied von ihm in Gegenwart der Richter hat in seiner Ungewöhnlichkeit etwas Menschliches, etwas Rührendes, zumindest etwas Paradoxes.

Juli–August 1439

François Prelati spricht in seiner Zeugenaussage über das Jahr, in dem Gilles abwesend ist, nämlich in Bourges.

Augenscheinlich hat Gilles in der Zeitspanne zwischen Prelatis Ankunft in Tiffauges im Mai 1439 und der Verhaftung am 13. September 1440 kein volles Jahr in Bourges bleiben können. Aber diese beiden Daten setzen die Grenzen fest, in denen sich dieser Aufenthalt in Bourges hält. Auf den ersten Blick scheint es angebracht, an die Einberufung der Generalstaaten in diese Stadt am

15. Februar 1440 zu denken, dem einzigen bekannten Ereignis, das diese Reise hätte begründen können. Die Generalstaaten wurden einberufen, aber nicht abgehalten, weil Charles VII. wegen der Prinzenrevolte, bei der sein Sohn (der Dauphin und künftige Louis XI.) und der Herzog von Bourbon die Hauptrolle spielten, nicht nach Bourges kommen konnte. Wir kennen diese Einberufung unter der Bezeichnung Praguerie. Eine bestimmte Anzahl Adliger leistete ihr Folge. Aber einerseits liegt kein Grund vor, daß man den in Ungnade gefallenen Gilles 1440 zu den Generalstaaten eingeladen hätte, andererseits ist er von Tiffauges aus nach Bourges aufgebrochen und hat sich bei seiner Rückkehr wieder nach Tiffauges begeben. 1439 hält er sich von Himmelfahrt bis zum Jahresende tatsächlich in Tiffauges auf, anschließend aber läßt er sich in Machecoul nieder. Am 25. Dezember ist Prelati wirklich in Machecoul und soll allem Anschein nach bei seinem Herrn bleiben, der von nun an bis zu seiner Verhaftung diesen Hauptsitz nicht mehr wechselt: er wohnt also im Februar 1440 in Machecoul, nicht in Tiffauges. Der Aufenthalt in Bourges fällt mithin in das Jahr 1439. Aber ohne jeden Zweifel liegt ein kurzer Zeitabschnitt zwischen Gilles' Abreise nach Bourges und Prelatis Ankunft in Machecoul. Augenscheinlich befand er sich in Bourges vor einem relativ kurzen Aufenthalt in Bourgneuf, also im Juli oder Anfang August. Es kann auch im Oktober oder

November gewesen sein, aber in dieser Zeit muß die Opferung von Kindergliedern stattgefunden haben. Eine rasche Folge wäre denkbar, ist aber unwahrscheinlich.

August 1439

Jedenfalls ließ Gilles während seines Aufenthaltes in Bourges Prelati in Tiffauges mit dem Auftrag zurück, in seiner Abwesenheit die Beschwörungen fortzusetzen. Prelati hält ihn auf dem laufenden und schreibt ihm verschlüsselte Briefe. Während Gilles in Bourges weilt, sei Barron Prelati erschienen und habe ihm »schwarzen Puder auf einem Schieferstein« überreicht, damit er ihn seinem Herrn zukommen lasse. Dieses Geschenk des höllischen Geistes ist tatsächlich nach Bourges gesandt worden, und Gilles soll es einige Tage in einer Silberkapsel am Hals getragen haben; aber er entledigt sich seiner, »als er bemerkte, daß es ihm keinen Nutzen brachte«. Als Gilles aus Bourges zurück und wieder in Tiffauges ist, veranstaltet Prelati eine Beschwörung, bei der ihm der Teufel, nämlich Barron, in menschlicher Gestalt erschienen sein soll. Prelati bittet ihn im Namen von Gilles um Reichtum. Später will er in einem Zimmer »eine große Menge Goldklumpen« gesehen haben. Zuerst wird es Gilles verboten, dorthin zu gehen, aber er will das viele Gold sehen. Alle beide begeben sich zu diesem Raum. François steht noch am Eingang, da erscheint ihm »eine große Schlange von grüner Farbe und dem Umfang eines Hundes«. Er ruft Gilles zu, er möge nicht eintreten, er habe soeben eine

Schlange gesehen! Gilles rettet sich ... Und kommt wieder zurück. Er ist mit einem Kruzifix versehen, das winzige Splitter vom ursprünglichen Kreuz enthält. So gewappnet stellt er sich an den Eingang des Zimmers. François meint, es sei übel, »das gebenedeite Kreuz« in diese Angelegenheit zu bringen. Er gibt sich Mühe, Gilles daran zu hindern, mit diesem Kreuz einzutreten; feststeht, daß Gilles sich schließlich dem angeblichen Klumpen nähert, aber er findet nur, sagt er, eine Art »Staub von fahler Farbe« und ein wertloses Messingblatt, das er überhaupt nicht berührt.

August 1439

Colin, der Sohn von Guillaume Avril und Neffe von Denis de Lemion, einem Weber aus der Gemeinde Notre-Dame-de-Nantes, verschwindet »im August oder in der Zeit«. Er ist »von kleinem Wuchs«, hat ein bleiches Gesicht und ein Mal am Ohr »in der Art eines kleinen Ohres«. Die Tante von Colin, Agathe, Frau von Denis de Lemion, war von einem der Männer des Sire de Rais gebeten worden, ihm das Kind zu geben, um ihm das »Hotel des Erzdechanten von Merles zu zeigen«; er war damit einverstanden, dem Kind dafür einen Laib Brot zu geben. Agathe begleitete den Knaben am ersten Tag, aber Colin geht am nächsten Tag wieder in das Haus La Suze, wohin er sich öfter begibt, um Brot zu bekommen. Er kehrt nicht mehr von dort zurück, und niemand hat seither etwas von ihm gehört. Agathe behauptet, daß Sire de Rais damals in La Suze gewohnt habe. In seinem Geständnis bekennt Henriet, daß er in La Suze einen Knaben namens Lemion seinem Herrn übergeben habe; Gilles »hatte Umgang mit ihm«, und er wurde »getötet und verbrannt«.

Gilles begibt sich nach Bourgneuf-en-Rais, um den Herzog zu treffen, der dort durchreist; Gilles möchte, daß ihm Jean wieder seine Gunst zuwendet. Zweifellos hat er erfahren, daß der Herzog – da von Gilles nunmehr nichts zu erwarten war – seiner überdrüssig ist. Er muß um die angeborene Falschheit und Gleichgültigkeit seines Partners wissen. Er kennt die Gerüchte um seine Person, weiß, daß er kein Geld hat, daß er angreifbar ist. Er hatte Gold in Hülle und Fülle vom Teufel erhofft, nun ist er gezwungen, ihn um einen huldvoll gesinnten Schutzherrn anzuflehen. In dieser demütigenden Erkenntnis bittet er Prelati, jenen Barron zu beschwören, der sich nie dazu herabgelassen hat, ihm zu erscheinen. Zum zweitenmal versucht er so, dem gegenüberzutreten, vor dem er zittert. Und noch einmal kommt er mit der Furcht davon: der Böse verschmäht ihn.

Um den 25. 8. 1439 Vom Teufel enttäuscht, gibt Gilles seinen verbrecherischen Gelüsten nach. Vielleicht war die Begegnung mit Jean V. ergebnislos ... In das Klostergemach, das er in Bourgneuf bewohnt, führen die Seinen einen »sehr schönen und gewandten« jungen Burschen von fünfzehn Jahren, der aus Brest stammt und bei dem aus Guérande gebürtigen

Guillaume Rodigo wohnt. Aus der bretonischen Bretagne gekommen hält sich Bernard Le Camus in Bourgneuf auf, um Französisch zu erlernen. Die Aussagen beschuldigen übereinstimmend Poitou, aber Rodigos Zeugnis verwickelt auch Blanchet in die Sache. Nach einer Unterredung mit Poitou verläßt der Knabe das Haus von Rodigo und geht zum Quartier von Gilles de Rais. Es war der Abend des 25. August (Vorabend von Bartholomäus) gegen zehn Uhr. Er sprach noch mit der Magd Marguerite Sorin, die von Bernard wissen wollte, was Poitou gesagt habe. Poitou, wurde ihr geantwortet, habe nichts gesagt. So ging er, ohne zu sagen wohin, und ließ Rock, Schuhe und seine Kappe zurück. Nach den Geständnissen von Gilles, Henriet und Poitou besteht kein Zweifel, daß der Knabe starb. Gilles sagt aus, er habe ihn zusammen mit Henriet eigenhändig getötet. Henriet gibt vor, an dem Mord nicht beteiligt gewesen zu sein. Die drei Schuldigen versichern übereinstimmend, daß die Leiche in Machecoul verbrannt wurde.
Gilles verirrt sich in jeder Beziehung; die Wollust, die er empfindet, ist grauenerregend. Mehr denn je ist er für Gewissensbisse empfänglich. Er spricht von seiner Absicht, sein Leben zu ändern. Eustache Blanchet bezeugt, daß er ihn – »es ist einige Zeit her« – mehrmals sagen hörte, »daß er sich vornahm, sein übles Leben zu bessern und ans Heilige Grab nach Jerusalem zu pilgern, um die Vergebung seiner Sünden zu erbitten«, dies

sowohl in Machecoul als auch in Bourgneuf-en-Rais. Er bessert sich nicht, aber er läßt sich für Augenblicke von Reue überwältigen.

28.8.1439 Jean Toutblanc, aus Saint-Étienne-de-Montluc, hat am 28. August einen dreizehnjährigen Jungen, dessen Vormund er ist, bei sich zu Hause gelassen und ihn bei seiner Rückkehr nicht mehr vorgefunden. Seitdem, »am letzten Sankt-Julius ist es ein Jahr her«, hat er nichts mehr von ihm gehört. Von allen die Morde betreffenden Aussagen ist diese eine der unwesentlichsten; Saint-Étienne-de-Montluc liegt zu weit von Tiffauges entfernt.

Herbst 1439 Zwei Söhne von Robin Pavot aus Chanteloup in der Nähe von Rennes, beide ungefähr neun Jahre alt, standen mit ihren Kramläden auf den Märkten in Rais: Pierre Badieu, Händler aus dem gleichen Dorf, hat sie ungefähr seit Oktober 1439 nicht mehr dort gesehen, wo er sie gewöhnlich traf: Er gibt das vor den Richtern in Nantes zu Protokoll. Die Eltern bemühten sich ihrerseits vergeblich um Aufklärung, als ihre Kinder nicht mehr nach Hause zurückgekommen waren. Einer ihrer Brüder geht sogar in »verschiedene Ortschaften, um Nachrichten zu erhalten«, aber er kann nichts in Erfahrung bringen.

Bei diesem doppelten Fall ist der Zusammenhang mit Gilles de Rais nichtsdestoweniger zweifelhaft.

1.11.1439 Prelati hat behauptet, der Teufel Barron habe Gilles bei einer seiner Erscheinungen vorgeschrieben, »in seinem Namen an drei großen Feiertagen jährlich drei Arme zu speisen«. Gilles tut das nur einmal, zu Allerheiligen 1439. Nach Prelati »war das der Grund, warum besagter Barron sich weigerte, in Gilles Gegenwart zu erscheinen«. Allerheiligen 1439 ist der Zeitpunkt, an dem Eustache Blanchet Tiffauges nach einer Auseinandersetzung mit Robin Roumulart, dem Vertrauten und Komplizen Gilles', verläßt; die Teufelsbeschwörungen seien der Grund für den Streit gewesen. Blanchet zieht nach Mortagne zu einem Wirt namens Bouchard-Menard. Er wird dort sieben Wochen wohnen.

2.11.1439

Nach den im Oktober abgehaltenen Generalstaaten in Orléans verkündet Charles VII. den großen Erlaß von 1439. Dieser wichtige Text weist auf den ständigen Fortschritt in Gesetz und Verwaltung gegen Willkür und Gewalt einer zerstörerischen Unordnung hin. Er hat zum Ziel, »den großen Ausschreitungen und Plündereien« ein Ende zu setzen, die das Königreich verheeren. Vor allem jedoch soll versucht werden, die von Fronherren oder Hauptleuten – die selbst nur Räuberhäuptlinge sind – kommandierten Räuberbanden durch ein auf militärischer Disziplin und Hierarchie fundierendes Heer zu ersetzen. Dieser von der Vernunft diktierte Erlaß ist das Zeichen der Geburt einer neuen, einer bürgerlichen Welt, in der die zügellose Gewalt eines Gilles de Rais keinen Platz mehr haben wird.

Beaucourt (G. du Fresne de), *Histoire de Charles VII.*, Bd. III, S. 402.

Was stellt Gilles de Rais nun noch vor?

Ende 1439 Sein Marschalltitel ist 1439 durch kein wirkliches Amt mehr gerechtfertigt. Niemand fragt ihn, niemand denkt an ihn. Er ist nicht mehr zu brauchen; die durch den Erlaß von 1439 geschaffene ständige Armee ist dem Geist dieses naiv Rasenden, der sich entweder an Blut oder an Wein berauscht und der nie aufgehört hat zu glauben, er stünde über den Gesetzen, genau entgegengesetzt. Das wenige, das wir von seiner militärischen Rolle in dieser Epoche wissen, bezeugt nur sporadische Aktivität, bei der er an der Spitze von Kompanien steht, die den vielen Haufen von Landstreichern und Leuteschindern ähneln, die das Land unsicher machen und von denen die einen für, die anderen gegen den König kämpfen. 1439 ist er nur noch ein Räuberhauptmann von beträchtlicher Ähnlichkeit mit vielen anderen, die für ihre Grausamkeit berühmt sind. Er ist nicht weniger blutrünstig, er ist es auf andere Weise; er hat nicht den abgefeimten Wirklichkeitssinn der bekannten Bandenchefs, sie haben nicht seine Schändlichkeit. Aber er gehört in dieselbe schreckliche Gesellschaft.

Wir wissen beispielsweise, daß Jean de Siquenville zu seinen Leuten gehört. Durch ihn hat er etwa im Juni die falsche Jeanne d'Arc ersetzt, die er beauftragt hatte, in seinem Namen zu kämpfen. Jean de Siquenville ist ohne jeden Zweifel ein Räuberhauptmann: Es besteht in dieser Epoche kein Unterschied zwischen einem Räuberhauptmann und einem Kompaniechef im Dienste von jemandem, der ihn braucht. Dieser Jean de Siquenville und seine Leute lebten von Überfällen; sie plünderten die Dörfer, vergewaltigten, stifteten Brand, töteten und folterten, wenn es sein mußte. Vor dem Ende des Jahres findet der Dauphin Siquenville in Tiffauges und läßt ihn im Schloß Montaigu festsetzen. Der Hauptmann entkommt dem Erhängen durch Flucht.

Quicherat (J.), *Procès de … Jeanne d'Arc*, Bd. V, S. 334.

Das Leben eines Siquenville beschwört die Gesellschaft herauf, in der Gilles während seiner letzten Jahre gegen seinen Nachbarn, den Schloßherrn zu Montaigu, Jean de Harpedenne,

Bourdeaut (A.), *Chantocé, Gilles de Rays et les Ducs de Bretagne*, S. 108.

oder gegen den Hauptmann von Palluau Krieg führte. Aber wir wissen fast nichts von den Umständen oder Episoden dieser Fehden zu einer Zeit, in der ihr Anachronismus nach und nach offenkundig wird.

Anfang Dezember 1439

Auf der Durchreise steigt Jean Mercier, Kastellan von La Roche-sur-Yon, in Mortagne bei dem Wirt Blanchets ab; diesen befragt er nach Neuigkeiten aus der Gegend von Nantes und Clisson. Blanchet erzählt Mercier, daß in diesen Gebieten umlaufende Gerüchte Gilles de Rais anklagen, in großer Zahl Kinder zu töten oder töten zu lassen.

Eigenhändig schreibe er ein Buch mit ihrem Blut. Sei dieses beendet, so zähle er darauf, sich aller Festungen zu bemächtigen, die er besitzen möchte. Niemand könne ihm dann noch schaden.

Am Tag darauf kommt ein Bote von Sire de Rais nach Mortagne: es ist der Goldschmied Jean Petit, der damals in Tiffauges mit Prelati arbeitet. Er ist beauftragt, Eustache Blanchet ins Schloß zurückzubringen, doch dieser weigert sich. Blanchet hält Petit vor Augen, daß Gilles und der Italiener einhalten sollten: es sei gefährlich, diese Verbrechen zu begehen, und es gingen feindselige Gerüchte gegen sie beim Volk herum. Nach der Aussage Blanchets hat Gilles den Goldschmied nach seiner Rückkehr im Schloß Saint-Étienne-de-Mermorte eingekerkert. Dort sollte er für lange bleiben …

Jahresende 1439 Um diese Zeit zieht Gilles, von Prelatis Mißerfolgen deprimiert, zweifellos das Schlimmste in Betracht.

Warum sollte die Gabe der Gliedmaßen toter Kinder den Teufel, dessen Feindseligkeit und Schweigen ihn bedrücken, nicht besänftigen können? Eustache Blanchet, dieser zweifelnde, zaghafte und unbeständige Mensch, hat ihm das durch Henriet und Poitou in Andeutungen suggeriert: ihr Gebieter würde, sagte er zu den beiden, was er begonnen habe, nicht vollenden können, ohne dem Teufel Füße, Hände oder andere Glieder ermordeter Kinder darzubringen.

Die Ungeduld von Gilles, den Teufel zu sehen, wächst von Tag zu Tag, und Prelati – wie er später gesteht – bedeutet ihm, wenn er wolle, daß ihm der Böse erscheine und mit ihm spreche, so müsse er ihm einen Hahn, einen Hund oder eine Taube darbringen ..., und wenn er stark wolle, was er wünsche, dann käme es darauf an, einige Glieder von Kindern darzubringen.

Blanchet konnte einen Vorschlag von Prelati wiederholen. Aus der Aussage von Gilles geht hervor, daß Prelati selbst behauptet hat, der Teufel fordere das Geschenk einer bestimmten Zahl toter Kinder.

Prelati berichtet, daß er in dem großen Saal in Tiffauges, in dem die Beschwörungen stattfanden (nicht im Zimmer Sire de Rais'), ein totes Kind liegen gesehen habe. Er sah es in Gegenwart von Gilles de Sillé, der es nach Prelatis Meinung eben gerade getötet hatte.

Er habe dieses tote Kind ein Jahr vor seiner Aussage gesehen, folglich um den 16. Oktober 1439. Aber er sagt uns nicht, daß es dem Teufel geopfert worden sei. Wäre Gilles so bald darauf eingegangen? Möglicherweise konnte er bei aller Verderbtheit doch nicht ohne Zaudern dem Teufel Kinder opfern. Wir können annehmen, daß Prelati ihn – wenn er von Gliedern, im einzelnen von der Hand, dem Herzen und von den Augen – spricht, in Schrecken versetzen will. Er kennt Gilles' Ängste. Mit diesem Spiel kann er Zeit gewinnen.

Schließlich willigt der vor dem Teufel zitternde Mörder ein; aber in welchem Zustand des Entsetzens!

Eines Tages legt er in Gegenwart von Poitou in seinem Zimmer die Hand (Poitou weiß nicht, ob es die rechte oder die linke ist) und das Herz eines Kindes in ein Glas und bedeckt es mit einem feinen Leinentuch. Dann steckt er das Glas in seinen Ärmel (die Ärmel sind damals lang und weit). So begibt er sich in Prelatis Zimmer. Vielleicht sind in dem Glas auch die Augen des Kindes und Blut von ihm. Es gab anscheinend nur eine Opferung: etliche Berichte sind verschieden, aber in den Einzelheiten gibt es keinen wesentlichen Widerspruch zwischen ihnen. François Prelati bietet das schreckliche Opfer dem angerufenen Teufel an, aber der Teufel erscheint nicht. Kurz darauf begräbt er selbst die schrecklichen Überbleibsel in geweihter Erde neben der Kapelle des Schlosses.

Dezember 1439

Der Dauphin de Viennois, Sohn Charles' VII., künftiger Louis XI., wird nach Poitou geschickt, »um den Plünderungen ein Ende zu machen und die Kriegsleute zu vertreiben, die in dieser Gegend hausen«. Bei der Durchführung seines Auftrags muß er zwei der Festungen aufsuchen, in denen Gilles de Rais Garnisonen unterhält: Pouzages und Tiffauges. Ein Bandenchef wie Marschall de Rais wird damals besonders scharf beobachtet, und einer der Hauptleute des Schloßherrn von Tiffauges, Jean de Siquenville, wurde sogar, wie schon erwähnt, festgenommen; dieser Jean de Siquenville wird in das Verlies des Schlosses Montaigu geworfen, in dem der Dauphin seine Residenz aufgeschlagen hat. Gilles' Hauptmann entweicht aus dieser Haft, da er den Tod am Galgen auf sich zukommen sieht: er mußte sich später Begnadigungsschreiben verschaffen, die uns erhalten geblieben sind und die über den Vorgang berichten.

Quicherat (J.), *Procès de … Jeanne d'Arc*, Bd. V, S. 332–334.

Die Durchreise des Dauphin durch Tiffauges hat weitere Folgen. Gilles läßt zunächst einmal eiligst die Alchimistenöfen zerstören, die er in der Festung installiert hatte. Aber noch nach der Abreise des Dauphins ist Gilles so verstört, daß er beschließt, das königliche Gebiet zu verlassen und sich in der Bretagne niederzulassen, wo ihm, wohl zu Unrecht, die scheinbare Freundschaft von Herzog Jean Mut einflößt. Spätestens gegen Ende Dezember ist er in Machecoul. Er kann sich nicht von Prelati trennen, und wenn die Anwesenheit des Teufelsbeschwörers in der Nachbarschaft des Schlosses bemerkt wird, so heißt das, daß der Herr dort anwesend ist.

Um den 10.12.1439

Ungefähr vierzehn Tage vor Weihnachten schickt Jeannette, die Frau von Eustache Drouet aus Saint-Léger, zwei ihrer Söhne, sieben und acht Jahre alt, zum Betteln nach Machecoul, »weil sie gehört hat, daß Sire de

Rais Almosen gibt und weil auch die Leute in dieser Stadt freigebig sind«. Mehrere Personen haben ihr gesagt, daß sie ihre Kinder an den folgenden Tagen gesehen hätten, aber als sie selbst dorthin kommt, kann sie die Knaben nicht wiederfinden und auch nicht erfahren, was aus ihnen geworden ist, nicht einmal, nachdem sie und ihr Mann mehrmals auf die Suche gegangen sind. Vielleicht ist Gilles tatsächlich wieder in Machecoul. Aber sicher ist das nicht.

Um den 20.12.1439 Gilles ist in Sorge, weil er Eustache Blanchet nicht in seiner Gewalt hat. Er erkennt jetzt eine über die üblen Nachreden hinausgehende, feindliche Haltung an ihm und schickt einige seiner Diener, darunter Gilles de Sillé, Poitou und Henriet, nach Mortagne mit dem Befehl, ihn mit oder ohne Gewalt zurückzuholen. Auf dem Weg von Mortagne nach Machecoul bringen sie ihn nach Rocheservière; grundsätzlich haben sie den Auftrag, ihn im Schloß Saint-Étienne-de-Mermorte gefangen zu setzen, wo er in seinem Schrecken annimmt, Sire de Rais wolle ihn töten lassen. Es geht aber nur darum, ihm Angst einzujagen; er legt so viele Schwüre ab, daß sie ihn nach Machecoul bringen, wo er von da ab bis zur Verhaftung am 13. September 1440 in Freiheit lebt.

Wie dem auch sei, seine Überführung nach Machecoul bedeutet, daß Sire de Rais dort zu jener Zeit residiert.

Um den 25.12.1439 Ysabeau, die Frau von Guillaume Hamelin, wohnhaft in Fresnay, schickt zwei ihrer

Söhne, der eine fünfzehn, der andere sieben Jahre alt, nach Machecoul, um dort Brot zu kaufen. Sie kehren nicht zurück; seitdem hat sie nicht in Erfahrung bringen können, was mit ihnen geschehen ist. Indes kommen am folgenden Tage François Prelati und der Marquis de Ceva zu ihr, die sie gut zu kennen behauptet und von denen sie weiß, daß sie bei Gilles de Rais wohnen. Der Marquis stellt ihr merkwürdige Fragen; er befragt sie nach einem Sohn und einer Tochter, die im Haus sind, und will wissen, ob beides ihre Kinder sind und ob sie noch andere Kinder habe; sie erwidert, daß sie noch andere habe, wagt aber nicht hinzuzufügen, daß diese verschwunden sind. Als die Männer weggehen, hört sie den Marquis zu Prelati sagen, daß zwei aus diesem Haus nicht mehr am Leben sind.

Acht Zeugen aus Fresnay bestätigen das Verschwinden der beiden Kinder.

Acht Tage vor diesem Fall hat Ysabeau gehört, daß der Sohn von Micheau Bouer vermißt werde; vor acht Monaten war er von Saint-Cyr-en-Rais nach Machecoul gegangen, um zu betteln.

Ende Dezember 1439

Clément Rondeau aus Machecoul liegt im Sterben und erhält die Letzte Ölung. Seine weinende und klagende Frau zieht gegen Abend in das obere Zimmer des Schlosses, in dem Prelati und der Marquis de Ceva übernachten. Diese kommen zum Abendessen zurück und aus Wut, die Frau hier zu sehen, wird sie bei den Schultern und den

Füßen ergriffen, um die Treppe hinuntergeworfen zu werden. Prelati vollendet die Mißhandlung mit einem Fußtritt in die Nierengegend, aber im letzten Moment wird Perrine von ihrer Amme am Kleid festgehalten.

Januar bis Februar 1440

In der Zeit, während der sich Eustache Blanchet in Machecoul aufhält, besorgt der Marquis de Ceva für François Prelati »einen sehr schönen Knaben, der angab, aus der Gegend bei Dieppe und von wohlhabenden Leuten zu stammen«, damit er als Page bei ihm wohne. Dieser Junge muß etwa fünfzehn oder sechzehn Jahre alt gewesen sein. Er bleibt vierzehn Tage bei Prelati, dann verschwindet er. Die Wirtin des letzteren fragt daraufhin Prelati, was aus dem Knaben geworden sei. Der erwidert, daß ihn der Junge hintergangen habe und mit zwei Talern, die ihm, Prelati, gehörten, davongelaufen sei.

Henriet sagt aus, ihm sei die Gurgel durchschnitten worden; nach seinem ersten Geständnis ließ er ihn »in Machecoul töten«; nach seinem zweiten weiß er nicht, wer ihn erstach; er war nicht dort, aber er weiß, daß Gilles ihn wie die anderen mißbrauchte.

Der Page eines gewissen Daussy ist fast ebenso alt wie der von Prelati. Er wird wie dieser letztere in Machecoul umgebracht, und zwar zu der Zeit während der Blanchet, der darüber berichtet, dort wohnt, vielleicht also Anfang 1440, vielleicht ein wenig später. Gilles de Rais, der von ihm als einem »kleinen« Pagen spricht, erwähnt ihn gleichzeitig mit dem Pagen von Prelati und dem

jungen Jean Hubert, aber dieser ist schon um den 26. Juni 1438 getötet worden.
Jean de Lanté, der Propst aus Chéméré, der Propstei des Benediktinerordens, hat einen Neffen, den er einem gewissen Tabard anvertraut, damit er ihm das Lesen und Schreiben beibringe. Wie die Pagen von Prelati und Daussy ist er vierzehn oder fünfzehn Jahre alt; er wird wie sie in Machecoul umgebracht, während Blanchet dort wohnt.

Die Aufrufung von Jean de Lanté als Zeuge *Februar 1440*
wird im kirchlichen Prozeß gleichzeitig mit der des Marquis de Ceva, mit der von Bertrand Poulein, von Jean Rousseau und der des Meisters Gilles Heaume erforderlich sein. André Barbe, Schuhmacher, wohnhaft in Machecoul, sagt, daß er »in der Dreifaltigkeitskirche in Machecoul die Beschwerde eines ihm unbekannten Mannes gehört habe, der gefragt hätte, ob man nicht sein Kind gesehen habe, das, wie er erklärte, sieben Jahre alt war; das war vor ungefähr acht Monaten«: Es handelt sich also um den Februar 1440. Aber diese Zeugenaussage ist grundsätzlich anzuzweifeln.

Ein armer Mann aus Touvois namens Methe- *März 1440*
lin Thouars beklagt und beschwert sich etwa im März 1440 über das Verschwinden eines zwölfjährigen Kindes, von dem er nicht weiß, was aus ihm geworden ist. Vier Zeugen aus Touvois sagen, sie hätten davon gehört. Eine solche Zeugenaussage fügt denen, die in Betracht gezogen zu werden verdienen, offensichtlich nichts hinzu.

Februar 1440 Der Dauphin, der Comte von Alençon und Dunois begegnen sich in Niort; der Herzog von Bourbon, der Comte von Vendôme und La Trémoille treffen sich in Blois; die einen wie die anderen planen, gegen den König zu revoltieren; der Herzog der Bretagne, Jean V., unterstützt die Rebellen, aber der Konnetabel Richemont dämmt die Bewegung ein; am 17. Juli ist die Angelegenheit endgültig vorüber.

Niemand hat von Gilles de Rais eine Mitwirkung verlangt. Niemand widmet dem Marschall von nun an die geringste Aufmerksamkeit.

Vor dem 27.3.1440 Eines Morgens kurz vor Ostern (27. März), will Blanchet in Machecoul Poitou gesehen haben, wie er in Begleitung des Sohnes des Konditors George Le Barbier im Schloß ankam. Dieser Junge, mit Vornamen Guillaume, muß damals annähernd sechzehn Jahre alt gewesen sein. Der Vater wohnt vor dem Schloßtor. Guillaume ist bei einem gewissen Jean Péletier untergebracht, der als Schneider für Frau de Rais und die übrigen Angehörigen des Hauses arbeitet. Der Schneider und sein Lehrjunge Guillaume kamen oft ins Schloß und aßen dort. Nach Blanchet, der genau alles zu durchschauen weiß, besteht kein Zweifel, daß der Knabe nach dem Betreten des Schlosses ermordet wurde.

Nach der Aussage des Vaters ist sein Sohn erst zu Sankt Barnabas (11. Juni) verschwunden. Aber wir wissen, daß der Mann etwas beschränkt war. Und zwei unserer Zeugen sprechen von Ostern.

Zu Ostern sieht Eustache Blanchet in der *27.3.1440*
Dreifaltigkeitskirche in Machecoul, wie ein Priester, Olivier des Ferrières, Gilles de Rais die Beichte abnimmt. Bald darauf empfängt der Marschall das Sakrament des Abendmahls gleichzeitig mit Menschen von niedrigem Stande. Diese wollen ihm Platz machen, aber er befiehlt ihnen, zu bleiben und wie gewöhnlich zu kommunizieren.

Zwischen Ostern und Himmelfahrt 1440 ver- *27.3.–15.5.*
traut die Witwe von Yvon Kerguen, Maurer *1440*
aus Sainte-Croix in Nantes, ihren etwa fünfzehnjährigen Sohn einem der Leute Sire de Rais' an, einem gewissen Poitou, der sie um ihn gebeten hatte, damit er in seine Dienste trete. Sie wird ihn nicht wiedersehen. Thomas Aisé und Frau, arme Leute, die noch um den 15. Mai 1440 in Port-Saint-Père wohnten, schicken einen ihrer Söhne, der etwa zehn Jahre alt ist, zum Betteln nach Machecoul, wo Sire de Rais sich aufhält. Ein kleines Mädchen soll zu seiner Mutter gesagt haben, man habe zuerst den Mädchen ein Almosen gegeben, und dann habe sie gehört, wie einer aus dem Schloß zu dem jungen Aisé sagte, er habe kein Fleisch bekommen, das solle er nun nachholen, woraufhin man ihn habe eintreten lassen. Seit diesem Tage hat die Mutter nichts mehr von ihm gehört.

Eine Kompanie von etwa sechzig Bewaff- *15.5.1440*
neten liegt in einem Wald in der Nähe der Kirche von Saint-Étienne-de-Mermorte auf

der Lauer. Sie tragen Waffen; Gilles de Rais führt sie an. In dem Augenblick, wo die Hochmesse sich ihrem Ende nähert, schwingt er eine »guisarme« genannte Axt mit zwei Schneiden, die in einer Art Pickel endet, und stürzt in die Kirche. In der Kirche beleidigt er Jean Le Ferron, den Bruder Geoffroys Le Ferron, des Schatzmeisters der Bretagne, dem er die Schloßherrschaft Saint-Étienne-de-Mermorte verkauft hatte. »Du Hurenjäger!« tobt er, »du hast meine Leute geschlagen und geschunden! Komm aus der Kirche, oder ich schlage dich tot!« Der unglückliche Jean Le Ferron, ein tonsurierter Geistlicher, den sein Bruder mit der Obhut über die Festung betraut hat, wird aufgefordert, sie Gilles zurückzugeben; er wird in dieser Festung gefangengesetzt; Gilles' Männer sind in sie eingebrochen. Gilles hat das kirchliche Privileg verletzt und sich an den Rechten des Herzogs der Bretagne, seines eigenen Schutzherrn, vergriffen.

Kurz darauf wird die Reaktion des Herzogs und seines Kanzlers Jean de Malestroit (der ebenso wie der Bischof von Nantes die kirchliche Gerichtsbarkeit der Diözese, zu der die Kirche von Saint-Étienne gehört, besitzt) Gilles an den Galgen bringen. Das Attentat auf Jean Le Ferron entspricht der infantilen Unmäßigkeit, an der Gilles zugrunde geht. Von nun an ist er ein verfemter Rasender; er hat die Besinnung verloren, und von allen Seiten wird ihm die Unterstützung entzogen. Die Reue setzt ihm zu. Das

Heilige Land geht ihm nicht aus dem Sinn, er möchte sein übles Leben büßen, die Vergebung seiner Sünden erflehen.

Bereits im vergangenen Jahr hat er diese Absicht mitgeteilt. Mindestens einmal hat er sie wiederholt, zumindest vor dem Überfall auf Saint-Étienne (mehr als vier Monate vor der Aussage am 16. Oktober 1440).

Die Hoffnung auf eine Pilgerfahrt richtet ihn auf. Aber alles weist darauf hin, daß es zu spät ist. Wie ein Hund kehrt er zu dem zurück, was er selbst erbrochen hat. Wie dem auch sei, er kämpft vergebens dagegen an.

Juni 1440

Gilles versucht, dem Herzog der Bretagne zu entgehen, der ihm eine Buße von 50000 Goldtalern auferlegt hat. (Das ist eine beträchtliche Geldsumme, die der Hälfte des Wertes der Festungen Ingrandes und Champtocé entspricht.) Er überführt seinen Gefangenen, Jean Le Ferron, nach Tiffauges im Poitou, auf königliches Gebiet.

Nach dem 24.6.1440

Sieben Zeugen aus Saint-Étienne-de-Montluc kennen seit etwa drei Jahren den Sohn eines gewissen Guillaume Brice, eines armen Mannes aus ihrer Gemeinde. Dieser Guillaume stirbt im Februar 1439. Seit Johanni 1440 (24. Juni) haben die Zeugen seinen Sohn nicht mehr gesehen, der auf den Namen Jamet hörte, sehr hübsch und ungefähr acht oder neun Jahre alt war. Offenbar gibt es keinen Grund, Gilles de Rais das Verschwinden dieses Kindes zur Last zu legen, das in Saint-Étienne-de-Montluc, nördlich der Loire-Mündung, vermißt wurde. Aber Gilles wird spätestens im Juli in seine blutigen Verirrungen zurückfallen.

Juli 1440 Ein scheinbarer Ausweg bleibt: Warum wendet sich Gilles nicht an Jean V.? Soweit es für diesen von Interesse war, hatte Jean V. Freundschaft für Gilles gezeigt. Solange Gilles nicht endgültig ruiniert war, konnte der Herzog hoffen, aus dieser Freundschaft Nutzen für sich zu ziehen.

Gilles ist tatsächlich so verblendet, nicht zu sehen, wie Jean V. nichts für ein Wohlwollen geben wird, das Gilles selbst nötiger braucht als irgend jemand sonst. Er müßte wissen, daß er verloren ist. Vom König hat er nichts zu erwarten. Fliehen? Er verzichtet. Sein ganzes Wesen sträubt sich dagegen. Wo sollte sich im übrigen eine so auffallende Persönlichkeit verbergen?

Er bietet also seine Stirn dem Unwetter. Er will den Herzog in Josselin treffen und sich mit ihm aussprechen. Aber er erwägt das Risiko. Vor der Abfahrt kann man nicht wissen, ob man von dieser Reise wiederkehrt. Deshalb befiehlt er Prelati, den Teufel Barron in Machecoul vor der Reise zu befragen; er will wissen, ob er sich ungefährdet zu seinem Herrn begeben kann, und ob er wieder zurückkommt …

Der Teufel sagt: Ja!

Sie brechen von Machecoul auf, doch unterwegs bittet Gilles den Beschwörer, die Frage zu wiederholen; es läßt ihm keine Ruhe. In Nantes läßt er sie wiederum stellen, und gleich nach der Ankunft in Josselin muß Prelati die Beschwörungen fortsetzen. Sie finden auf einer Wiese statt. Gilles ist nicht anwesend. Laut Prelati erscheint diesmal Barron in einem Mantel aus violetter Seide. Er versichert erneut, man würde zurückkehren; und Gilles de Rais setzt seinen Weg fort.

Wir wissen nichts über die Zusammenkunft von Gilles und Jean V. Wir wissen nicht einmal etwas über die Gastfreundschaft, die der Herzog dem Marschall gewährte. Prelati beschwört den Teufel auf einer Wiese, und Henriet sagt aus, daß er – ebenfalls auf einer Wiese – drei Kinder getötet habe. Poitou ist krank und deshalb nicht anwesend. Mehr wissen wir nicht.

Gilles behauptet gegenüber seinen Dienern, daß er den Herzog nur aufsuche, weil dieser ihm Geld schulde. Aber die Männer wissen, daß ihr Herr nun zum Lügen gezwungen ist. Wahrscheinlich war der Aufenthalt in Josselin für Gilles nicht erfreulich. Aus diesem Grund mag er bald nach Vannes gegangen sein; dort traf er den jungen Sänger André Buchet, den er seit etwa 1434 in seiner Kapelle beschäftigte. Er wußte, was er sich davon versprechen konnte. In Vannes logiert Gilles außerhalb der Stadtmauern in der Nähe der bischöflichen Burg, dicht bei dem Ort La Mothe im Haus eines gewissen Lemoine. André Buchet gehört seitdem zur Kapelle des Herzogs, der oft in Vannes residiert (jedenfalls gehörte er ein paar Wochen später, während des Prozesses, zu ihr). Buchet führt Gilles den etwa zehnjährigen Sohn eines gewissen Jean Lavary zu, der in der Nachbarschaft wohnt. Aber bei Lemoine gibt es keinen Ort, der versteckt genug wäre, um das Kind dort zu töten. Also wird es in ein Haus ziemlich in der Nähe geführt, zu einem gewissen Boetden. In dem Zimmer, in dem Gilles wohnt, wird dem Kind der Kopf abgeschlagen und verbrannt. Der Körper wird mit Hilfe eines Gurtes verschnürt und in die Latrinen des Hauses von Boetden gebracht, und Poitou, der anscheinend wieder gesund ist, muß in die Grube hinabsteigen: die Leiche soll versenkt und bedeckt werden, damit man sie nicht finden kann. Dann müssen Henriet und Buchet Poitou helfen, aus der Grube herauszukommen.

Poitou bleibt dabei, daß Buchet, der noch beim Prozeß der herzoglichen Kapelle angehört, alles gewußt habe. Gilles selbst sagt deutlich, daß Buchet über die Kindermorde unterrichtet war.

28.7.1440 Jean de Malestroit, Bischof von Nantes und Kanzler der Bretagne, veröffentlicht in Form von offenen Urkunden die Resultate der geheimen Untersuchung, die anscheinend unverzüglich nach dem Attentat auf Saint-Étienne-de-Mermorte durchgeführt wurde. Es wird festgestellt, daß Gilles de Rais, Untertan des Bischofs und seiner Gerichtsbarkeit unterworfen, zahllose Kinder mißbraucht und umgebracht hat; außerdem hat er böse Geister angerufen und einen Pakt mit ihnen geschlossen. Er wird all dieser Verbrechen auf Grund der im Umlauf befindlichen Gerüchte angeklagt.

Raoulet de Launay, Schneider aus Nantes, näht ein Wams für das Kind von Éonnet de Villeblanche. Dieses Kind wohnt damals nicht bei seinen Eltern, sondern bei Poitou. Poitou gibt Raoulet die zwanzig Sous für das Wams. In seiner Aussage gibt Poitou zu, daß die Mutter des Kindes, Macée, ihm das Kind gegeben hat, damit es Page bei ihm und von ihm neu eingekleidet werde. Laut Poitou wurde das Kind getötet und verbrannt, und Raoulet bestätigt in seiner Aussage, daß er es in der folgenden Zeit nicht mehr gesehen hat. Das ist der letzte bekannt gewordene Mord; er geschieht nach Herausgabe der offenen Urkunden vom 29. Juli. *Gegen den 15. 8. 1440*

Jean V. hätte seiner Gewohnheit gemäß Gilles de Rais gegenüber nur zu heucheln brauchen; aber er hat beschlossen, damit Schluß zu machen. Sein Kanzler, Jean de Malestroit, muß ihn dazu ohne Schwierigkeit überredet haben; die Unruhe im Volk wird zu heftig, Gilles ist in Saint-Étienne über die Stränge geschlagen. Ein Abwägen der Interessen steht dem nicht mehr entgegen. *24. 8. 1440*

Aber im Augenblick des Handelns legt der Herzog Wert auf die stillschweigende Einwilligung des Königs. Jean V. weiß, daß Charles VII. nicht mehr an dem Marschall interessiert ist, aber es ist nützlich, ihm den Vorwand einer Intervention zu lassen, die durch die erinnerliche feindselige Haltung des Fürsten zur Zeit der Praguerie genügend gerechtfertigt wäre. Darum liegt ihm daran, daß an seiner Aktion einer der ersten Offiziere der Krone, sein Bruder Arthur de Richemont, der Konnetabel von Frankreich, beteiligt ist.

Arthur ist geneigt, seinem Bruder die erbetene Hilfe zu leisten. Er hat vor Hexenmeistern den größten Abscheu, und zweifellos hatte er den Marschall, die Kreatur seines ärgsten Feindes La Trémoille, nie leiden können. Als Gegenleistung dafür wird Arthur zwei Ländereien erhalten, die das Erbteil vervollständigen, um das sich sein Bruder, der Herzog, noch immer nicht gekümmert hat. Im besonderen wird er Bourgneuf-en-Rais bekommen, ein Lehen, das Gilles noch in der Bretagne hat. Gilles ist noch nicht tot, aber die Würfel sind gefallen, und schon verteilt der Herzog die Beute.

Cosneau (E.), *Arthur de Richemont*, S. 309.

Am 24. August konferiert der Herzog in Vannes mit seinem Bruder. Nur sein Bruder kann als Offizier des Königs Tiffauges im Poitou besetzen, wo Gilles seinen Gefangenen aus Saint-Étienne-de-Mermorte, Jean Le Ferron, in Gewahrsam behalten wollte, damit er vor einer Aktion des Herzogs gefeit wäre. Sobald Arthur darauf eingegangen ist, Tiffauges zu besetzen, überstürzt sich alles: Jean Le Ferron wird befreit. Gilles hat keine Geisel mehr. Er muß jetzt wissen, was ihm bevorsteht. Nichts kann ihn von nun an schützen. Auf die Nachricht vom Eintreffen des Konnetabel in Tiffauges hin beschließen Gilles de Sillé und Roger de Briqueville, die Flucht zu ergreifen. Sie müssen diesen Ausweg vorgesehen und sich ein ausreichendes Vermögen beiseite gelegt haben ... Zurück bleiben nur diejenigen, die auf keine Weise fliehen können: der Ausländer Prelati, der Priester Blanchet und die beiden Diener für alles, Henriet und Poitou. Gilles selbst hätte vielleicht fliehen können, aber er hegt immer noch eine absurde Hoffnung. In seiner fortwährenden Naivität kann er nicht glauben, daß man sich an ihm vergreifen wird.

Auch die weltliche Gerichtsbarkeit hat nun *Vor dem 15.9.1440*
das ihrige getan und eine Untersuchung durchgeführt. Es wurden fast die gleichen Kläger vernommen wie vor dem geistlichen Gericht. Die weltliche Gerichtsbarkeit hat die Entscheidung über die Notwendigkeit der Verhaftung Sire de Rais' gefällt.

Gilles wird vor den kirchlichen Gerichtshof *13.9.1440*
in Nantes zitiert; er wird der Ermordung von Kindern, der widernatürlichen Unzucht, der Teufelsbeschwörung, der Beleidigung der göttlichen Majestät und der Ketzerei angeklagt.

Männer des Herzogs der Bretagne, an ihrer *15.9.1440*
Spitze der Hauptmann Jean Labbé, erscheinen im Namen des Bischofs und Kanzlers, Jean de Malestroit, vor dem Portal in Machecoul.

Marschall de Rais wird verhaftet.

Gleichzeitig werden François Prelati, Eustache Blanchet, Henriet und Poitou festgenommen.

Auf dem Weg ins Gefängnis von Nantes denkt Henriet in seinem Schrecken daran, sich die Gurgel durchzuschneiden.

Nach dem 15. 9. 1440

Vor dem weltlichen Gericht in Nantes muß Gilles de Rais sich für zwei Hauptanklagepunkte verantworten: Die Kindermorde und die Angelegenheit in Saint-Étienne-de-Mermorte (das Attentat auf Jean Le Ferron und dessen Gefangennahme, die Besetzung des Schlosses Saint-Étienne, das er Geoffroy Le Ferron, dem Hauptschatzmeister der Bretagne, abgetreten hatte). Über dieses Verhör haben wir nur einen halbamtlichen Bericht, der uns nur Gilles' Antwort zu dieser letzten Angelegenheit, jedoch keine Antwort auf die Morde wiedergibt. Wenn die Anklage des öffentlichen Anklägers diesen Punkt betroffen hätte, nachdem Gilles' Einstellung hierzu am 8. Oktober vor den geistlichen Richtern klar geworden war, so wäre der Ankläger in der Geschichte in Saint-Étienne nicht so entgegenkommend gewesen. Augenscheinlich waren die weltlichen Richter ebenso vorsichtig wie die geistlichen und sprachen nicht gleich vom Anfang an über diesen so schwerwiegenden Punkt. Der Verfasser des Berichts mag dieses Übergehen für ein Versehen gehalten haben, aber er hat es nicht auf sich genommen, eine die Kinder betreffende Erwiderung Gilles' einzufügen.

Pierre de L'Hôpital, der Präsident der Bretagne 18. 9. 1440

Der »Präsident der Bretagne« oder »Oberrichter der Bretagne« präsidiert dem weltlichen Gerichtshof in Nantes und darüber hinaus den Gerichtssitzungen des Hauptgerichts des Herzogtums. Er ist, neben dem Kanzler der Bretagne, Jean de Malestroit, und dem Hauptschatzmeister Geoffroy Le Ferron (dem Bruder von Jean Le Ferron, Gilles de Rais' Opfer) einer der höchsten Beamten des Herzogs der Bretagne. »In der Organisation der bretonischen Justiz nimmt er den wichtigsten Platz ein«, behauptet Durtelle de Saint-Sauveur in seiner *Histoire de Bretagne des origines à nos jours,* 4. Ausg., Bd. I, S. 331.

hat die oberste weltliche Funktion im Verfahren gegen Sire de Rais. Ein Geistlicher, Jean de Toucheronde, ist mit der Untersuchung beauftragt und beginnt sie mit der Aufnahme von Zeugenaussagen, die die Ermordung des Sohnes von Peronne Loessart aus La Roche-Bernard und die von Jamet Brice aus Port-Launay betreffen.

Die Verhandlungen im Prozeß gegen Gilles de Rais werden in Nantes, im großen oberen Saal der Tour Neuve, eröffnet. Der Angeklagte erscheint vor Jean Malestroit, Bischof von Nantes. Er vernimmt die Anklagen des Promotors Guillaume Chapeillon (der den Strafantrag gegen ihn zu stellen hat). Man bezichtigt ihn der »Häresie am Dogma«. Aus 19. 9. 1440 diesem Grund wird er vor den Bischof und den Stellvertreter des Inquisitors, Jean Blouyn, geladen. Blouyn ist Beauftragter der Inquisition für die Stadt und Diozese Nantes. Am 28. September führt man Gilles diesen beiden Richtern vor, deren Kompetenz er zunächst nicht bestreitet. Damals mag es ihm verhältnismäßig leicht erschienen sein, sich nur wegen der Anklage der Ketzerei zu rechtfertigen.

27. 9. 1440 Jean de Touscheronde setzt die weltliche Untersuchung fort: er vernimmt Zeugen zum Fall des spurlos verschwundenen Jean Bernard aus Port-Launay.

28. 9. 1440 Vor dem Bischof Jean de Malestroit und vor Jean Blouyn, dem Stellvertreter des Inquisitors erscheinen in der Kapelle des Bischofssitzes zehn Kläger, die Sire de Rais vorwerfen, ihre Kinder, Enkel oder Neffen in schändlicher Weise mißbraucht und umgebracht zu haben. Sie klagen »schmerzvoll unter Tränen«. Gilles de Rais, dessen Anwesenheit eigentlich vorgesehen war, erscheint an jenem Tag nicht.

28., 29. und 30. 9. 1440 Jean de Touscheronde setzt seine Untersuchung fort: Er hört Zeugen über das Verschwinden der Kinder von Georget Le Barbier, Jean (oder Guillaume) Jeudon, Jeannot Roussin, Alexandre Chastelier, Guillaume Sergent, Mathelin Thouars, Jeanne Édelin, Macé Sorin (des sogenannten Oran), Guillaume Hamelin, Micheau Bouer, des Knaben Bernard Le Camus und des Kindes von Jeannette Drouet. Außerdem vernimmt er die persönliche Klage von Perrine, der Frau von Clément Rondeau, über Prelati.

Fortsetzung der Untersuchung durch Jean de Toucheronde: Verhandelt wird über das Verschwinden der Kinder von Regnaud Donete, Jean Hubert, Jean Jenvret, Colin Avril, Guibelet Delit, eines Pfleglings von Jean Toutblanc, eines Sohnes von Jean Fougère und eines Sohnes von Éonnet de Villeblanche. *2.10.1440*

Fortsetzung derselben Untersuchung über das Verschwinden von Perrot Dagaie. *6.10.1440*

Fortsetzung derselben Untersuchung über das Verschwinden zweier Söhne von Robin Pavot, von Olivier Darel, von Jean Hubert, des Sohnes von Regnaud und von L. Donete. *8.10.1440*

Im unteren Saal des Schlosses Tour Neuve bleiben die zehn Kläger der vorigen Vernehmung vor dem Bischof und dem Stellvertreter des Inquisitors »mit großem Jammer, voller Schmerz und weinend« bei ihren Anklagen. Außer Mord und widernatürlicher Unzucht wird über die »Beschwörung böser Geister« und über »mehrere andere unter die kirchliche Rechtsprechung fallende Verbrechen« verhandelt.

Am gleichen Tag, aber diesmal in »einem großen oberen Saal« des Schlosses Tour Neuve erscheinen Gilles de Rais und der öffentliche Ankläger vor dem Bischof und dem Stellvertreter des Inquisitors. In dieser Sitzung zählt die Anklage des Anklägers, mündlich vorgetragen, die Gesamtheit der dem Täter zur Last gelegten Verbrechen und

Verfehlungen auf, wie sie weiter unten in der Anklageschrift – niedergelegt in neunundvierzig Artikeln – zu finden sind. Gilles begehrt sofort auf und stellt sich gegen seine Richter, aber sein Widerspruch wird umgehend als nichtig abgelehnt. In gröbster Weise zeigt er den Richtern seine Ablehnung. Trotz vier Ermahnungen und Androhung der Exkommunikation weigert er sich, einen Schwur zu leisten.

Nun beginnt in Wahrheit der Prozeß. Die Anklage wird an diesem Tag in vollem Umfang ausgesprochen. Pierre de L'Hôpital, der den weltlichen Gerichtshof vertritt, nimmt zum erstenmal an den Verhandlungen vor den geistlichen Richtern teil. Er ist von nun an (wie Jean Prégent, Bischof von Saint-Brieuc, der mit ihm am Verhör der »außergerichtlichen Geständnisse« beteiligt ist) bei allen Verhandlungen zugegen, außer bei der vom 20. Oktober, als die Anwendung der Folter beschlossen wurde, und bei der am Morgen des 21. Oktober, dem Tag der peinlichen Befragung. Es ist bemerkenswert, daß Gilles de Rais sich am 15. Oktober an ihn wendet, als wenn er seine Entrüstung verstehen könnte, und daß er am 20. Oktober verlangt, von ihm und Jean Prégent vernommen zu werden, ohne daß geistliche Richter dabei anwesend sein sollten.

11.10.1440 Der Bischof und der Stellvertreter des Inquisitors halten die vorgesehene Sitzung ab, wobei sie den Angeklagten und den Ankläger für den übernächsten Tag vorladen. Sie hören sich lediglich zum drittenmal im unteren Saal die Klagen und das Jammern der Unglücklichen an, die von ihnen die »nötige Gerechtigkeit« erflehen.

Um neun Uhr morgens wird die Anklage im großen oberen Saal des Schlosses Tour Neuve vor dem Bischof und dem Stellvertreter des Inquisitors und vor zahlreichen Persönlichkeiten aus Nantes durch den öffentlichen Ankläger in allen neunundvierzig Artikeln der Anklageschrift ausgeführt. *13.10.1440*

Die vierzehn ersten Artikel, in denen die Zuständigkeit des geistlichen Gerichtes in Nantes, des Bischofs und des stellvertretenden Inquisitors bewiesen wird, haben nur einleitenden Charakter. Die Artikel 15 bis 49 führen jedoch in allen Einzelheiten die verschiedenen Verbrechen aus, deren Gilles de Rais angeklagt ist. Diese Darstellung ist ungeordnet und verworren, aber sie ist ziemlich vollständig. Im großen und ganzen stimmt sie tatsächlich mit den anderen Angaben überein, wie sie die Dokumente überliefern. (Allerdings wird dem vom Angeklagten angegebenen Datum des Jahres 1426 als dem Beginn der Kindermorde widersprochen; dazu müssen wir sagen, daß die Daten in dieser Anklageakte wenig vertrauenswürdig sind: so wird der Fall von Saint-Étienne-de-Mermorte in das Jahr 1438 verlegt, obgleich der Zeitpunkt, der 15. Mai 1440, so eindeutig bekannt ist, wie es nicht überzeugender sein könnte.) Diese Anklageschrift basiert auf drei Hauptpunk-

ten: erstens auf den Kindermorden, zweitens auf Ketzerei, also im wesentlichen auf der Ausübung magischer Künste, mehr oder weniger dogmatischer Behauptungen von Beschwörern und den damit zusammenhängenden Teufelsbeschwörungen, drittens auf Verletzung der kirchlichen Immunität.
Seit vierzehn Jahren (also seit 1426), so steht in der Anklageakte, sind Gilles de Rais und seinen Komplizen 140 Kinder – Knaben und Mädchen – zum Opfer gefallen. Entweder wurden sie von seinen wichtigsten Helfershelfern bei den Morden oder von Zubringern beiderlei Geschlechts herbeigeschafft. Als Vorwand wurde von angeblichen Dienstleistungen gegenüber Gilles de Rais geredet, oder mit Vorteilen gelockt, die diese Kinder oder ihre Eltern von dergleichen Diensten haben würden. In Wahrheit wurden die Kinder umgebracht und »schändlich gequält«. Außerdem beging der Angeklagte mit ihnen die Sünde der widernatürlichen Unzucht, entweder, wenn sie noch lebten, oder während sie starben oder schon tot waren. Gilles de Rais verschmähte die »natürliche Öffnung« der Mädchen. Und schließlich wurden die Opfer zerstückelt und verbrannt.
Nur zwei Opfer werden von der Anklage genau bezeichnet: ein Kind, das bei einem Rodigo in Bourgneuf-en-Rais wohnte, und der Sohn eines gewissen Jean Lavary in Vannes.
Sie nimmt Bezug auf den Transport von fünfundvierzig Skeletten von Champtocé nach Machecoul, die dort verbrannt wurden.

Der Genuß schwerer Weine, gewürzte und bleiche, sowie übermäßiges Essen hängen mit der widernatürlichen Unzucht zusammen, weil sie dem Angeklagten als Reizmittel zu dieser Sünde auf eine »ausgiebige, leichte und genußvolle« Weise dienten.
Die Anklage erwähnt die flüchtigen Reueanfälle und Besserungsvorsätze des Verbrechers, der zum Heiligen Grab pilgern wollte, aber nicht imstande war, diesen Vorsatz auszuführen, sondern so, »wie der Hund zu seinem Erbrochenen zurückkehrt«, wieder in seine verbrecherischen Neigungen zurückfiel.
Die Tatorte sind namentlich angegeben: Schloß Champtocé, La Suze in Nantes, die Schlösser Machecoul und Tiffauges, das Haus der Minoriten in Bourgneuf-en-Rais und das eines gewissen Lemoine in Vannes.
Auf das Jahr 1426 verlegt die Anklage den Beginn des fluchwürdigen, ketzerischen Treibens von Gilles de Rais, für das die Inquisition zuständig ist. Er wird bezichtigt, Beziehungen zu Ketzern unterhalten und von ihnen Lehren angenommen zu haben; außerdem habe er häretische Bücher studiert und gelesen. Im besonderen wird er angeklagt, Irrtümer und Dogmen von Wahrsagern und Beschwörern zu einem eigenen Glauben gemacht zu haben. Ebenso habe er die verbotenen magischen Künste der Geomantie und Nekromantie ausgeübt und als Lehrstütze betrachtet. Schließlich habe er sich öffentlich zu den Prinzipien dieser Ver-

brechen bekannt und sie als Glaubenssätze angesehen.
Aber mehr noch als Gedanken oder Worte sind es die sträflichen Taten, die in der Anklage aufgezählt werden. In der Hauptsache geht es um die Teufelsbeschwörungen. An verschiedenen Orten habe Gilles de Rais beschworen und beschwören lassen: in Orléans (im Gasthof Croix d'Or), in den Schlössern Machecoul und Tiffauges, in Bourgneuf-en-Rais, bei den Minoriten und in Josselin in der Nähe des Schlosses des Herzogs der Bretagne. Auch die Kinderopferungen werden Gilles vorgeworfen; er habe in Tiffauges dem Teufel die Hände, die Augen und das Herz eines Kindes in einem Glas dargebracht. Der Angeklagte habe sich mit dem Teufel durch einen Pakt verbünden wollen, weshalb er einen Schuldschein, also eine Art Vertrag, vorbereitet habe, der ihn unter Vorbehalt seiner Seele und der Verkürzung seines Lebens binden sollte. Die Anklage erwähnt außerdem bestimmte, seit fünf Jahren besonders zu Allerheiligen abgehaltene Feierlichkeiten, bei denen an die Armen Almosen verteilt wurden.
Die Verletzung der kirchlichen Immunität ist der dritte Punkt, der das Vorführen des Angeklagten vor das geistliche Tribunal begründet. Es geht hier um den Vorfall in Saint-Étienne-de-Mermorte. Die Anklage führt aus, Gilles sei »auf wilde und verwegene Weise« mit Trutzwaffen in eine Kirche eingedrungen und habe einen Geistlichen

mit dem Tode bedroht (Jean Le Ferron); daraufhin habe er ihn, an Händen und Füßen gekettet, zuerst im Schloß Saint-Étienne, dann im Schloß Tiffauges gefangengehalten. So habe der Angeklagte »schwerwiegend und schändlich gegen die Gerichtsbarkeit des Bischofs verstoßen«.

Im Anschluß an diese 49 Artikel fordert der Ankläger, daß der Angeklagte vom Bischof und vom Vize-Inquisitor der verschiedenen, in der Anklage aufgezählten Verbrechen für schuldig befunden werde: er solle zur »Exkommunikation und den anderen kirchenrechtlichen Strafen« verurteilt werden; er solle »bestraft und gezüchtigt werden, wie es das Recht und die kirchenrechtlichen Strafregeln fordern«.

Auf Antrag des Anklägers wird Gilles vom Bischof und dem Vize-Inquisitor über die Artikel dieser Anklage verhört; er spricht ihnen ihre Autorität ab und weigert sich, sie als seine Richter anzuerkennen; er beschimpft sie als »Ablaßhändler« und »Hurenjäger«; er sagt, »er würde lieber mit einem Strick um den Hals erhängt werden, als solchen Richtern und solchen Geistlichen Rede und Antwort zu stehen«. Nach mehrmaligen Ermahnungen wird die Exkommunikation ausgesprochen. Gilles legt Berufung ein, aber seine Berufung wird sofort für ungültig erklärt »in Anbetracht der Natur des Falles und auch der so furchtbaren und ungeheuren Verbrechen«, die ihm zur Last gelegt werden.

Dann werden Ermächtigungsurkunden verlesen, die Guillaume Mérici, der Inquisitor der Ketzerei im Königreich Frankreich, 1426 dem Vize-Inquisitor Jean Blouyn ausgestellt hat.

15.10.1440 Vor denselben Versammelten im gleichen Saal vollzieht sich ein entscheidender Umschwung: Gilles de Rais erkennt den Bischof und den Vize-Inquisitor als für ihn kompetente Richter an; er gesteht, die vorgeworfenen Verbrechen »begangen und böswillig verübt« zu haben und er »fleht demütig, ergeben und weinend« seine Richter an, sie möchten ihm die an sie gerichteten »Beleidigungen« und »verletzenden Worte« verzeihen. Um der Liebe Gottes Willen gewähren ihm die Richter sogleich die erbetene Vergebung. Der Angeklagte erkennt den Inhalt der Artikel 1–4 und 14 an (die Artikel 5–7, die er nicht anerkennt, betreffen Jean Blouyn; der von ihm anerkannte Artikel 8 gesteht ihm seine Macht jedoch zu).

Dessenungeachtet widerspricht Gilles de Rais am gleichen Tage doch einem der Hauptanklagepunkte, nämlich der Teufelsbeschwörung, die er weiterhin abstreitet. Was diesen Punkt betrifft, gibt er nur unbedeutende Taten zu und bietet sogar spontan an, sich deswegen der »Feuerprobe« zu unterwerfen.

Der Ankläger und der Angeklagte leisten einen Schwur auf die Evangelien, dann lädt der Ankläger die Diener Henriet und Poitou, den Alchimisten Prelati, den Priester

Blanchet, eine gewisse Tiphaine, Witwe von Robin Branchu, und die Zubringerin Perrine Martin vor, die als Zeugen vernommen werden und ihrerseits einen Eid leisten müssen. (Die Aussagen von Henriet, Prelati und Poitou, die an den folgenden Tagen verhört werden, sind uns im Gegensatz zu denen von Tiphaine und Perrine Martin, die in den uns zur Verfügung stehenden Dokumenten fehlen, erhalten geblieben.)

François Prelati, italienischer Alchimist und *16.10.1440*
Beschwörer, von Mai 1439 bis zum 15. September in Gilles de Rais' Diensten, wird verhört. Der Ort, an dem dieser Zeuge vernommen wurde, ist nicht angegeben.

Verhör des Priesters Blanchet und der *17.10.1440*
beiden Diener Henriet Griart und Etienne Corrillaut, genannt Poitou, die alle drei seit mehreren Jahren und bis zu seiner Verhaftung in Gilles de Rais' Diensten standen.

Es ist möglich, daß das Verhör dieser drei Zeugen am Vormittag stattfand, da der Ankläger und Gilles de Rais anwesend waren. Das Gericht tagt am Nachmittag zur Vesperzeit im großen oberen Saal wegen der Vereidigung von fünf Zeugen, die alsbald zur Verletzung der kirchlichen Immunität verhört werden sollen, nämlich die Herren Lenano, Marquis de Ceva, Bertrand Poulein, Jean Rousseau, Gilles Heaume und Bruder Jean de Lanté.

Um neun Uhr morgens tagt das Gericht in *19.10.1440*
Anwesenheit Gilles de Rais' und des Anklägers im großen oberen Saal des Schlosses

wegen der Vorladung und Vereidigung von fünfzehn neuen Zeugen.

20.10.1440 Immer noch im großen oberen Saal erscheinen um neun Uhr morgens der Ankläger und Gilles de Rais vor dem Bischof und dem Vize-Inquisitor; diese wollen auf Bitten des Anklägers von Gilles wissen, was er gegen die Anklage zu sagen oder einzuwenden habe; aber der Angeklagte erwidert, er habe nichts dazu zu sagen. Er stimmt dem Gesuch zu, die soeben aufgenommenen Zeugenaussagen unverzüglich veröffentlichen zu lassen. Indes verlangt der Ankläger von den Richtern dennoch die Anwendung der Folter, »um die Wahrheit vollkommener zu erhellen und auszuforschen«; daraufhin holen diese den Rat von »sachverständigen Männern« ein, die ihnen helfen und entscheiden, daß Gilles »den Fragen und den Foltern« unterworfen werden solle.

21.10.1440 Als die Richter um neun Uhr morgens im unteren Saal der Tour Neuve zusammentreten, bestellen sie den Angeklagten zu sich, um ihn der Folter unterwerfen zu lassen. Gilles unterbreitet hier demütig seine Bitte, die Ausführung auf den kommenden Tag zu verschieben: er werde sich bemühen, ihnen, ohne daß er gefoltert werde, so zu antworten, daß sie urteilen könnten, ob es noch nötig sei, ihn »eindringlich« zu befragen. Er macht den Vorschlag, daß er außerhalb der Stätte, an der die Folter vorbereitet wird, dem Bischof von Saint-Brieuc, Jean Prégent, als Vertreter des Kirchengerichts und dem Präsidenten der Bretagne, Pierre de L'Hôpital, als Vertreter des weltlichen Gerichts, Rede und Antwort stehe. Die Richter stimmen diesem Vorschlag zu und genehmigen den nötigen Aufschub. Um zwei Uhr nachmittags erscheinen im gleichen unteren Saal der Bischof und der stellvertretende Inquisitor; sie entsenden den Bischof Jean Prégent und Pierre de L'Hôpital in das »obere Zimmer« des Schlosses, in dem der angeklagte Marschall zu dieser Zeit untergebracht ist. Er hat das Privileg einer standesgemäßen Wohnung behalten.

Das Verhör findet statt mit den Beisitzern Jean Petit, Notar des geistlichen Gerichtes, Jean Labbé, Hauptmann im Dienste des Herzogs von Bretagne, (der auch die Verhaftungen in Machecoul ausgeführt hat), Yvon de Rocerf, Schildknappe des Hauptmanns, (der ebenfalls mit in Machecoul war) und Jean de Touscheronde, Geistlicher, der die weltliche Untersuchung leitet.

Unter diesen Umständen kommt es zu dem ersten Geständnis von Gilles de Rais, dem sogenannten »außergerichtlichen Bekenntnis«, weil es unabhängig vom geistlichen wie vom weltlichen Verfahren stattfand. Es wird vermerkt, daß es »gutwillig, ohne Zwang und leidvoll« abgelegt wurde.

In diesem Geständnis sagt der Angeklagte, daß seine ersten Verbrechen von dem Jahr datieren, »als sein Ahne, der Seigneur de La Suze, verschied«, also 1432. Er behauptet hier trotz Pierre de L'Hôpitals eindringlicher

Fragen, daß er seine Verbrechen »nach eigener Vorstellung und eigenem Denken, ohne jemandes Rat und nach seinem eigenen Sinne, lediglich zu seinem fleischlichen Vergnügen und Ergötzen« beging, »und zu keinem anderen Zweck und aus keiner anderen Absicht«.

Daraufhin lassen die zwei Gerichtsvorsitzenden François Prelati kommen. Er und Gilles machen übereinstimmende genaue Angaben über die Teufelsbeschwörungen seit der Ankunft des italienischen Alchimisten, namentlich über die Opferung der Hand, der Augen und des Herzens eines Kindes, die begonnen, aber nicht vollendet wurde. Danach verabschiedet sich Gilles von seinem Komplizen.

Nach diesem Verhör gehen die zwei Vorsitzenden in den unteren Saal des Schlosses zurück, wo sie das erhaltene Geständnis mitteilen, das die Richter befriedigt haben muß, denn von der Folter ist nun keine Rede mehr.

22.10.1440 Zur Vesperstunde erscheinen Gilles de Rais und der Ankläger von neuem vor dem Bischof und dem Vize-Inquisitor (zweifellos im oberen Saal des Schlosses).

Die Richter fragen den Angeklagten, ob er gegen das bereits Gesagte etwas einzuwenden oder ihm etwas hinzuzufügen habe. Dieser verneint das und gesteht hier aus eigenem Antrieb, was er schon »außergerichtlich« bekannt hat. Der Bericht darüber zeigt, daß er »mit tiefer Zerknirschung im Herzen und schwerem Gram« sprach, »auch sah man ihm das an, und er vergoß viele Tränen«. Ohne von dem ersten Geständnis Abstand zu nehmen, versucht er, es zu vervollständigen, seinen Fehlern und Unzulänglichkeiten abzuhelfen. Gleich zuerst spricht er bezeichnenderweise eindringlich von seiner lasterhaften Kindheit und bittet darum, daß diese Geständnisse in gewöhnlicher Sprache bekannt gemacht werden, wegen der Anwesenden, »von denen die meisten kein Latein können«.

Er ermahnt die Väter, Mütter und Freunde aller Kinder zur Strenge ... Er äußert sich ausführlich über die verschiedenen Qualen, die er und seine Komplizen den Opfern bereiteten. Er spricht über die Auswahl, die sie unter den schönsten Köpfen der toten Kinder trafen, und geht so weit zu sagen, daß er mit seinen Dienern lachte, wenn er sie sterben sah.

Dem, was seine Morde betrifft, fügt er einige genaue Angaben über die Beschwörungen und über seine Beziehungen zu Prelati hinzu. Einiger Morde erinnert er sich im einzelnen: des Mordes in Bourgneuf, derer von Jean Hubert und von einem anderen Pagen, schließlich auch des Mordes in Vannes, wo der Körper des enthaupteten Kindes in eine Kotgrube geworfen wurde.

Er gibt Einzelheiten über die Beschwörungsversuche vor der Ankunft Prelatis von 1438 an und spricht davon, daß er manchmal die Absicht gehabt habe, Abstand von seinem üblen Lebenswandel zu nehmen und nach Jerusalem zu pilgern.

Er ermahnt schließlich das »Volk« und vor allem die bei seinem Verhör zahlreich anwesenden Kleriker, »unsere heilige Mutter Kirche« zu verehren. Die Familienväter mögen ein wachsames Auge auf ihre Kinder haben, die nicht »zu fein gekleidet« sein und nicht »im Müßiggang« leben sollten. Er prangert nachdrücklich die Völlerei an und erklärt, daß »ihn der Müßiggang, eine unersättliche Gier nach feinen Speisen und der ständige Genuß feuriger Weine ständig in einen Zustand der Erregung versetzten, der ihn dazu brachte, so viele Verbrechen und Sünden zu begehen«.

Er bittet Gott sowie die Eltern und Freunde der Kinder, die er »so grausam massakriert« hat, um Verzeihung, und fleht alle Getreuen und Anbeter Christi an, ihm mit ihren gottesfürchtigen Gebeten zu helfen.

Nach diesem langen Geständnis, dessen uns bekanntester Wortlaut auch der einzig maßgebliche ist, ersucht der Ankläger, den Tag festzulegen, an dem das »endgültige Urteil« gefällt werden soll. Unter anderem sind Jean Prégent und Pierre de L'Hôpital bei diesem Verhör zugegen.

23.10.1440 Der weltliche Gerichtshof verurteilt die beiden Kammerdiener von Gilles de Rais, Henriet und Poitou zum Tode, nachdem er ihre Geständnisse gehört hat, die zuweilen wörtlich ihren Aussagen vor dem geistlichen Gericht folgen, sie aber häufig auch vervollständigen. Sie sollen am gleichen Tag wie ihr Herr, und zwar kurz nach ihm hingerichtet werden.

Der Bischof Jean de Malestroit und Bruder Jean Blouyn, der Vize-Inquisitor, halten um neun Uhr morgens im großen oberen Saal von Schloß Tour Neuve Gericht. Der Ankläger beantragt, den Prozeß zu beenden und das endgültige Urteil bekanntzugeben, welchen Worten Gilles de Rais »zuhört, sie versteht und ihnen nicht widerspricht«. *25.10.1440*

In einem Doppelurteil erklärt das Kirchengericht den Angeklagten erstens »der heimtückischen ketzerischen Abtrünnigkeit sowie der verabscheuenswerten Beschwörung von Dämonen für schuldig«; zweitens »für überführt, bösartig das Verbrechen der widernatürlichen Unzucht an Kindern beiderlei Geschlechts nach sodomitischer Praxis begangen zu haben«. Er wird exkommuniziert und wegen Verstoßes gegen andere Kirchengesetze bestraft. Dieses Urteil des Kirchengerichts schließt das des weltlichen Gerichts mit ein, das am gleichen Tag ohne Verzug folgt.

Nachdem dieses Urteil ausgesprochen worden ist, schlagen die Richter Gilles de Rais auf der Stelle vor, ihn wieder in die Kirche aufzunehmen; dieser bittet sie darum, wobei er sie »kniend und gottesfürchtig ... mit Seufzern und Wimmern« anfleht. Nachdem er wieder aufgenommen worden ist, bittet er, beichten zu dürfen; die Richter beauftragen sogleich einen Geistlichen aus dem Karmeliterorden, Jean Jouvenel, ihm die geheime Beichte abzunehmen.

Der kirchliche Prozeß ist beendet.

Danach wird Gilles de Rais in das benachbarte Schloß Bouffay vor den unter dem Vorsitz des Präsidenten der Bretagne, Pierre de L'Hôpital, vereinten weltlichen Gerichtshof geführt.
Hier gesteht er, was die Angelegenheit in Saint-Étienne-de-Mermorte betrifft. Nachdem Pierre de L'Hôpital mehrere Anwesende um ihre Meinung befragt hat, erklärt er, der Angeklagte habe wegen dieser Sache die bereits festgesetzte Buße auf sich zu nehmen (50000 Goldtaler), die von seinen Besitzungen zu erheben und an den Herzog der Bretagne zu zahlen sei; wegen der anderen von ihm begangenen Verbrechen wird er gehängt und verbrannt werden; dieses Urteil soll am folgenden Tage um elf Uhr vollzogen werden.
Hier bittet Gilles de Rais darum, daß seine Diener Henriet und Poitou, die wie er zum Tode verurteilt sind, erst nach ihm hingerichtet werden, da er der Ursprung ihrer Verbrechen sei. Andernfalls, fürchtet er, könnten sie glauben, er, der Hauptschuldige, bliebe ungestraft. Pierre de L'Hôpital gewährt ihm diese Gunst; außerdem entscheidet er, daß der Leichnam des Verurteilten rechtzeitig aus den Flammen genommen und in einer Kirche nach seiner Wahl bestattet werde. Schließlich wünscht Gilles de Rais, daß sein Richter den Bischof ersuchen möge, für den kommenden Morgen »eine allgemeine Prozession« anzuordnen, »um Gott zu bitten, daß er in ihm und seinen Dienern die sichere

Hoffnung auf das Heil bewahre«. Pierre de L'Hôpital willigt ein.

Im Anschluß an die Prozession, der eine ungeheure Menschenmenge folgt, wird Gilles de Rais gehängt, dann den Flammen übergeben, aber bald wieder aus den Flammen herausgezogen. Daraufhin wird er »von vier oder fünf Damen oder Demoiselle von vornehmer Geburt« bestattet. *26.10.1440*

Chartier (J.) *Chronique de Charles VII.* ... Ausgabe v. Vollet de Viriville, Bd. II, S. 5–6.

Auch Henriet und Poitou werden hingerichtet und eingeäschert, aber Gilles' sterbliche Hülle wird in die Kirche Notre-Dame-du-Carmel in Nantes gebracht. So fand er seine letzte Ruhestätte neben anderen bedeutenden Persönlichkeiten. Die Revolution richtete in dieser heute verschwundenen Kirche jedoch eine makabre Verwüstung an.

Historische Details

Zahl, Alter und Geschlecht der Opfer

Die Frage nach der Zahl der Opfer Gilles de Rais' ist unlösbar.

Der Zivilprozeß findet vielleicht einen annehmbaren Ausdruck, wenn er sagt: »... besagter Sire hat mehrere kleine Kinder gefangen und fangen lassen, nicht nur zehn, auch nicht zwanzig, aber dreißig, vierzig, fünfzig, sechzig, hundert, zweihundert und mehr, so daß man die Zahl nicht klären kann.«

Die in der Anklageakte des Kirchenprozesses in Artikel 27 angegebene Zahl ist ein wenig genauer: Gilles soll »hundertvierzig oder mehr Kinder, Mädchen und Jungen, getötet haben oder getötet haben lassen«.

Andere im Prozeß angegebene Zahlen stehen auch nicht eindeutig fest: Poitou und Henriet sollen sechzig und mehr herbeigeschafft haben. An einer anderen Stelle wird diese Zahl auf vierzig vermindert. Diese Zahlen lassen uns im unklaren. Andererseits soll Henriet selbst ein Dutzend Kinder umgebracht haben, und zwar im Haus La Suze.

Die Aussage Henriets vor den geistlichen Richtern hat vielleicht mehr Gewicht. Nach Henriet »freute sich (Gilles) beim Anblick abgetrennter Köpfe, zeigte sie ihm, dem Zeugen, und Étienne Corrillaut ..., und fragte sie, welcher der besagten Köpfe der schönste sei, der eben abgetrennte Kopf oder der von gestern oder ein anderer von vorgestern ...«. Die Vermutung, daß diese gräßliche Äußerung

von einer nachträglich rekonstruierten Vorstellung herrührt, ist nicht ausgeschlossen. Aber es ist durchaus denkbar, daß an einem einzigen Tag drei Kinderköpfe nebeneinander gelegen haben, woraus sich schließen läßt, wie hoch ungefähr die Zahl der Ermordeten ist.
Aber auch die Zahl der durch genaue und offensichtlich ernstzunehmende Aussagen bekannten Opfer kann keine Klarheit schaffen. Immerhin könnte die aus ihnen mit logischer Konsequenz hervorgehende Summe als Minimum gelten. Es ist also statthaft zu sagen, daß fünfunddreißig Opfer dieses Minimum darstellen, das allerdings weit unter der wahrscheinlichen Zahl liegt ...
Was das Alter betrifft, so beziehen sich die von mir erhobenen genauen Hinweise auf zwei siebenjährige Kinder, vier achtjährige, drei neunjährige, zwei zehnjährige, zwei zwölfjährige, ein vierzehnjähriges, zwei fünfzehnjährige, einen Achtzehnjährigen und einen Zwanzigjährigen.
Bekanntlich variierte das Geschlecht der Kinder. Zweifellos zog Gilles die Knaben vor, aber wenn es an Knaben mangelte, griff er auf Mädchen zurück. Wir weisen nur darauf hin, daß sich unter den in den Aussagen erwähnten Opfern kein einziges Mädchen befindet. Freilich kann das Wort Kind sowohl ein Mädchen als auch einen Jungen bezeichnen. Man kann jedoch annehmen, daß Sire de Rais nur ausnahmsweise Mädchen umbrachte, wenn die Zubringer oder Zubringerinnen keine Jungen auftreiben konnten. Henriets Geständnis vor dem weltlichen Gericht beschreibt mit einer gewissen Genauigkeit die Beziehungen seines Herrn zu Mädchen: »... manchmal wählte Sire de Rais kleine Mädchen aus, mit denen er Verkehr auf dem Bauch hatte wie mit den männlichen Kindern; er sagte, daß er so mehr Vergnügen und weniger Mühe habe, als wenn er sie nach ihrer Natur genösse; dann wurden diese Mädchen getötet wie die männlichen Kinder.«

Die Erben und das Erbe von Gilles de Rais

1. Catherine de Thouars, Gattin von Gilles de Rais.
Wie Abbé Bourdeaut treffend feststellt, wissen wir nichts, absolut nichts von der Gattin Gilles de Rais'. Über diese Frau, Catherine de Thouars, wie über Marie de Rais, das Kind, das sie von Sire de Rais hatte – oder gehabt haben soll –, sagt er: »Sie zeigen und entziehen sich uns wie verschwommene Erscheinungen, ohne daß uns die geringste Tatsache, die geringste Kontur erlaubten, ihren Charakter festzustellen.«

Bourdeaut (A.), *Chantocé, Gilles de Rais et les Ducs de Bretagne*, S. 148.

Wir wissen von Catherine de Thouars, daß sie sich der Entführung nicht widersetzt hat, die es Gilles ermöglichte, sie zu heiraten und ihr Erbe in die Hand zu bekommen. Aber es ist klar, daß ihr Gatte sich nicht lange mit ihr abgab; während seines ganzen Lebens wurde sie vernachlässigt. Wie dem auch sei, man kann wohl nicht annehmen, daß sie etwas von den Verbrechen gewußt hat, die 1440 durch den Prozeß ans Tageslicht kamen.

Das ist die Ansicht von Abbé Bourdeaut (op. cit., S. 148).

Nach dem Tod von Gilles de Rais heiratete sie so schnell wie möglich in zweiter Ehe Jean de Vendôme, Stiftsamtmann von Chartres, der 1441 Kammerherr des Herzogs von Bretagne wurde.
Catherine de Thouars behielt Pouzages, Tiffauges und alle Güter, die sie wie diese mit in die Ehe gebracht hatte. Zudem hatte sie 1440 die Vormundschaft über Marie. Aber die Rechte der letzteren waren so bedeutend, daß der unbedeutenden Catherine bald diese Vormundschaft entzogen

wurde. Ihr Mann beschied sich im übrigen damit, die Interessen Jeans V. zu seinen eigenen zu machen.

2. Marie de Rais, Tochter von Gilles de Rais, Verlobte und später Gattin des Admirals Prégent de Coëtivy (1442 bis 1450).

Die Tochter von Gilles de Rais war beim Tode ihres Vaters ungefähr zehn Jahre alt. Sie erbte alle Güter, die er nicht von seiner Frau hatte. Ihre Interessen kollidierten mit der Habsucht Jeans V., der eiligst die Konfiskation aussprechen ließ. Aber solche Konfiskation konnte damals grundsätzlich nicht die Rechte unschuldiger Erben unterdrücken. Die Familie von Gilles – und der Hof, dem immer daran lag, dem bretonischen Herzog Paroli zu bieten – zogen in Betracht, diese vielfältig verbliebenen Rechte einer Persönlichkeit von Rang anzuvertrauen, einem der brillantesten und fähigsten Männer um Charles VII., dem Admiral Prégent de Coëtivy. Der König wird später erklären, er selber habe Marie de Rais mit dem Admiral verheiratet.

Bourdeaut (A.), op. cit., S. 114.

Es handelt sich um eine Vernunftheirat. Prégent de Coëtivy war von bretonischer Herkunft und ein Gauner von Format. Als Feind von La Trémoille (er nahm 1434 an dem Komplott teil) mußte er auch der Feind von Gilles de Rais sein. Die Ehe wurde im Frühjahr 1442 vertraglich geschlossen, aber noch nicht vollzogen.

Von da an benahm sich der Admiral wie ein Geschäftsmann, der den größtmöglichen Vorteil aus seiner Lage ziehen will. Er hatte keine Skrupel und war nicht sonderlich besorgt im Punkt der Ehre (wahrscheinlich war dieser Charakterzug entscheidend für die Wahl: immerhin sollte er die Tochter eines Mannes heiraten, der durch Henkershand starb).

Von 1443 an verzichtet er auf den Versuch, einen Prozeß zur Rehabilitierung seines Schwiegervaters anzustrengen, von dem in einem ausgearbeiteten, aber verlorengegangenen Text erklärt wird, er sei zu Unrecht verurteilt worden. Er verzichtet darauf und erreicht, daß er das Wappen der Rais' nicht mehr zu tragen braucht, das er zunächst angenommen hatte. Offensichtlich glaubte er anfangs an die Möglichkeit einer Rehabilitierung, vielleicht sogar an die Unschuld Sire de Rais', die zu behaupten der französische Hof seine Gründe gehabt hätte: alles, was das Ansehen des Herzogs der Bretagne treffen konnte, war gut auszunützen. Aber es steht fest, daß von 1443 an niemand mehr an so etwas gedacht hat. Es scheint außer jedem Zweifel, daß die Schuld zu diesem Zeitpunkt völlig unleugbar war.

Die wichtige Partie, die da gespielt wird, dreht sich de facto um die Festungen Champtocé und Ingrandes. Am 25. März 1443 erhält Coëtivy von René d'Anjou Rechte über diese beiden wesentlichen Herrensitze. Dann läßt er ihre Beschlagnahme von Charles VII. aussprechen. Die beiden Orte gehörten dem Sohn Jeans V., Gilles, bekannt unter dem Namen Gilles de Bretagne, der mit den Engländern liiert war. Den erwiesenen Verrat begründete ein Schriftstück, das übrigens gleichzeitig mit der Beschlagnahme die Übertragung des Besitzes an Admiral de Coëtivy verfügte.

Bourdeaut (A.), op. cit., S. 121.

Ein Jahr später heiratete dieser die junge Marie; sie war damals vierzehn Jahre alt.

So hatte der Günstling Charles' VII. die von ihm im Sinne der französischen, vor allem aber auch seiner eigenen Interessen gespielte Partie gewonnen: mit Hilfe der guten Karte, der Tochter des Kindermörders, in seinen gierigen Händen. Zweifellos ist das, was auf das Leben Gilles de

Rais' folgte, weniger unheilvoll als seine Morde, aber es ist zumindest schmutzig.
Doch das Erbe des verbrecherischen Marschalls brachte dem Admiral kein Glück. Am nämlichen Tag, an dem er seinen Freunden erklären konnte, daß er endlich alleiniger Herr von Champtocé sei, nahm er an der Belagerung von Cherbourg teil (einer Ortschaft, die von den Engländern noch am 20. Juli 1450 gehalten wurde): Ein Kopfschuß durch eine Hakenbüchse tötete ihn.

3. Marie de Rais, in zweiter Ehe Frau ihres Vetters André de Laval-Lohéac (1451–1457).
Für Heiratsanwärter blieb die Witwe Marie de Rais die Trumpfkarte, wie sie es für Coëtivy gewesen war. Jetzt nahm sich ein Vetter, André de Laval-Lohéac, ihrer an, der neben René de Rais oder La Suze die Rechte der Familie gegenüber der Verschwendungssucht von Gilles de Rais verteidigt hatte. Im Februar 1451 fand die Heirat in Vitré statt. Abbé Bourdeaut unterstreicht die Tatsache, daß die Eheschließung am gleichen Tag vollzogen wurde, an dem der Bruder von André, Guy XIV. von Laval, Françoise de Dinan heiratete, die Witwe des Gilles de Bretagne, den sein Bruder, Herzog François II., in einem Verließ umkommen ließ, das zur Hälfte voll Wasser stand. »Die beiden Frauen«, lesen wir,

Bourdeaut (A.), op. cit., S. 135.

»begingen ihren feierlichen Einzug in die Stadt Laval gemeinsam«.
Während der Zeit dieser zweiten Ehe von Marie de Rais wurde ein Prozeß um Champtocé geführt, das die Familie Coëtivy aufgrund des Ehevertrages mit dem Admiral zurückforderte.
Am 1. November 1457 starb Marie de Rais kinderlos im Alter von siebenundzwanzig Jahren. »Sie wurde im Chor

von Notre-Dame in Vitré beigesetzt, und die Mütter zeigen ihren Kindern noch heute das Grabmal als das der Tochter Blaubarts.«

Bourdeaut (A.), op. cit., S. 137.

4. René, Bruder von Gilles de Rais (1457–1473).

Beim Tode von Marie de Rais fiel das Erbe ihres Vaters René de La Suze, seinem Bruder, zu, der Baron von Rais wurde.

Um seine Ansprüche auf Champtocé zu rechtfertigen, das er in der Folge erhielt, mußte René die Verschwendungssucht seines Bruders beweisen, und dieser seiner Aktivität verdanken wir die »Denkschrift der Erben«.

René lavierte zwischen verschiedenen Mächten, aber er hatte kein Glück. Als er 1473 starb, hinterließ er eine Tochter, Jeanne, die mit François de Chauvigny verheiratet war. Diese Jeanne, die 1481 starb, hatte einen Sohn und eine Tochter, aber letztere hatten keine Kinder.

Zu Lebzeiten René de Rais' war Champtocé unausgesetzt Streitobjekt von Prozessen, die über die Summen zur Entschädigung der Familie Coëtivy geführt wurden. Das Schicksal dieser Festung wurde unter der Herrschaft Louis' XI. besiegelt. Er ließ sie während eines Krieges gegen die Bretagne teilweise schleifen, dann, nach Zwistigkeiten mit René d'Anjou, ließ er sie beschlagnahmen.

Die Beschlagnahme wurde indes 1483 aufgehoben; zu diesem Zeitpunkt gab der Herzog der Bretagne einem seiner Bastarde das Schloß, von dem aus Gilles de Rais sich 1429 nach Chinon und von dort weiter zur Belagerung von Orléans begeben hatte und in dem er 1432 das erste seiner Opfer umgebracht haben muß.

Roger de Briqueville
nach dem Tode Gilles de Rais'

Als die Verhaftung Gilles de Rais' unvermeidlich schien und kurz bevorstand, ergriffen Gilles de Sillé und Roger de Briqueville, seine Vertrauten (und manchmal seine Komplizen), die Flucht. Wir wissen nicht, was aus Sillé geworden ist; Briqueville jedoch trat in die Dienste von Prégent de Coëtivy, der über ihn offensichtlich alle Fragen, die die Angelegenheiten seines Schwiegervaters betrafen, bis ins Detail klären konnte.

Briqueville, dessen Vater – adlig und reich – die Normandie auf der Flucht vor den Engländern verlassen hatte, war mit Gilles und folglich mit Marie de Rais verwandt. Aus diesem Grunde stellte ihn der Admiral unter seinen Schutz. Marie de Rais nahm sogar seine Kinder zu sich. Aber Briqueville fürchtete, wegen seiner Teilnahme an den Verbrechen des Schwiegervaters behelligt zu werden. Coëtivy muß mit seinen Diensten, die zweifellos niederer Art waren – wie ein so elender Mann sie allenfalls erweisen kann –, zufrieden gewesen sein, denn er verhalf ihm zu Begnadigungsurkunden. Diese Urkunden sind für uns von einem gewissen Interesse. Sie stellen das einzige von den Gerichtsdokumenten Jean de Malestroits und Jeans V. unabhängige offizielle Dokument dar, das auf die Kindermorde Bezug nimmt, an denen Briqueville mitschuldig war. Es sind Begnadigungsschreiben, aber sie berichten über die Verbrechen, deren sich der vornehme Diener Gilles de Rais' schuldig gemacht hat: er war »Kostgänger« bei seinem Herrn, und »er war damals ein junger Knappe und schwer von Begriff«; nun, dieser Herr ließ Kinder »töten und zu Tode bringen«, und Briqueville sagt, er sei von ihm gezwungen worden, Kinder zu beschaffen. In den Dokumenten des Prozesses scheint es, daß er bei diesen Morden mit Hand angelegt hat. Aber was er in diesen Begnadigungsschreiben zugibt, schränkt diesen Vorwurf ein. Er habe zuerst von den Morden nichts gewußt, und später, sobald er sie ahnte, »gab er das Leben und den Dienst bei diesem Sire de Rais auf, der fünf Jahre, nachdem er ihn verlassen hatte, mit seinen Komplizen gefangengenommen und bestraft wurde«. Wie man gesehen hat, war dieser Briqueville im traurigsten Sinne ein Mann für alles. Es hat keinen Sinn, sich bei seinem Leugnen aufzuhalten; seine Geständnisse dagegen unterstützen die These von der Schuld Gilles' um so überzeugender, als Admiral Coëtivy, wie schon erwähnt wurde, zunächst für möglich hielt, die Unschuld seines Schwiegervaters nachzuweisen und ihn zu rehabilitieren. Hatte er sich nicht darauf eingelassen, sein Wappen zu tragen? Aber ziemlich bald ließ er sich das Recht geben, es abzulegen. Die Einstellung, die er zuletzt hatte, steht schwarz auf weiß in den Briefen, die er vom König erhielt und die im Mai 1446 in Sazilly bei Chinon datiert sind.

François Prelati
nach dem Tode Gilles de Rais' (1440–1445)

Salomon Reinach stützt seine These mit dem Argument, daß der Magier Prelati nicht verurteilt worden sei. Aber dieses Argument beruht auf einem Irrtum. Die Strafe, die der Inquisitor ihm auferlegte, bestand in lebenslänglicher Haft.

Abbé Bourdeaut berichtet nach Dokumenten aus verschiedenen Archiven über die Abenteuer Prelatis nach dem Tode seines Herrn (op. cit., S. 128–130).

Abbé Bourdeaut hält das für »die einzige Strafe, die ihm auferlegt werden konnte, da er an den von Baron de Rais begangenen Mordtaten nicht teilgenommen hatte«. In der Haft erleichterten ihm seine Taschenspielergeschicklichkeit und seine Zungenfertigkeit zweifellos das Entkommen. Sie ermöglichten es ihm sogar, die Gunst René d'Anjous zu gewinnen, der wie Gilles de Rais glaubte, der Italiener verstünde es, Gold zu machen. Immerhin ernannte ihn der »gute König René« zum Hauptmann von La Roche-sur-Yon. In La Roche-sur-Yon finden wir bei ihm auch seinen Freund wieder, den Priester Eustache Blanchet, und, nach Bourdeaut, »einen ganzen Schwarm ehemaliger Diener des Barons de Rais«. Prelati, der sich erinnerte, am 15. September verhaftet worden zu sein, ließ seinerseits Geoffroy Le Ferron festnehmen, der auf der Durchreise durch La Roche kam. Bald nach seiner Entlassung aus der Haft erwies sich Le Ferron jedoch als der Stärkere: Er ließ den Italiener hängen.

Bis zum Ende blieb dieser seiner Betrüger- und Abenteurerlaufbahn treu; der Szene vom 21. Oktober (der Abschiedsszene mit Gilles de Rais) war er völlig unwürdig. Er hatte Blankovollmachten, die Geoffroy Le Ferron bei sich trug, dazu benutzt, Fälschungen herzustellen, durch die namhafte Personen geschädigt wurden. Das war sein Untergang.

Die These von der Unschuld
Salomon Reinach

Es ist mitunter an der Schuld Gilles de Rais' gezweifelt worden. Ein Satz von Voltaire

Essay sur Les Mœurs. LXXX

zielt in eine bestimmte Richtung: »In der Bretagne richtete man den Marschall de Rais hin, der angeklagt war, Magie getrieben und Kinder ermordet zu haben, um aus ihrem Blut angebliche Zaubermittel herzustellen.« Andere Autoren derselben Zeit lassen den gleichen Zweifel durchblicken, doch vor Beginn des 20. Jahrhunderts ist die Unschuldsthese nicht Objekt einer Behauptung gewesen, die auf einem vielleicht oberflächlichen, aber doch tatsächlichen Studium der Dokumente basierte. 1902 nimmt Salomon Reinach den Fall des Gilles de Rais in die Hand …

Im großen ganzen

Als eine Ausnahme zitieren wir das Werk von Fernandez (Pseudonym Fernand Fleuret): *Le Procès inquisitorial de Gilles de Rais*, Paris 1922.
Im Vorwort, das einen Rehabilitierungsversuch darstellt und sich auf eine sehr mangelhafte Übersetzung aus dem Lateinischen stützt, begnügt sich der Autor damit, die Argumente von Salomon Reinach wieder aufzugreifen. Im Gegensatz dazu haben Gelehrte wie Emile Gabory (*La Vie et la Mort de Gilles de Rais* …, Paris 1930) und Abbé Bourdeaut (*Chantocé, Gilles de Rays et les Ducs de Bretagne*, Rennes 1924) nicht an der Schuld gezweifelt, die aus allen Dokumenten hervorgeht. Besonders Abbé Bourdeaut hatte außerordentliche Kenntnisse von Einzelheiten. Er ist es auch, der darauf hinwies, daß Jean Labbé die ihm zustehende Summe für die Verhaftung des Marschalls erst 1467 ausgezahlt bekam, was undenkbar gewesen wäre, hätte er sich zum Komplizen einer Machenschaft hergegeben.

ist er allerdings mit seiner These

Salomon Reinach, Gilles de Rais, in: *Cultes, Mythes et Religions*, Paris 1912, Bd. IV, S. 267–299.

erfolglos geblieben. Niemand, oder doch fast niemand, nimmt sie wieder auf, ebensowenig wie die Ideen desselben Salomon Reinach über den Totemismus … Ich will mich hier nicht über die allzu berühmte Tiara von Saïtapharnès oder die Ausgrabungen von Glozel

> Fehler, die er mit Hilfe seiner Autorität glaubhaft zu machen meinte, wie er auch die Fälschung des Prozesses von Gilles de Rais als Tatsache qualifizieren wollte.

auslassen, die seinem Ansehen gewiß nicht zuträglich gewesen sind.

Es ist nicht schwer, den Weg zu zeigen, auf dem dieser untadelige, aber naive Wissenschaftler zu der Annahme gelangte, der Prozeß des Marschalls de Rais sei gefälscht worden. 1902, anläßlich der Affäre Dreyfus, war es ganz natürlich, die Authenzität eines Prozesses zu bezweifeln. Zudem handelte es sich um ein Gerichtsverfahren der Inquisition, wie knapp zehn Jahre zuvor bei Jeanne d'Arc, die wie ihr Waffengefährte Gilles de Rais verurteilt worden war.

Leider arbeitete der Theoretiker des Totemismus seine Thesen aus, bevor er ausreichende Kenntnis von dem Prozeß hatte, gegen den er zu Felde zog. Denn er stellte seine Behauptungen schon auf, bevor er die Akten des weltlichen Gerichtshofes studiert hatte; und da 1902 nur der geistliche Prozeß veröffentlicht war, begnügte er sich mit diesem. So mußte er sich den Gegenargumenten von Noël Valois stellen, dessen Untersuchungen auf den genauen Zeugenaussagen vor dem weltlichen Gericht basierten. Hier hätte er nun merken können, daß seine Hauptthesen ins Wanken kamen; aber Redlichkeit ist zuweilen schwierig, und er hatte sich zweifellos in seine Meinung verrannt. Gestehen wir ihm übrigens zu, daß ihn die Unschlüssigkeit eines autorisierten Historikers ermutigt haben mag.

> Charles-Victor Langlois, ehemaliger Direktor der Archives de France.

Aber dieser war mit den Dokumenten überhaupt nicht vertraut. Es scheint mir überflüssig, hier eine allzu detaillierte Begründung zu geben. Weiter unten findet man Zeugenaussagen und Geständnisse, die man schwerlich lesen kann, ohne von einer Bewegung ergriffen zu werden, die eine Fälschung wohl kaum vermitteln kann. Diese Bewegung wird durch eine Vielzahl lebendiger Einzelheiten hervorgerufen, Einzelheiten, die betroffen und deprimiert machen ... Wohlgemerkt: das ist nicht unbedingt ausschlaggebend. Es ist durchaus denkbar, daß eine Fälschung zugrunde liegt. Aber der Leser, der nun von hier an selbst Einblick in die Dokumente erhält, wird darüber befinden, ob die in dieser Ausgabe zitierten Zeugenaussagen gefälscht sind. Wenn dem so ist, muß man den Autor oder die Autoren dieser Fälschungen bewundern. Mit einem Wort, Salomon Reinachs Argumentation ist nicht stichhaltig. Sie läßt auf oberflächliches Wissen, auf Unwissenheit und mangelndes Interesse an einer gründlichen Untersuchung schließen. Die Texte und Analysen dieser Ausgabe sind dazu angetan, die Meinung des Bürgen der Tiara von Saïtapharnès schließlich – und endgültig – der Vergessenheit anheimfallen zu lassen.
Nur auf ein Argument will ich eingehen, um einen überraschenden Aspekt der hier vorgelegten Dokumente zu erhellen. Auf den Seiten 277–278 lesen wir in der Studie Salomon Reinachs: »Die beiden belastendsten Aussagen von Gilles' Dienern Henriet und Poitou beziehen sich auf Vorfälle, die schon mehrere Jahre zurückliegen, auf sehr komplexe Verbrechen; nun, sie stimmen bis in die unbedeutendsten Einzelheiten miteinander überein; es besteht zwischen ihnen kein einziger Widerspruch von einigem Belang; weder in der einen noch in der anderen findet sich irgendeine Abweichung, wie man sie natürlicherweise erwarten würde.«

Fügen wir hinzu, was Reinach in dem Augenblick, als er diese Zeilen schrieb, nicht hätte anführen können (denn wie wir wissen, kannte er, als er Partei ergriff, die Dokumente des bürgerlichen Prozesses nicht): zumindest eine dieser von den Vernehmungsrichtern des weltlichen Gerichtshofes aufgenommenen Beichten von Henriet und Poitou, nämlich die von Poitou, ähnelt wenn nicht wörtlich, so doch fast wörtlich der Aussage vor dem geistlichen Gerichtshof. Daß das seltsam, ja direkt auffällig ist, versteht sich. Aber kann man ernsthaft anhand solcher Fakten die Fälschung beweisen, ohne noch weiter zu gehen? Sollte es undenkbar sein, daß jenes Verhör der beiden Zeugen – von denen von vornherein bekannt war, daß sie gemeinsam an denselben Szenen teilgenommen hatten – von denselben Richtern angestellt wurde (wobei diese selbstredend nach einer anfechtbaren Methode vorgingen), indem sie von der vorhergehenden Vernehmung ausgingen und grundsätzlich Fragen stellten, um sie zu bestätigen? Ebenso muß das weltliche Verhör von Poitou, um rascher voranzukommen, aufgrund der Antworten angestellt worden sein, die er bereits den geistlichen Richtern gegeben hatte. Salomon Reinach beharrt besonders auf einem Punkt. Nicht nur in den Aussagen von Poitou und Henriet vor den geistlichen Richtern (am 17. Oktober), sondern auch im eigenen Geständnis von Gilles de Rais am 22. Oktober heißt es, daß Gilles, auf dem Bauch seiner Opfer sitzend, wenn sie starben, großen Gefallen daran fand, sie sterben zu sehen. Es scheint mir durchaus nicht merkwürdig, daß dem Richter daran lag, nach der ersten Antwort die Frage zu diesem Punkt zu wiederholen. Und daß er die Wendungen, die er vor Augen hatte, wieder vorbrachte, ist erklärlich: konnte er sich nicht bereits formulierter Sätze bedienen, sich mit der Zustimmung des Verhörten begnügen und sich die Suche nach einem neuen Ausdruck, einem anderen Aus-

druck ersparen? Die Tatsache, daß die lateinischen Wendungen die auf französisch, in persönlichem Stil und direkt gemachten Antworten in eine indirekte Form übertragen, erklärt ausreichend, was Salomon Reinach so überraschte, als er schrieb: »... der Verdacht wird (unter diesen Umständen) zur Gewißheit der Fälschung ...!«
Diese Leichtfertigkeit ist einigermaßen überraschend. Außerdem ist die erste Behauptung, auf der die Argumentation beruht, nicht dazu angetan, ihr viel Gewicht beizumessen. Nach Salomon Reinach beziehen sich diese Aussagen »auf Dinge, die schon mehrere Jahre zurückliegen«. Es genügt, in der Analyse der Dokumente nachzuschlagen: die Verbrechen, an denen Henriet und Poitou gemeinsam teilgenommen haben sollen, vervielfältigen sich von 1435 bis 1440 und bis zu dem letzten Tag, den der Verbrecher in Freiheit zubrachte.
Es wäre leicht, nachzuweisen, daß die These Salomon Reinachs auch in anderen Punkten Irrtümer und zweifelhafte Urteile enthält.
Es scheint mir unnütz, darauf einzugehen.
Ich glaube hier nur noch den ausschlaggebenden Grund für meinen Glauben an die Authentizität präzisieren zu müssen.
Ich sagte schon, wie undenkbar die Fälschung dieser Dokumente ist. Sie ist undenkbar aufgrund ihrer Kohärenz. Diese leidet nur an sekundären Mängeln. Wer könnte sich ein solches mannigfaches und umfangreiches Dokument vorstellen, bei dem die Logik kein einziges Mal zu kurz kommt? Aber sie leidet nur ganz selten und ist im wesentlichen von verblüffender Strenge. Wer hätte im 15. Jahrhundert – vor de Sade, vor Freud – fehlerfrei und ohne einen falschen Ton diese grauenhaften Metzeleien anführen können, die ohne Kenntnisse, wie wir sie heute erworben haben, ganz unwahrscheinlich klängen?

Salomon Reinach besaß allerdings nicht dieses Wissen, und angesichts der unsinnigen Mordtaten bildete er sich ein, daß es sich nur um die klassischen Anklagen des Mittelalters handeln könne, wie man sie für diejenigen erfand, die man vernichten wollte: Templer, Juden und Ketzer. Er hatte keine Ahnung von dem Urgrund, aus dem die ungeheuerlichen Gelüste emporwallten. Die schaurigen Taten eines Gilles de Rais vermochte er sich nicht als Realität vorzustellen. Ebenso wie er die Hypothesen der Psychoanalyse als schändlich empfand, hat er diesen Prozeß für eine Erfindung gehalten. Er war der Antipode einer Generation, die mit offenen Augen in die Welt sieht und sich nicht mehr wundert, wenn sie von einem weiblichen Gilles erfährt,

> und der infolgedessen die Verbrechen des ersten nicht so unerklärlich sind, wie es Salomon Reinach schien. Es handelt sich um eine vornehme Ungarin, Erszebeth Bathory, eine Dame aus der königlichen Familie, die Valentine Penrose (im Mercure de France) zum Gegenstand einer Studie gemacht hat. Allerdings hat Erszebeth Bathory keine Kinder getötet; sie hat junge Mädchen gefoltert und umgebracht, aber die Zahl ihrer Opfer war ebenso groß wie die des Marschalls. Hinter den hohen Mauern der Feudalherren waren viele Greuel möglich: die Verhaftung hochgestellter Persönlichkeiten kam einem nicht so schnell in den Sinn. Wenigstens nicht in so rückschrittlichen Zeiten, wie es für Frankreich der erste Teil des 15. Jahrhunderts und für Ungarn das Ende des 16. waren.

die vor allem auch weiß, daß aus sexuellem Trieb entstehende Kindermorde unseligerweise sehr häufig vorkommen.

Zwei bretonische Legenden
um Gilles de Rais – Blaubart

Ich habe eingangs ausführlich über Abbé Bossards ursprüngliche Untersuchung der lokalen Überlieferungen bezüglich der Beziehungen zwischen der Blaubart-Legende und der Geschichte Gilles de Rais' berichtet. Im Anschluß daran gibt der Autor zwei Texte

Bossard (E.), *Gilles de Rais* ..., 1. Ausg., 1885, S. 593–597.

wieder, die er dem »Grand Dictionnaire Universel du XIXe siècle« von Pierre Larousse entnommen hat. Ich für meinen Teil glaube, sie hier anführen zu müssen. Vor allem der erste von ihnen gibt einen zwar nicht genauen, aber doch bezeichnenden Hinweis auf eine Legendenbildung, die aufgrund abscheulicher Verbrechen entstanden ist. Es folgt der in der Sprache des Landes geschriebene Text eines bretonischen Klageliedes, das zweifellos ziemlich alt ist. Die Übersetzung ist einer Sammlung des Comte d'Amezeuil entnommen.

Légendes bretonnes, Paris 1863.

Ein Greis: »Junge Mädchen von Pléeur, warum seid ihr so still? Warum besucht ihr nicht mehr Feste und Versammlungen?«

Die jungen Mädchen: »Fragt uns, warum die Nachtigall im Busche schweigt, und wer die Amseln und Finken verstummen läßt, die so süße Lieder sangen.«

Der Greis: »Verzeiht, ihr Mädchen, aber ich bin fremd hier; ich komme von sehr weit her, von weit hinter Tréguier und Léon, und ich weiß nicht, was eure Gesichter so traurig macht.«

Die Mädchen: »Wir beweinen Gwennola, die Schönste und Liebste von uns.«

Der Greis: »Und was ist mit Gwennola geschehen? ... Ihr schweigt, Mädchen! ... Was geht denn hier vor?«
Die Mädchen: »Ach, schlimm ist es, Blaubart, der Schurke, hat die reizende Gwennola umgebracht, wie er all seine Frauen getötet hat!«
Der Greis, entsetzt: »Blaubart wohnt hier in der Nähe? Oh, flüchtet, flüchtet so schnell ihr könnt, Kinder! Der räuberische Wolf ist nicht schrecklicher als der wilde Baron; der Bär ist sanfter als der verfluchte Baron de Rais.«
Die Mädchen: »Wir dürfen nicht flüchten: wir sind Hörige der Baronnie de Rais, und mit Leib und Seele gehören wir Herrn Blaubart.«
Der Greis: »Ich werde euch befreien, denn ich bin Jean de Malestroit, Bischof von Nantes, und ich habe geschworen, meine Schafe zu hüten.«
Die jungen Mädchen: »Gilles de Laval glaubt nicht an Gott!«
Der Greis: »Er wird eines schrecklichen Todes sterben, das schwöre ich beim lebendigen Gott! ...«
Und so endet das Klagelied:
»Heute singen die Mädchen von Pléeur aus vollem Herzen und gehen zum Tanz mit auf die Feste und zu Wallfahrten. Die Nachtigall läßt wieder den Busch erklingen von ihren süßen Tönen; die Amseln und Finken singen wieder ihre sanften Weisen; die ganze Natur hat ihren Festschmuck wieder angelegt: Gilles de Laval ist nicht mehr! Blaubart ist tot!«

Wie man sieht, versuchte diese Legendenversion die Geschichte der sieben Frauen mit der tatsächlichen Geschichte Gilles de Rais' in Einklang zu bringen; dieser war ja nicht der Mörder seiner Frauen, und er tötete mehr Knaben als Mädchen. Indes mordete er auch Mädchen, und es war in der Tat Jean de Malestroit, der Bischof von Nantes, der ihn verurteilen ließ.

Die Quelle der zweiten Legende, die ebenfalls von Bossard wiedergegeben wird und die ich jetzt zitiere, gibt das große Lexikon von Larousse nicht an:

»Müde vom Krieg gegen die Engländer hatte sich Messire Gilles de Laval in sein Schloß Rais zwischen Elven und Questembert zurückgezogen. All seine Zeit verfloß in Schwelgerei, Festen und Vergnügungen. Eines Abends kam auf dem Wege nach Morlaix ein Ritter, der Comte Odon de Tréméac, Herr von Krevent und anderen Orten, am Schloß vorbei; neben ihm ritt ein schönes junges Mädchen, seine Verlobte Blanche de L'Herminière. Gilles de Rais lud die beiden zur Rast ein und leerte mit ihnen ein Glas Würzwein. Dabei zeigte Gilles de Rais sich so unwiderstehlich und liebenswert, daß der Abend kam, ohne daß man an Aufbruch dachte. Plötzlich bemächtigten sich auf ein Zeichen des Burgherrn hin Bogenschützen des Comte Odon de Tréméac und warfen ihn in einen tiefen Keller; dann sprach Gilles zu dem jungen Mädchen, daß er sie heiraten wolle. Blanche vergoß Ströme von Tränen, derweilen man die Kapelle von tausend Kerzen erhellte, die Glocke fröhlich läutete und alles zur Hochzeit vorbereitet wurde. Blanche wurde zum Altar geführt; sie war bleich wie eine schöne Lilie und zitterte am ganzen Körper. Köstlich gekleidet und mit seinem Bart von schönstem Rot stellte Monseigneur de Laval sich neben sie: ›Rasch, Messire Kaplan, verheiratet uns.‹ ›Ich will den Herrn nicht zum Gemahl!‹ schrie Blanche de L'Herminière. – ›Ich aber will, daß man uns traut‹ – ›Tut es nicht, Herr Priester‹, wiederholte das Mädchen schluchzend. – ›Gehorcht, ich befehle es Euch!‹ Als nun Blanche zu fliehen versuchte, nahm Gilles de Rais sie fest in die Arme. ›Ich werde dir‹, sagte er, ›den schönsten Schmuck geben.‹ ›Lassen Sie mich!‹ – ›Ich gebe dir meine Schlösser, meine Wälder, meine

Felder, meine Wiesen!‹ – ›Lassen Sie mich!‹ – ›Mein Leib und meine Seele sei dein!‹ – ›Ich nehme an! Ich nehme an! Hörst du es wohl, Gilles de Rais? Ich nehme an, und von Stund an gehörst du mir.‹ – Blanche hatte sich augenblicks in einen azurblauen Teufel verwandelt, der nun neben dem Baron stand. – ›Verflucht!‹ schrie dieser. – ›Gilles de Laval‹, sagte der Dämon mit finsterem Gelächter, ›Gott ist deiner Missetaten überdrüssig; du gehörst jetzt der Hölle, und von diesem Tag an wirst du ihre Livree tragen.‹ Gleichzeitig machte er ein Zeichen, und Gilles de Lavals Bart, der rot war, nahm eine tiefschwarze Färbung an. Das war nicht alles; der Dämon fuhr fort: ›In Zukunft bist du nicht mehr Gilles de Laval; du wirst Blaubart sein, der schrecklichste der Menschen, ein Schreckbild für die kleinen Kinder. Dein Name wird in alle Ewigkeit verflucht und deine Asche nach deinem Tode in alle vier Winde gestreut werden, während deine garstige Seele in die Schlünde der Hölle hinabsteigen muß.‹ Gilles schrie, daß er bereue. Der Teufel zählte ihm seine vielen Opfer vor, die sieben Frauen, deren Leichname in den Grüften des Schlosses lagen. Er fügte hinzu: ›Sire Odon de Tréméac, den ich in Gestalt von Blanche de L'Herminière begleitete, reitet in diesem Augenblick auf der Straße von Elven in Begleitung aller Edelmänner aus Redon.‹ – ›Und was wollen sie tun?‹ – ›Den Tod derer rächen, die du getötet hast.‹ – ›Also bin ich verloren?‹ – ›Noch nicht, denn deine Stunde hat noch nicht geschlagen.‹ – ›Wer wird die Edelleute aufhalten?‹ – ›Ich der ich deine Hilfe brauche, mein werter Ritter.‹ – ›Du willst das tun?‹ – ›Ja, ich werde das tun, denn lebendig wirst du mir tausendmal besser dienen als tot. Und jetzt auf Wiedersehen, Gilles de Rais; und denke immer daran, daß du mir mit Leib und Seele gehörst.‹

Er hielt sein Wort, indem er das Einschreiten der Edelmänner aus Redon verhinderte; aber von diesem Augenblick an war Gilles nur noch unter dem Namen des Mannes mit dem blauen Bart bekannt.«

Obwohl der Bearbeiter dieser Legendenversion nicht wußte, daß der Leichnam Sire de Rais' nach der Hinrichtung nicht eingeäschert wurde, hatte er eine relativ genaue Kenntnis der wirklichen Begebenheiten. Allem Anschein nach muß er gewußt haben, wie besorgt der dämonische Marschall, der dem Teufel einen Pakt vorgeschlagen hatte, darum war, seinen Leib und seine Seele von den Versprechungen auszunehmen (genau: »sein Leben und seine Seele«), deren der Teufel sich dennoch mit Hilfe einer List bemächtigte.

Der kirchliche Prozeß

Briefe des Bischofs von Nantes

29. Juli 1440
Nachricht über die geheime kirchliche Untersuchung und Erklärung der Schändlichkeit Gilles de Rais'.

Wir, Jean, Bischof von Nantes durch die Güte Gottes und die Gnade des apostolischen Heiligen Stuhles, erteilen den Segen Unseres Herrn allen, die diese vorliegenden Briefe sehen werden, und bitten darum, ihnen Glauben zu schenken.
Wir geben in diesen Briefen bekannt, daß uns beim Besuch der Gemeinde Sainte-Marie zu Nantes, in welcher der unten bezeichnete Gilles de Rais oft in dem gemeinhin La Suze genannten Hause residiert und Mitglied der besagten Kirche sowie Besucher anderer unten bezeichneter Gemeindekirchen ist, zunächst wiederholt Gerüchte, sodann die Klagen und Erklärungen guter und anständiger Personen zu Ohren gekommen sind, nämlich von Agathe, Frau des Denis de Lemion; von der Witwe des verstorbenen Regnaud Donete aus der Gemeinde Notre-Dame; von Jeanne, der Witwe des Guibelet Delit aus Saint-Denis; von Jean Hubert und seiner Frau aus Saint Vincent; von Marthe, der Witwe des verstorbenen Éonnet Kerguen aus Sainte-Croix-de-Nantes; von Jeanne, der Frau des Jean Darel aus Saint-Similien bei Nantes und von Tiphaine, der Frau des Éonnet Le Charpentier aus Saint-Clément-hors-les-murs in Nantes, die alle Mitglieder genannter Kirchen sind und von den Synodalzeugen genannter Kirchen und anderen

guten, anständigen und glaubwürdigen Personen unterstützt werden.
Wir haben sie, wie es unserem Amte ziemt, beim Besuch dieser selben Kirchen sorgfältig prüfen lassen und aus ihren Zeugenaussagen unter anderen Dingen erfahren, daß der Edelmann Messire Gilles de Rais, Ritter, Seigneur besagter Ortschaft und Baron, unser Untertan und unserer Gerichtsbarkeit unterstehend, mit einigen seiner Komplizen auf verabscheuenswerte Weise mehrere unschuldige Knaben erwürgt, getötet und massakriert hat, mit diesen Kindern widernatürliche Unzucht trieb, oft greuliche Beschwörungen von Dämonen veranstaltete oder veranstalten ließ, denen er opferte und mit denen er Pakte schloß, und daß er andere ungeheure Verbrechen innerhalb der Grenzen unserer Gerichtsbarkeit verübt hat; und durch die Untersuchungen unserer Kommissare und Sachwalter haben wir erfahren, daß besagter Gilles die oben erwähnten Verbrechen und andere Ausschweifungen in unserer Diözese wie in mehreren anderen Ortschaften begangen und verübt hat.
Aufgrund dieser Delikte stand und steht Gilles de Rais noch in Verruf bei bedeutenden und ehrwürdigen Personen. Und auf daß keiner in diesem Punkte einen Zweifel haben könne, haben wir die vorliegenden Briefe verfügt und sie mit unserem Siegel schließen lassen.

Gegeben zu Nantes, am 29. Juli 1440.

Im Namen des Seigneur Bischofs von Nantes
(unterzeichnet:) J. Petit

13. September 1440
Wir, Jean, Bischof von Nantes durch die Gnade Gottes und des apostolischen Heiligen Stuhles, entsenden unseren Segen im Namen Unseres Herrn an alle und jeden einzelnen der Kir-

chengemeindevorsteher und ihrer Vikare, an die Kaplane, Pfarrer und Nichtpfarrer, Geistliche, Notare und Amtsschreiber, die in unserer Stadt und Diözese Nantes bestallt sind, und an jeden von ihnen im besonderen, und bitten sie darum, unseren Hirtenbriefen unbedingt zu gehorchen.

Ihr sollt wissen, daß wir während des Besuchs, zu dem uns unser Hirtenamt anhält, letzthin in unserer Stadt und Diözese Nantes und vor allem in den Gemeindekirchen Notre-Dame, Saint-Denis, Saint-Nicolas, Saint-Vincent und Sainte-Croix in Nantes, in Saint-Similien bei Nantes, in Saint-Clément-hors-les-murs in Nantes, und in Saint-Cyr-en-Rais in unserer Diözese mehrere Male laute Klagen vernommen haben, die von so vielen guten und anständigen Synodalzeugen dieser Kirchen wie von mehreren anderen Personen und klugen, vertrauenswürdigen Menschen gleichzeitig mit mehreren Gemeindemitgliedern dieser Kirchen an uns gerichtet wurden, daß wir angeordnet haben, die Zeugenaussagen von unseren Notaren und Schreibern aufnehmen und in die Register der hirtenamtlichen Untersuchungen eintragen zu lassen ; und so haben wir durch die wiederholt vorgebrachten Gerüchte sowie durch die vorhergehenden Anzeigen entdeckt, daß der Edelmann Messire Gilles de Rais, Baron besagten Landteils in unserer Diözese, mehrere unschuldige Kinder auf unmenschliche Art getötet, gewürgt und massakriert und mit ihnen die scheußliche und verabscheuungswürdige Sünde der widernatürlichen Unzucht auf verschiedene Weisen und mit unerhörten Perversitäten begangen hat, die an dieser Stelle ihrer Abscheulichkeit wegen nicht ausgeführt werden können, aber zur rechten Zeit und am rechten Ort in lateinischer Sprache erklärt werden sollen; daß er zu wiederholten Malen gräßliche Beschwörung von Dämonen veranstaltet hat und veranstalten ließ; daß er diesen Dämonen geopfert hat und Opfer anbieten ließ, daß er Pakte mit ihnen geschlossen und andere Verbrechen und Delikte boshafter Art begangen hat, indem er doktrinale Ketzerei betrieb, die in der Untergrabung und Verunstaltung unseres Glaubens die göttliche Majestät beleidigte und anderen ein verhängnisvolles Beispiel bot.

Da wir nicht wollen, daß solche Verbrechen und eine solche Sucht der Ketzerei, die sich ausbreitet wie ein wucherndes Geschwür, wenn man sie nicht im Keime erstickt, schweigend aus Hehlerei oder Fahrlässigkeit übergangen werden; da wir vielmehr wünschen, daß die geeigneten Mittel dagegen schleunigst zur Anwendung kommen, bitten und fordern wir von euch und jedem einzelnen von euch anhand dieser Briefe, ohne daß einer sich auf den anderen verläßt oder sich durch einen anderen entschuldigen läßt, den benannten Edelmann Gilles de Rais, Ritter, Unser Untertan und Unserer Gerichtsbarkeit in diesem Teil unterstehend, durch ein einziges durchgreifendes Edikt für den Montag nach Kreuzerhöhung, nämlich den 19. September, vor Uns oder Unser Amt in Nantes wie vor den Ankläger für dergleichen Fälle vor unserem Gerichtshof in Nantes, der mit der Verfolgung der Angelegenheit beauftragt ist, vorzuladen, damit er darauf erwidern könne, zu seiner Verteidigung in Sachen des Glaubens sowie des Rechts; und deswegen wollen Wir, daß unsere hier vorliegenden Briefe von euch oder einem von euch pflichtgetreu befolgt werden.

Gegeben am vorigen Dienstag,

Es handelt sich offensichtlich um die Kopie, die am folgenden Tage aufgesetzt wurde, wie aus der folgenden Unterschrift ersichtlich.

den 13. September im Jahre des Herrn 1440.
Gezeichnet wie folgt:
Im Namen des Seigneur Bischofs
Jean Guiolé, Schreiber

Ich, Robin Guillaumet, Geistlicher, öffentlicher Notar der Diözese Nantes, habe dafür gesorgt, daß diese gegen besagten Gilles, Ritter, Baron de Rais, den in diesen Briefen hauptsächlich Genannten, vorveröffentlichten Briefe rechtskräftig wurden, wie es notwendig war, und habe mich seiner am 14. September oben genannten Jahres in der Art und Weise, wie es in diesen Briefen gefordert wurde, angenommen.

Protokolle der Verhöre

Montag, 19. September 1440

Am Montag nach dem Fest der Kreuzerhöhung sind persönlich erschienen vor Hochwürden Seigneur Bischof von Nantes, der im großen Saal des Schlosses Tour Neuve in Nantes zu Gericht saß, um Recht zu sprechen, der ehrenwerte Meister Guillaume Chapeillon, Ankläger in den Fällen besagten Gerichtshofs, der die benannten Vorladungsschreiben bei Gericht vorzutragen hat und mit deren Ausführung beauftragt ist, einerseits, und andererseits der benannte Messire Gilles, Ritter und Baron, Angeklagter.

Dieser Messire Gilles, Ritter und Baron, erklärte nach mehreren von seiten des Anklägers gegen ihn erhobenen Anklagen, nämlich, daß er doktrinale Ketzerei begangen habe, wie es besagter Ankläger behauptete, er wolle persönlich vor Hochwürden Bischof von Nantes und vor welchen anderen geistlichen Richtern auch immer sowie vor irgendeinem Inquisitor erscheinen, um sich gegen dergleichen Anklagen zu rechtfertigen. Woraufhin der hochwürdige Vater Bischof für Messire Gilles, Ritter und Baron, den 28. besagten Monats festsetzte, an dem er auch vor dem

Geistlichen, Bruder Jean Blouyn, Stellvertreter des Inquisitors in oben genanntem Königreich, erscheinen solle, um sich zu den ihm von besagtem Ankläger vorgeworfenen Verbrechen und Vergehen zu äußern und um mit Hochwürden Vater Bischof, dem Stellvertreter des Inquisitors und dem Ankläger das Verfahren fortzusetzen.
Anwesend waren die vertrauenswürdigen Männer Messire Olivier Solidé aus Bouveron und Messire Jean Durand aus Blain, Gemeindekirchenvorsteher der Diözese Nantes, als besonders hierzu aufgerufene Zeugen.

(gezeichnet:) J. Delaunay, Notar, J. Petit und G. Lesné

Am 28. September 1440 wird das zweite Erscheinen Gilles de Rais' auf den 8. Oktober 1440 vertagt.

8. Oktober 1440

»litis contestatio«

Darauf erschienen am 8. Oktober im Jahre des obengenannten Pontifikats und Konzils die besagten Kläger persönlich vor dem Seigneur Bischof und dem Stellvertreter des Inquisitors im unteren Saal der Tour Neuve von Nantes, und sie beklagten sich von neuem bei dem Seigneur Bischof von Nantes und dem Stellvertreter des Inquisitors mit viel Jammern, schmerzerfüllt und in Tränen, über den Verlust ihrer Söhne und versicherten, daß diese von Sire de Rais und seinen Komplizen und Anhängern ergriffen worden seien, die sie auf scheußliche und widernatürliche Weise mißbraucht und mit ihnen die Sünde der widernatürlichen Unzucht begangen hätten; und daß sie böse Geister beschwören, ihnen Huldigungen erwiesen und mehrere andere unter die geistliche Gerichtsbarkeit fallende

Verbrechen begangen hätten; die Kläger baten inständig und demütig Hochwürden Bischof von Nantes und Bruder Jean Blouyn, den oben genannten Vikar, kein geeignetes Rechtsmittel außer acht lassen zu wollen.

Am Samstag, dem 8. Oktober im Jahre des Pontifikats und des Generalkonzils von Basel, erschienen persönlich vor Hochwürden Seigneur Jean de Malestroit, Bischof von Nantes, und Bruder Jean Blouyn, Bakkalaureus in der Heiligen Schrift, oben genannter Stellvertreter, während sie zu Gericht saßen, um Recht zu sprechen, am Morgen zur dritten Gebetsstunde in einem großen oben gelegenen Saal des Schlosses Tour Neuve in Nantes, der speziell für Untersuchungen und Entscheidungen in Fällen dieser Art vorgesehen ist, und in unserer Gegenwart (Jean Delaunay, Jean Petit, Nicolas Géraud und Guillaume Lesné, amtliche Notare und Schreiber für diesen Fall und Fälle dieser Art) und in Gegenwart der Zeugen der ehrenwerte Guillaume Chapeillon, öffentlicher Ankläger in den Fällen des geistlichen Gerichtes an diesem Ort, als Verhörender in diesem Fall und in Fällen des Glaubens von Seigneur Bischof und dem Stellvertreter des Inquisitors besonders aufgerufen, einerseits, und Messire Gilles de Rais, Ritter, Baron und Seigneur dieses selben Gebietes, Angeklagter oder Verteidiger, andererseits, auf Verlangen des oben erwähnten hochwürdigen Vaters und des Stellvertreters des Inquisitors, der ihnen an diesem Samstag, dem 8. Oktober, von dem vertrauenswürdigen Robin Guillaumet, Geistlicher, vorgeführt wurde, welcher besagten Seigneurs, dem Bischof, dem Stellvertreter des Inquisitors und uns mündlich berichtete, denselben Seigneur Gilles, Angeklagter, den er persönlich festgenommen hatte, vor den Seigneur Bischof und den Stellvertreter des Inquisitors und den Ankläger in Glaubensfällen in oben geschilderter Weise vorgeladen zu haben; nichtsdestotrotz hat besagter Ankläger die oben

genannte Vorladung im Namen des besagten Hochwürden Bischofs und des Stellvertreters des Inquisitors mit seiner pflichtgetreu vollbrachten Ausführung vorgebracht.
Gegen welchen Gilles de Rais besagter Ankläger mündlich die Artikel der Anklage, die er zur rechten Zeit und am rechten Ort noch schriftlich zu geben versprach, verkündet. Und der Ankläger behauptete und brachte mündlich gegen den Angeklagten Gilles alle Dinge und jedes im einzelnen vor, die in den Artikeln und Stellen weiter unten enthalten sind. Welcher Gilles daraufhin mündlich und ohne schriftliche Vorlage sagte, daß er beim Seigneur Bischof und dem Stellvertreter des Inquisitors sowie beim Ankläger Einspruch dagegen erhöbe. Von den besagten Seigneurs, dem Bischof und dem Stellvertreter des Inquisitors, wurde ihm auf der Stelle erwidert, daß ein Einspruch dieser Art, weil er nichtig sei und nicht schriftlich vorliege, in Anbetracht der Natur des Falles und Fällen dieser Art nicht rechtlich erhoben werden könne; der Bischof und der Stellvertreter des Inquisitors nahmen den Einspruch in keinem Punkt entgegen und versicherten, daß sie Gilles nicht eine böse Absicht zur Last legten oder legen wollten; sie erklärten nichtsdestoweniger, daß sie und der Ankläger den Fall und die Fälle des Glaubens gegen besagten Gilles weiterverfolgen würden.
Augenblicklich bestritt besagter Gilles, Angeklagter, die Wahrheit besagter Artikel, indem er abstritt, daß es Anlaß zum Prozeß gäbe; außerdem bekannte er, das Sakrament der Taufe erhalten und sich vom Teufel und seinen Versuchungen losgesagt zu haben, und er versicherte, ein wahrer Christ gewesen zu sein und zu bleiben; der Ankläger beschwor ihn, diese Stellen und Artikel, die er geleugnet hatte, nicht zu bestreiten und die Wahrheit zu sagen; auf Drängen des Anklägers wurde Gilles, der Angeklagte, ersucht, den Eid zu leisten; was besagter Gilles, Angeklag-

ter, obwohl er dazu von jeder Instanz aufgefordert wurde und von den besagten Seigneurs, dem Bischof und dem Stellvertreter des Inquisitors, ein-, zwei-, drei- und viermal verwarnt und zur Erklärung aufgefordert wurde, zurückwies und ablehnte.
Ungeachtet dessen setzten der Bischof und der Stellvertreter des Inquisitors auf Drängen und Fordern des Anklägers für den Ankläger und den anwesenden, hörenden und verstehenden Gilles de Rais den folgenden Dienstag fest, um in diesem Fall und den Fällen anderer Art fortzufahren und um besagten Angeklagten Gilles zu antworten aufzufordern.
Der Ankläger beantragte, daß wir, die oben genannten öffentlichen Notare und Schreiber, daraus ein oder mehrere öffentliche Dokumente verfertigen.
Anwesend waren Hochwürden Messire Jean Prégent, Bischof von Saint-Brieuc, die ehrenwerten und verschwiegenen Herren, die Messieurs Pierre de L'Hôpital, Präsident der Bretagne, Lizentiat der Rechte, Robert de La Rivière, Lizentiat beider Rechte, Hervé Lévy aus der Diözese Léon, Seneschall von Quimper, Jean Chauvin, Bürger von Nantes, Geoffrey Piperier, Hauptpfarrer von Notre-Dame-de-Nantes, Gatien Ruytz, Guillaume Groygnet, Lizentiaten der Rechte, Olivier Solidé, Jean de Châteaugiron, Chorherren der Kirche von Nantes, Robert Piperier, Seneschall, Jean Guiolé, Abgeordneter von Nantes und Jean de La Grangière, Abgeordneter des Hofes von Nantes, sowie mehrere andere hier in großer Zahl und besonders hierzu aufgerufene und herbeigebetene Zeugen.

(gezeichnet:) Jean Delaunay, J. Petit, G. Lesné

Am Dienstag, dem 11. Oktober 1440 wird die Vorladung von Gilles de Rais auf den folgenden Donnerstag vertagt.

Donnerstag, 13. Oktober 1440

Am angegebenen Donnerstag, dem 13. Oktober, erschienen persönlich vor den Seigneurs, dem Bischof von Nantes und dem Bruder Jean Blouyn, Stellvertreter des Inquisitors, die zu Gericht saßen, um Recht zu sprechen, im großen oberen Saal und zur vorgesehenen Stunde der Terzie des Gebetes, einerseits Guillaume Chapeillon, Ankläger und Leiter des Verhörs, andererseits der oben genannte Gilles, Angeklagter, um der Vorladung zu diesem Gerichtstermin Genüge zu tun, wobei sie von besagtem Bruder Jean Blouyn über die ihm zustehende Macht und Gerichtsbarkeit, wie weiter unten ausgeführt, unterrichtet wurden.

Der Ankläger brachte gegen den Angeklagten gewisse schriftlich niedergelegte Artikel und Punkte vor; der besagte Ankläger bat für den besagten Angeklagten Gilles, daß jeder dieser Artikel in aller Form dem Angeklagten Gilles von dem verehrenswerten und umsichtigen Messire Jacques de Pencoëtdic, Offizial von Nantes, Doktor beider Rechte vorgelesen werde auf Verlangen der besagten Seigneurs, des Bischofs und des Stellvertreters des Inquisitors, damit er auf französisch von Punkt zu Punkt und unter Eid deutlich auf das antworte, was in den einzelnen Absätzen und Artikeln gesagt wird, und damit er ihnen, wenn er wolle, widersprechen oder etwas hinzufügen könne, wenn ein bestimmter und geeigneter Termin der Einrede von den Seigneurs dem Bischof und dem Stellvertreter des Inquisitors für den besagten Angeklagten Gilles festgesetzt wäre, damit er gegen diese Artikel Einwände vorbringen könne, bevor er von den Seigneurs dem Bischof und dem Stellvertreter des Inquisitors danach gefragt wird, ob der Inhalt der besagten Artikel wahr sei.

Daraufhin fragten die nämlichen Seigneurs der Bischof und der Stellvertreter des Inquisitors auf Drängen des Anklägers den besagten Angeklagten Gilles, ob er von sich aus auf diese Punkte und Artikel antworten oder ihnen widersprechen oder sie erörtern wolle. Dieser antwortete stolz und hochmütig, daß er auf diese Punkte und Artikel nicht antworten wolle, und er behauptete, daß die Seigneurs, der Bischof und der Stellvertreter des Inquisitors in keiner Weise seine Richter seien, und daß er gegen sie Einspruch erheben werde. Außerdem bezeichnete der besagte Angeklagte Gilles, weiterhin in einem unehrerbietigen und unanständigen Ton sprechend, die Seigneurs, den Bischof von Nantes und den Bruder Jean Blouyn, Stellvertreter des Inquisitors, und alle die anderen Geistlichen als Ablaßhändler und Hurenjäger und sagte, daß er lieber mit einem Strick um den Hals erhängt sein möchte, als solchen Geistlichen und Richtern zu antworten, und daß er es für unerträglich hielte, vor ihnen erscheinen zu müssen. Und als der oben genannte Offizial von Nantes und umsichtige Messire Geoffroy Piperier, Hauptpfarrer von Notre-Dame-de-Nantes im Namen und anstelle des Anklägers, dazu abgeordnet von den Seigneurs dem Bischof von Nantes und dem Stellvertreter des Inquisitors, dem besagten Angeklagten Gilles bestimmte Stellen aus dem Inhalt der genannten Artikel und Aussagen vorhielt, widersprach besagter Gilles, Angeklagter, dem besagten Offizial Hauptgeistlichen unehrerbietig und schleuderte dem Bischof, indem er sich gegen ihn wandte, auf französisch die Worte entgegen: »Für Euch als Bischof von Nantes werde ich nichts tun!«

Daraufhin befragten die Seigneurs, der Bischof von Nantes und Bruder Jean Blouyn, Stellvertreter des Inquisitors, auf Drängen des Anklägers den besagten Gilles de Rais, Angeklagten, um zu erfahren, ob er mündlich oder schriftlich gegen diese Artikel und Punkte Einwände machen wolle, wobei sie hinzufügten, daß ein anderer geeigneter

Termin für ihn festgesetzt werden solle, damit er gegen diese Artikel sprechen könne. Daraufhin erwiderte der nämliche Gilles de Rais, Angeklagter, daß er zu diesen Punkten und Artikeln nichts sagen wolle.

Woraufhin die Seigneurs, der Bischof von Nantes und der Stellvertreter des Inquisitors auf Drängen und Verlangen des Anklägers besagten Gilles, Angeklagten, aufforderten und ein-, zwei-, drei- und viermal unter Androhung der Exkommunikation ermahnten, den ihm, wie berichtet worden ist, in französischer Sprache vorgehaltenen und vorgetragenen Artikeln und Punkten zu antworten. Gilles, der Angeklagte, lehnte es ab, ihnen zu antworten, wobei er versicherte, daß er sich ebenso zum katholischen Glauben bekenne wie diejenigen, welche die Artikel gegen ihn vorbrächten, und daß er ein genauso guter Christ und wahrer Katholik sei wie sie selbst, wobei er gestand und aussagte, daß er, wenn er die gegen ihn vorgebrachten Dinge, die in den Artikeln erklärt und bezeichnet wurden, begangen hätte, ein Verbrechen gegen den katholischen Glauben begangen haben würde und von diesem abgewichen wäre und daß er in diesem Punkt keine Unwissenheit vorschützen könne. Und er sagte, daß er kein kirchliches Privileg genießen wolle, und daß es ihn erstaune, daß besagter Messire Pierre de L'Hôpital, Präsident der Bretagne, zulasse, daß die besagten geistlichen Herren solcherlei gegen ihn vorgebrachte Verbrechen kennen sollten und gegen ihn derart abscheuliche Dinge vorbringen könnten.

Und auf Drängen des Anklägers erklärten Hochwürden Bischof von Nantes und der stellvertretende Inquisitor, daß der Angeklagte Gilles, da er nach dem Kirchenrecht ermahnt sei und sich weigere, den besagten Anklagen und Artikeln zu antworten, öffentlich als in Kontumaz betrachtet würde; sie exkommunizierten ihn daher schriftlich, wobei sie jedoch auf Antrag des Anklägers beschlossen, daß sie gebührend weiter gegen den besagten Gilles, Angeklagten, in dem Falle und in den Fällen dieser Art das Verfahren fortsetzen würden …

Verlesung der Anklageakte

13. Oktober 1440

Artikel I–XIV behandeln die Zuständigkeit der Richter. (Anm. d. Red.)

XV. Item, in Anbetracht dessen, was zunächst die Gerüchte besagten, dann die im Geheimen von Hochwürden Bischof von Nantes in seiner Stadt und in seiner Diözese sowie gleichzeitig von seinen Kommissaren, die von der apostolischen Autorität abgesandt waren, im Verlaufe ihres Hirtenbesuchs, sowie von oben genanntem öffentlichen Ankläger am geistlichen Gerichtshof von Nantes im Namen von Hochwürden durchgeführten Untersuchungen in den weiter unten dargestellten Fällen, Verbrechen und Delikten, die die geistliche Gerichtsbarkeit betreffen; aber auch in Anbetracht der mit Klagen, schmerzensreich und in Tränen wiederholten, vorhergehenden Anzeigen mehrerer Personen beiderlei Geschlechts in der Stadt wie in der Diözese Nantes, die über den Verlust und die Ermordung ihrer Kinder, Knaben und Mädchen, klagten und versicherten, daß diese nämlichen Knaben und Mädchen von besagtem Angeklagten Gilles de Rais, von Gilles de Sillé, Roger de Briqueville, Henriet Griart, Étienne Corrillaut (genannt Poitou), André Buchet, Jean Rossignol, Robin Romulart, einem gewissen Spadine und Hicquet de Brémont, Vertrautem und gewöhnlich Tischgenossen des Angeklagten Gilles de Rais, gefangen worden, und daß diese Kinder von ihnen auf unmenschliche Weise gewürgt, getötet, dann zerstückelt und verbrannt und im übrigen auf schändliche Weise gequält worden seien; daß besagter Angeklagter Gilles de Rais die Leichen dieser Kinder in verdammenswerter Weise bösen Geistern geopfert habe, und daß Gilles mit besagten Kindern, Knaben wie Mädchen, einmal während sie noch lebten, ein andermal nach ihrem Tode, und zuweilen während sie starben, in gräßlicher und niedriger Weise die Sünde der widernatürlichen Unzucht getrieben habe, wobei er bei den Mädchen die natürliche Leibesöffnung verschmähte: besagter Ankläger führt aus, daß aller Wahrscheinlichkeit nach seit etwa vierzehn Jahren, alle Jahre, alle Monate, alle Tage, alle Nächte und alle Stunden dieser vierzehn Jahre unter der Herrschaft von Papst Martin, des fünften seines Namens, der oben genannte Gilles de Rais, vom bösen Geist besessen und sein Heil vergessend, viele Kinder, Knaben und Mädchen, gefangen, getötet und gewürgt hat; daß diese sowohl von ihm als auch von den oben genannten Gilles de Sillé, Henriet Griart, Étienne Corrillaut alias Poitou gefangen, getötet und gewürgt worden seien, und daß er die Leichen dieser Kinder verbrannte, einäscherte und an abgelegene und geheime Orte brachte oder bringen ließ; daß er mit diesen Kindern die widernatürliche Sünde der Sodomie begangen und sie in schimpflicher Weise mißbraucht habe.

XVI. Item, zur Erläuterung des vorigen Artikels erklärt besagter Ankläger, daß es den Anbetern Christi, deren Wunsch es ist, zu einer Engelsgemeinschaft vereint zu werden, nicht erlaubt sei, sich der Wollust zu ergeben, da sie ein für allemal durch Taufe und Bekenntnis zum katholischen Glauben Gott geweiht sind, noch dürfen sie ihre Augen und Sinne auf Eitelkeiten und Narrheiten dieser

Welt richten; vielmehr ziemt es ihnen, ihre Hoffnung in den Herrn und in die Betrachtung seines Antlitzes mit ihrem ganzen Herzen und Geist zu setzen, und ihren Blick daran zu sättigen, wie der Prophet David, Zeuge Gottes, es sagt: »Glücklich ist der Mensch, der seine Hoffnung in den Herrn setzt und sich nicht an die Eitelkeiten und Narreteien dieser Welt verliert!« Und wiederum der nämliche David sagt laut und mahnend: »Menschensöhne, wie weit wird die Härte eurer Herzen gehen in der Huldigung der Eitelkeit und der Sucht nach Lüge?«; oben erwähnter Gilles de Rais indessen, der die Sakramente der Taufe und der Kommunion wie jeder wahre Christ erhalten hat, und der, indem er sie empfing, auf den Teufel, seine Verlockungen und seine Werke verzichtete, ist aber jenem verfallen, dem er entsagen sollte. Und vor mehr oder weniger als fünf Jahren ließ er in einem unteren Saal des Schlosses Tiffauges in der Diözese Maillezais, das seiner Frau gehört, von gewissen Meistern wie François Prelati, italienischer Herkunft, der sich als bewandert in der verbotenen Kunst der Geomantie ausgab, mehrere Zeichen und Figuren malen; und in einem Wald, in der Nähe von Schloß Tiffauges, ließ er diese selben Zeichen von Jean de La Rivière, dem Lombarden Antoine de Palerne sowie einem gewissen Louis und anderen Magiern und Teufelsbeschwörern auf die Erde malen, und er veranlaßte, daß sie Beschwörungen und Divinationen durchführten, beschwor und ließ beschwören böse Geister, die auf die Namen Barron, Oriens, Belzébuth und Bélial hören, unter Zuhilfenahme von Feuer, Myrrhe, Aloe, Weihrauch und anderen Aromaten, wobei die Fenster und Luken des besagten unteren Saales weit geöffnet waren, während sie niederknieten, um von diesen bösen Geistern Antwort zu erhalten, und sie waren bereit, ihnen Opfer darzubringen und sie anzubeten; und besagter Angeklagter Gilles wollte mit ihnen einen Pakt schließen, um Wissen, Macht und Reichtum mit Hilfe der bösen Geister zu erhalten und wiederzubekommen; und daß dem so war, und daß solches wahr ist.

XVII. Item, daß besagter Angeklagter Gilles de Rais einen Pakt mit besagten bösen Geistern schloß, kraft dessen er ihren Willen tun würde; und daß besagter Angeklagter durch diesen Pakt erreichen wollte, daß die besagten Geister ihm Wissen, Reichtum und Macht gäben; und daß dem so war, und daß solches wahr ist.

XVIII. Item, daß ein andermal, ungefähr zur gleichen Zeit, der schon erwähnte François – den ein gewisser Messire Eustache Blanchet, Priester der Diözese Saint-Malo, aus Italien hergerufen und zu dem Angeklagten Gilles gesandt hatte, damit er diesem letzteren die Kunst der Beschwörung böser Geister weise – auf einer Wiese, knapp eine Viertelmeile von Schloß Tiffauges entfernt, bestimmte böse Geister beschwor, zusammen mit besagtem Étienne Corrillaut, alias Poitou, der von Gilles de Rais den besonderen Auftrag hatte, dieses mit besagtem François auszuführen, wobei sie sich des Feuers bedienten und daselbst einen Kreis zogen; und daß vorher der nämliche Angeklagte den erwähnten François und Étienne einen eigenhändig geschriebenen Schuldschein übergeben hatte, bestimmt für den bösen Geist namens Barron, falls dieser auf die besagte Beschwörung antworten würde; und die für diesen Barron ausgestellte und dargebotene Bescheinigung besagte, daß der Angeklagte Gilles besagtem Barron alles geben würde, was dieser auch von ihm verlangen möge, ausgenommen seine Seele und die Verkürzung seines Lebens, vorausgesetzt, daß er ihm Weisheit, Macht und Reichtum verschaffe; und daß dem so war, und daß solches wahr ist.

XIX. Item, daß ein anderes Mal um dieselbe Zeit die oben genannten Gilles de Rais und François Prelati auf einer bestimmten, nahe an Schloß und Stadt Josselin gelegenen Wiese in der Nähe der Orte, die an besagte Stadt grenzten, die bösen Geister beschworen und daselbst andere abergläubische Dinge taten; und daß dem so war und daß solches wahr ist.

XX. Item, daß ein anderes Mal um diese Zeit, und zwar vor mehr oder weniger als einem Jahr, als er den oben genannten Herzog von Bretagne zum letztenmal besuchte, besagter Angeklagter Gilles beim Aufenthalt in Bourgneuf in der Diözese Nantes im Hause der Minoriten in Gesellschaft des besagten François durch diesen mehrere Beschwörungen böser Geister veranstalten ließ und sie selbst beschwor in der Hoffnung und mit der Absicht, daß der Herzog besagten Gilles in seine Gnade aufnähme; und daß dem so war und daß solches wahr ist.

XXI. Item, daß ungefähr zur selben Zeit der oben genannte André Buchet aus Vannes im Hause eines gewissen Jean Lemoine in der Nähe des Bischofspalais' zu Vannes außerhalb und in der Nähe der Stadtmauern dem Gilles einen ungefähr zehn Jahre alten Knaben, den Sohn von Jean Lavary, vom Markt in Vannes zuführte; mit welchem besagter Angeklagter die Sünde der Sodomie beging, bevor er ihn tötete und während er ihn sterben sah; und er mißbrauchte diesen Jungen in schändlicher und unanständiger Weise und tötete ihn anschließend grausam im Hause eines Nachbarn namens Boetden, und nachdem er ihm den Kopf abgeschnitten und behalten hatte, ließ er den Leichnam dieses also massakrierten Jungen in die Latrinen des Hauses des besagten Boetdens werfen; und daß dem so war und daß solches wahr ist.

XXII. Item, daß besagter Angeklagter Gilles mit eigener Hand Schuldverschreibungen schrieb, um einen ausführlich aufgesetzen Pakt mit dem oben genannten bösen Geist Barron zu schließen und ihm so das oben Gesagte vorzuschlagen; und daß dem so war und daß solches wahr ist.

XXIII. Item, daß alle diese Dinge und jedes einzelne von ihnen offenkundig und bekannt sind.

XXIV. Item, daß während dieser etwa vierzehn Jahre besagter Angeklagter Gilles de Rais besagten Gilles de Sillé, seinen damaligen Leiter, Komplizen, Günstling, Antreiber und Helfer, in mehrere verschiedene Teile der Welt, in verschiedene Gebiete und verschiedene Orte schickte, damit er versuche und sehe, ob er ihm Wahrsager oder Wahrsagerinnen und Beschwörer zuführen könne, die ihm zu Geld verhelfen, ihm versteckte Schätze enthüllen und entdecken, ihn in die anderen magischen Künste einführen, ihm große Ehren verschaffen und es ihm ermöglichen könnten, Schlösser und Städte zu bekommen und zu halten; und daß dem so war und daß solches wahr ist.

XXV. Item, daß besagter Angeklagter Gilles in dieser Zeit ebenfalls den oben genannten Eustache Blanchet nach Italien schickte und nach Florenz, um Beschwörer und Wahrsager ausfindig zu machen, welcher Eustache, nachdem er dann in Florenz den oben genannten François Prelati gefunden hatte, diesen Gilles zuführte; und daß dem so war und daß solches wahr ist.

XXVI. Item, daß besagter Angeklagter Gilles um diese Zeit, früher oder später, in der Stadt Nantes in seinem Haus

La Suze wie in Orléans in der Herberge Croix d'Or, in der er sich aufhielt, mehrere und verschiedene Beschwörungen böser Geister veranstaltete; und daß dem so war und daß solches wahr ist.

XXVII. Item, daß während dieser etwa vierzehn Jahre der Angeklagte Gilles de Rais in den Schlössern Champtocé in der Diözese Angers, und Machecoul und Tiffauges sowie in Vannes im Hause des besagten Lemoine im oberen Zimmer dieses Hauses, in dem er sich vorübergehend aufhielt, und in Nantes in dem genannten Haus La Suze, das in der Gemeinde Notre-Dame liegt, und zwar in einem bestimmten Zimmer im Obergeschoß, in das er sich von Zeit zu Zeit zurückzuziehen und dort die Nacht zu verbringen pflegte, hundertvierzig oder mehr Kinder, Knaben und Mädchen, auf meuchlerische, grausame und unmenschliche Weise tötete; oder er ließ sie von den besagten Gilles de Sillé, Roger de Briqueville, Henriet, Étienne, André und anderen, die oben genannt sind, zu mehreren und abwechselnd, umbringen, wobei er sich Unmenschliches und Grauenhaftes zuschulden kommen ließ, da nämlich – nach dem Ausspruch von Hermogène – »jedesmal, wenn ein Mensch sich das Amt des Schöpfers anmaßt, indem er dessen Geschöpfe austilgt, die himmlischen Kräfte zum Antlitz des göttlichen Richters emporschreien werden, bis Rache an dem Mörder genommen ist, der im ewigen Feuer brennen wird«, um so mehr, da besagter Gilles de Rais die Glieder der Unschuldigen den bösen Geistern opferte; mit ihnen, vor und nach ihrem Tode und auch während sie im Sterben lagen, beging er die abscheuliche Sünde der Sodomie, die den Himmel besudelt, und er mißbrauchte sie auf eine der Natur entgegengesetzte Weise zur Befriedigung seiner unerlaubten und verdammenswerten Fleischeslust; und dann verbrannte er die Leichen dieser unschuldigen Knaben und Mädchen an denselben Orten, oder er ließ sie verbrennen von den besagten Gilles de Sillé, Henriet Griart und Étienne Corrillaut alias Poitou, und ließ ihre Asche in die Gruben wie in die Gräben besagter Schlösser und in die Kloaken des Hauses La Suze werfen, das einst nach dem Namen des Seigneur Jean de Craon so genannt wurde, dem Großvater, das heißt dem Vater der Mutter dieses Gilles de Rais, welcher seinerzeit Seigneur der Domäne La Suze und besagten Hauses war, in dem er residierte und starb. An geheimen Orten in diesem nämlichen Hause La Suze sind fünfzehn von den etwa hundertvierzig Unschuldigen, die auf Befehl des besagten Angeklagten Gilles getötet wurden, von ihm selbst wie von den besagten Gilles de Sillé, Henriet und Étienne, gemeinsam oder abwechselnd verborgen worden, wie es mit ihnen an anderen geheimen und abgelegenen Orten in den oben genannten Städten und Schlössern gleichfalls geschehen ist; und daß dem so war und daß solches wahr ist.

XXVIII. Item, während dieses Zeitraumes von etwa vierzehn Jahren forderten besagter Angeklagter Gilles de Rais und in seinem Namen und auf seinen Befehl die besagten Gilles de Sillé, Roger de Briqueville, Henriet, Étienne und André Buchet Zubringer und Zubringerinnen und alte Kupplerinnen auf, unter dem Vorwand bestimmter Dienste, die besagte Kinder dem Gilles erweisen könnten und die für diese Kinder, ihre Eltern und ihre Freunde von Vorteil sein würden, ihm Kinder, Knaben wie Mädchen zu verschaffen, sie zu fangen und zu ihm zu führen, und das, damit der Angeklagte Gilles de Rais mit ihnen die Sünde der Sodomie begehen, sie würgen und töten oder sie würgen und töten lassen könne; auf verdammenswerte Weise verschafften besagte Zubringer und Kupplerinnen besagte

Unschuldige dem Gilles de Rais und seinen oben genannten Komplizen; und daß dem so war und daß solches wahr ist.

XXIX. Item, daß die oben genannten Henriet und Étienne vor weniger als einem Jahr auf Befehl des besagten Angeklagten Gilles de Rais, der sich damals in Bourgneuf am angegebenen Ort im Hause der Minoriten aufhielt, ihm einen etwa fünfzehnjährigen Jungen verschafften und auslieferten, damit der Angeklagte mit ihm die oft erwähnte Sünde der widernatürlichen Unzucht begehe; welche Henriet und Étienne den Jüngling, der aus der niederen Bretagne stammte und im Hause eines gewissen Rodigo, Einwohner von Bourgneuf, wohnte, nahmen und ihn dem Angeklagten Gilles de Rais in ein Zimmer des besagten Klosters zuführten, wo der nämliche Angeklagte Gilles logierte und sich gewöhnlich aufhielt, und wo er mit ihm das abscheuliche, oft genannte Laster der Sodomie beging wie mit den anderen oben Genannten, auf verdammenswürdige Weise, ihn dann selbst tötete und seinen Körper in das Schloß Machecoul bringen ließ, damit er dort verbrannt würde; was durch besagten Angeklagten Gilles und besagte Henriet und Étienne geschah; und daß dem so war und daß solches wahr und allgemein bekannt ist.

XXX. Item, daß besagter Angeklagter Gilles de Rais köstliche Speisen aß und schwere Weine trank wie Würzwein, Bleichert und andere Arten, um sich zu der besagten Sünde der Sodomie anzustacheln und sie wider die Natur mit den besagten Knaben und Mädchen noch ausschweifender, leichter und ergötzlicher, immer in einer maßlosen und ungebräuchlichen Manier zu begehen; und daß dem so war, und daß solches wahr ist.

XXXI. Item, daß besagter Angeklagter Gilles in seinem Zimmer auf Schloß Tiffauges die Hand, die Augen und das Herz eines der besagten Kinder zusammen mit dem Blut desselben in ein Glas tat, um sie als Zeichen der Ehrfurcht und als Tribut dem Barron genannten Dämon anzubieten, und daß er diese Opferung in seinem Namen von besagtem François Prelati vornehmen ließ; wobei der nämliche François dazu bestimmt war, und behauptete, sich darauf zu verstehen, böse Geister zu beschwören; und daß dem so war, und daß solches wahr ist.

XXXII. Item, daß seit etwa fünf Jahren, oder mehr oder weniger, besagter Gilles de Rais zu mehreren hohen Festtagen und besonders zu letzten Allerheiligen eine bestimmte Feier zelebrieren ließ, die zu Ehren der bösen Geister gedacht war, übereinstimmend mit dem zwischen ihm und besagten Geistern, wie oben beschrieben, geschlossenen Pakt; während welcher Feste er mehreren Armen aufgrund des oben genannten Paktes im Namen dieser nämlichen bösen Geister und zu ihrer Erhöhung Almosen gab und geben ließ; und daß dem so war, und daß solches wahr ist.

XXXIII. Item, daß besagter Angeklagter Gilles de Rais sein Ziel, seine Hoffnung und seinen Glauben in die Beschwörung böser Geister setzte, durch Divination, durch Ermordung besagter unschuldiger Kinder, durch die Sünde der Sodomie und durch widernatürliche Unzucht; und daß dem so war, und daß solches wahr ist.

XXXIV. Item, daß während besagter mehr oder weniger als vierzehn Jahre der nämliche Angeklagte Gilles mit Wahrsagern und Ketzern in Beziehung stand; daß er mehrere Male um ihre Hilfe für seine Vorhaben bat; daß er mit ihnen kommunizierte und zusammenarbeitete, daß er ihre Dogmen annahm und daß er die Bücher über die verbotenen Künste las und studierte; daß er sein Augenmerk, seine Hoffnung und seinen Geist auf diese leidigen Dogmen richtete, um die rechten Wege und Weisen zur Beschwörung der bösen Geister zu erkennen; und daß er sich ein Dogma aus den Konklusionen und Irrtümern der Wahrsager und Beschwörer machte; und daß dem so war und daß solches wahr ist.

XXXV. Item, daß besagter Angeklagter Gilles de Rais während dieser etwa vierzehn Jahre die Beschwörer böser Geister oft aufsuchte, ebenso die Wahrsager und Zauberer, daß er sie empfing, sie begünstigte und sie schützte; daß er ihnen glaubte; daß er die durch göttliches, kanonisches und ziviles Recht verbotenen Künste der Geomantie und Nekromantie erlernte, ausübte und als Dogma betrachtete; und daß dem so war und daß solches wahr ist.

XXXVI. Item, daß vor etwa fünf Jahren der Angeklagte Gilles de Rais, während der Seigneur Herzog von Bretagne die Festung Champtocé belagerte, die der oben genannte Angeklagte Gilles de Rais damals hielt, und vor der Belagerung des besagten Schlosses daraus von besagten Gilles de Sillé, Henriet und Étienne Corrillaut alias Poitou fünfundvierzig Köpfe mit Gebeinen von Unschuldigen, die besagter Angeklagter Gilles auf unmenschliche Weise getötet hatte und mit welchen Kindern er auf schändliche Weise die Sünde der Sodomie und andere widernatürliche Verbrechen begangen hatte, entfernen und in Kisten legen ließ, damit sie von ihnen nach Schloß Machecoul gebracht und dort verbrannt würden – aus Furcht, daß der Seigneur Herzog, seine Leute, seine Offiziere oder andere Personen sie fänden; und in besagtem Schloß Machecoul wurden diese Köpfe und Gebeine von besagten Henri Griart, Gilles de Sillé und Étienne Corrillaut alias Poitou auf Befehl des Angeklagten Gilles verbrannt; und daß dem so ist und daß solches wahr ist.

XXXVII. Item, daß Gilles de Rais, Angeklagter, Henriet Griart, Étienne Corrillaut, Gilles de Sillé, Jean Rossignol, Spadine, Roger de Briqueville, André Buchet und andere, die oben genannt sind, in allen und jedem einzelnen besagter Verbrechen, Delikte und Ruchlosigkeiten sich gegenseitig Beistand, Rat und Hilfe boten und einverstandene Handlanger und Komplizen wurden, beziehungsweise jeder einzelne von ihnen; und daß dem so war und daß solches wahr, sicher und allgemein bekannt ist.

XXXVIII. Item, daß besagter Angeklagter Gilles de Rais vor mehr oder weniger als zwei Jahren, als er seine große Ruchlosigkeit bedachte, und zwar den heimlichen Glaubensabfall, die abscheulichen Delikte und Verbrechen und die oben bezeichneten Sünden und andere, die er auf verdammenswerte Weise begangen hatte und die sein Gewissen belasteten, besagter Gilles vor Gott und seinen Heiligen den Schwur abgab, fürderhin niemals mehr ähnliche verabscheuenswerte und abartige Dinge zu begehen, und daß er sich ihrer auf der Stelle und vollkommen enthalten wolle; und daß er deshalb den Vorsatz hatte, zu einer Pilgerfahrt nach Jerusalem aufzubrechen, um dort das Heilige Grab des Herrn aufzusuchen; und daß dem so war und daß solches wahr ist.

XXXIX. Item, daß ungeachtet der oben genannten Schwüre und Versprechen besagter Angeklagter Gilles de Rais von da an, so wie der Hund zu seinem Erbrochenen zurückkehrt, mehrere Kinder, Knaben wie Mädchen, an den oben genannten Orten auf unmenschliche Weise tötete, würgte oder töten und würgen ließ, und daß er besagte Sünde der Sodomie, in welcher er sich wälzte, beging und seine verruchte widernatürliche Unzucht wie oben angegeben fortführte; nun kommt es wegen besagter Sünde, der widernatürlichen Unzucht, wie das Gericht sie benennt, zu den hiesigen Erdbeben, Hungersnöten und Pestilenzen; und daß er Beschwörungen böser Geister veranstaltete und veranstalten ließ, und daß besagter Angeklagter Gilles rückfällig wurde und in den oben genannten Verbrechen beharrte; und daß dem so war und daß solches wahr und allgemein bekannt ist.

XL. Item, daß es über alle und jedes einzelne dieser Dinge Stimmen und Gerüchte im Volk gab.

XLI. Item, daß aus den oben genannten Gründen der oben genannte Angeklagte Gilles de Rais als infam betrachtet werden muß; daß er die Sünde der Sodomie begangen hat, daß er der Ketzerei, dem Götzendienst verfallen und dem Glauben abtrünnig geworden ist; und daß dem so war und daß solches wahr ist.

XLII. Item, daß besagter Gilles de Rais vor zwei Jahren in gottloser Weise und trotz der Furcht vor Gott mit mehreren seiner Komplizen gewagt hat, bewaffnet und auf wilde und tollkühne Art in besagte Gemeindekirche Saint-Étienne-de-Mermorte in der Diözese Nantes einzudringen; daß er in wahnwitziger Weise Gewaltmaßnahmen gegen einen gewissen Jean Le Ferron, Geistlichen aus Nantes, ergriffen hat; er legte Hand an ihn und veranlaßte solches von anderen; er ließ den besagten Geistlichen aus besagter Kirche gewaltsam von einem gewissen Lenano, Marquis de Ceva, Lombarden, und von anderen seiner Gefährten jagen und vertreiben; dann ließ er ihn tage- und monatelang sowohl in besagtem Schloß Saint-Étienne-de-Mermorte wie auch in oben genanntem Schloß Tiffauges, wo er gefangen gehalten wurde, an Händen und Füßen gefesselt einkerkern; und daß besagter Angeklagter Gilles, als er die Immunität der Kirche verletzte und auch verletzen ließ, sich dem Urteil der Exkommunikation aussetzte sowohl nach dem Kirchenrecht und der Autorität des Konzils zu Tours wie nach den Synodalstatuten der Kirche zu Nantes; und daß dem so war und daß solches wahr und allgemein bekannt ist.

XLIII. Item, daß besagter Angeklagter Gilles de Rais an mehreren und verschiedenen Orten und vor mehreren vertrauenswürdigen Personen die von ihm begangenen oben genannten Verbrechen ausplauderte und verkündigte; und daß er sie als Dogmen betrachtete; und daß er besagte magische Künste, besagte Beschwörungen und Divinationen und andere abergläubische Dinge zur Vermehrung seines Reichtums, seines Wissens und seiner Macht ausgeübt hat und ausübte; und daß dem so war und daß solches wahr und allgemein bekannt ist.

XLIV. Item, daß besagter Angeklagter Gilles de Rais die widernatürliche Sünde der Sodomie und die anderen Verbrechen, Sünden und Ruchlosigkeiten begangen hat, die oben genannt sind, wie oben beschrieben an jedem einzelnen der oben genannten Orte und in ihren Umgebungen; und daß dem so war und daß solches wahr ist.

XLV. Item, daß die allgemeine Meinung der Menschen, der Glaube und die feste Ansicht des Volkes, der wahre Ruf, die allgemeine Erinnerung, die öffentlichen Stimmen und Gerüchte in den besagten Gemeinden Sainte-Trinité in Machecoul, Saint-Étienne-de-Mermorte in Saint-Cyr-en-

Rais, in der Diözese Nantes, wie auch in den anliegenden und benachbarten Gemeinden und in der Gemeinde Notre-Dame-de-Nantes und im größten Teil des Herzogtums Bretagne und in den benachbarten Gebieten, in welchen besagter Angeklagter Gilles de Rais bekannt war und ist, lauten, daß er Ketzer, Rückfälliger, Zauberer, Sodomit, Beschwörer böser Geister, Divinateur, Würger Unschuldiger, Apostat, Götzendiener, vom Glauben abgewichen und diesem feind, Wahrsager und Hexenmeister war und ist. Und daß dem so war und daß solches allgemein behauptet, gemeint, geglaubt, vermutet, gesehen, gehört wird und wahr und allgemein bekannt ist.

XLVI. Item, daß besagter Angeklagter Gilles de Rais die Angewohnheit hatte und hat, besagte Verbrechen und Delikte zu begehen, derer er öffentlich und bekanntermaßen von ehrenwerten und anständigen Leuten beschuldigt und an allen oben genannten Orten und jedem einzelnen von ihnen heftig angeklagt wird; und daß dem so war und daß solches wahr ist.

XLVII. Item, daß alle diese oben genannten Vorfälle und jeder einzelne von ihnen unserem katholischen Glauben und unserer Heiligen Mutter Kirche wie auch der gesamten Öffentlichkeit beträchtlichen Schaden zufügten, wie sie auch mehreren ein verhängnisvolles Beispiel geboten haben, und daß sie zur Gefahr für die Seele des besagten Gilles beitragen; und daß dem so war und daß solches wahr ist.

XLVIII. Item, daß alle diese Dinge und jedes einzelne von ihnen an den oben genannten Orten so bekannt und tatkundig sind, daß sie nicht mit Ausflüchten geheimgehalten oder mit Widerrufen geleugnet werden könnten; über sie gibt es im Volk Gerüchte und Stimmen. Und daß besagter

Angeklagter Gilles alle diese oben genannten Dinge gestanden und als wahr bekannt hat.

> Offensichtlich ist dieser letzte Satz nach der am 13. Oktober 1440 abgehaltenen Verlesung in die Anklageakte eingefügt worden. Die ersten Geständnisse machte Gilles de Rais am 15. Oktober.

XLIX. Item, daß in Anbetracht besagter Verbrechen, Ausschreitungen und Delikte, die er böswillig begangen hat, besagter Gilles de Rais von oben genannten Autoritäten die Strafe der Exkommunikation und die anderen bekannten Strafen herausgefordert hat, die für dergleichen vermessene Menschen vorgesehen sind, wie es die Wahrsager, die Hexenmeister, die Beschwörer böser Geister, die Unruhestifter, die Bekenner, Gläubiger und Anhänger böser Geister, die Magier und alle, die ihre Zuflucht zu unerlaubten und widergesetzlichen Künsten nehmen, sind, daß er außerdem der Ketzerei verfallen, darin rückfällig geworden ist, daß er die Sünde der Beleidigung der göttlichen Majestät begangen hat gegen die Vorschriften des Dekalogs, gegen die Riten und Regeln unserer Heiligen Mutter Kirche, daß er auf verdammenswerte Weise die größten Irrlehren verbreitet hat, die den treuen Christen schaden, und daß er andererseits schwerwiegend und schändlich die Gerichtsbarkeit von besagtem Hochwürden Vater Bischof von Nantes verletzt hat; und daß dem so war, und daß solches wahr und allgemein bekannt ist.

Schlußantrag

Aus diesem Grund fordert besagter Ankläger, daß der genannte Angeklagte Gilles de Rais von Euch, Hochwürden Vater Bischof von Nantes, und von Euch, Bruder Jean

Blouyn, Stellvertreter des Inquisitors – oder durch einen von Euch, wie es Euch genehm ist –, und durch Euren entscheidenden Richtspruch zum Ketzer und heimtückischen Apostaten erklärt wird; daß befunden werde, er habe die greuliche Teufelsbeschwörung böswillig begangen; daß er deswegen die Exkommunikation und andere kirchliche Strafen auf sich lädt; und daß er als Ketzer, Apostat und Teufelsbeschwörer bestraft und gezüchtigt wird, wie es das Recht fordert und wie es in den kanonischen Satzungen festgesetzt ist. Außerdem soll besagter Angeklagter Gilles de Rais von Euch, Hochwürden Vater Bischof von Nantes, und durch Euren entscheidenden Richtspruch überführt werden, das Verbrechen und widernatürliche Laster sodomitischer Handlungen mit den oben genannten Knaben und Mädchen begangen zu haben; und daß er böswillig das Sakrileg der Verletzung kirchlicher Immunität verübte und dafür die Exkommunikation und andere kirchenrechtliche Strafen verdient hat; und er soll bestraft und zu seinem Heil gezüchtigt werden, wie es das Recht und die kanonischen Satzungen fordern, wobei besagter Ankläger wegen aller oben genannter Dinge und jedes einzelnen von ihnen demütig Euer gnadenreiches Offizium anfleht, derohalben tunlichst den raschen Vollzug der Gerechtigkeit anzuordnen.
Und besagter Ankläger gibt und führt den Beweis für alle und jedes einzelne der oben genannten Verbrechen mit den besten Mitteln, die ihm möglich und erforderlich scheinen, und er erbittet von Euch die Erlaubnis, diesen Beweis führen zu dürfen ... vorbehaltlich des Rechtes der Korrektur, der Ergänzung, der Veränderung, der Kürzung, der Erklärung, der Verbesserung, der, wenn nötig, wiederholten Aussage und der Beweisführung zu gegebener Zeit am gegebenen Ort.

(gezeichnet:) J. Delaunay, J. Petit, G. Lesné

15. Oktober 1440

Die Einleitungsfloskeln sind weggelassen. (Anm. d. Red.)

... Der besagte Gilles de Rais erwiderte, daß er zu besagten Artikeln keine Einwände habe und nichts hinzufügen wolle, und auf Ersuchen des Anklägers befragten die besagten Seigneurs, der Bischof von Nantes und der Bruder Jean Blouyn, Stellvertreter des Inquisitors, besagten Angeklagten Gilles, ob er etwas sagen oder vorschlagen oder bestreiten wolle, daß die Seigneurs, der Bischof von Nantes und Bruder Jean Blouyn, Stellvertreter des Inquisitors, seine Richter in diesem Fall und in Fällen dieser Art seien. Der Angeklagte erwiderte hierauf: Nein; vielmehr möchte und will er zugeben, daß besagte Seigneurs, Hochwürden Bischof von Nantes und Bruder Jean Blouyn, Vikar, seine zuständigen Richter in diesem Fall und in anderen Fällen dieser Art gewesen wären und seien, und er gestand freiwillig, die in ihrer Gerichtsbarkeit vorgebrachten, von ihm begangenen und böswillig verübten Verbrechen und Delikte, und er bat demütig, ergeben und weinend die oben genannten Seigneurs, Bischof von Nantes und Bruder Jean Blouyn, Stellvertreter des Inquisitors, und alle anderen Geistlichen, von denen er in übler und unanständiger Weise gesprochen hatte, ihm die an sie gerichteten Beleidigungen und verletzenden Worte zu verzeihen, und er gestand seine Scham, sie vorgebracht zu haben. Welche Seigneurs, der Bischof von Nantes und der Stellvertreter des Inquisitors, diesem nämlichen Angeklagten Gilles die Vergebung besagter Injurien um der Liebe Gottes willen gewährten.

Item gestand der besagte Angeklagte freiwillig, das Sakrament der Taufe erhalten und dem Teufel und seinen Verlockungen abgesagt zu haben; niemals habe er aber böse

Geister beschworen oder beschwören lassen, auch diesen Geistern keine Opfer angeboten oder anbieten lassen; und daß er von einem bestimmten Ritter aus Anjou, der damals wegen Ketzerei eingekerkert war, ein bestimmtes Buch über die Kunst der Alchimie und die Beschwörung von Dämonen erhalten und mehrmals gelesen habe, sowie in Angers öffentlich in einem bestimmten Saal mehreren Zuhörern vorlesen ließ; daß er mit besagtem damals inhaftierten Ritter über die Ausübung der Kunst der Alchimie und der Teufelsbeschwörung gesprochen habe; das Buch sei dem Ritter zurückgegeben worden und nicht lange in seinem Besitz gewesen. Außerdem bekannte der Angeklagte Gilles de Rais, besagte Kunst der Alchimie eine Zeitlang ausgeübt zu haben, wie er sie von zwei gewissen Lombarden namens Antoine und François und von einem gewissen Goldschmied aus Paris ausüben ließ, und daß er bei Experimenten dieser Art Quecksilber, das nach seiner Behauptung flüssiges Silber sein soll, zum Erstarren brachte und bringen ließ, und daß er mehrere andere Versuche angestellt habe und glaubte, zu Ergebnissen in dieser Kunst zu kommen, wenn dies nicht die Ankunft des Seigneur Dauphin de Viennois in besagter Ortschaft Tiffauges verhindert hätte, weil er Öfen, die er zur Ausübung besagter Kunst habe errichten und vorbereiten lassen, wegen dieser Ankunft habe zerstören lassen müssen ...

Es folgt die Wiederholung verschiedener Anklagepunkte. (Anm. d. Red.)

... Die genannten Seigneurs, der Bischof von Nantes und der Stellvertreter des Inquisitors, fragten den oben genannten Angeklagten Gilles de Rais, auf Veranlassung des Anklägers, ob er selbst die Zeugen befragen wolle ... Gilles erwiderte darauf dem Seigneur Bischof und dem Bruder

Jean Blouyn, Stellvertreter des Inquisitors, daß er niemanden in dieser Sache und den anderen befragen wolle, da er sich auf das Gewissen der Zeugen verlasse. Und da dies alles damit geregelt war, warf sich der oben genannte Angeklagte Gilles auf die Knie, gab seiner Zerknirschung mit tiefen Seufzern, schmerzlich und weinend Ausdruck und bat demütig darum, daß besagte Seigneurs, Bischof von Nantes und oben genannter Stellvertreter des Inquisitors, das Urteil der Exkommunikation aufhöben, das – wie oben berichtet worden ist – gegen ihn ausgesprochen worden war, weil der nämliche Angeklagte Gilles, nachdem er nach kanonischem Recht ermahnt worden war, sich geweigert hatte, besagten Aussagen und Artikeln zu antworten. Daraufhin erteilte besagter Seigneur Bischof von Nantes in seinem Namen, da der Stellvertreter des Inquisitors damit einverstanden war, besagtem Angeklagten schriftlich die Absolution ...

16. Oktober 1440

François Prelati, der am 16. Oktober 1440 unter dem Pontifikat und während des Generalkonzils über alle in den vorstehenden Artikeln enthaltenen Tatsachen nacheinander geprüft und verhört worden ist, sagte aus, er stamme aus der Ortschaft Montecatini im Nievole-Tal bei Pistoia, Diözese Lucca in Italien; er versichert, er sei Geistlicher, da er die Tonsur des Priesters durch den Bischof von Arezzo empfangen habe; er sagt aus, daß er die Poesie, die Geomantie, die Alchimie und andere Wissenschaften und Künste studiert habe und, soviel ihm bekannt sei, etwa dreiundzwanzig Jahre alt wäre.

Item, er sagte aus, daß vor etwa zwei Jahren, als er in Florenz beim Bischof von Mondovi wohnte, ein gewisser Messire Eustache Blanchet, Priester, bei ihm erschienen sei, der durch die Vermittlung eines gewissen Meisters von Monte Pulciano die Bekanntschaft mit ihm, François, gemacht habe, und daß der nämliche Eustache und er einige Zeit miteinander verkehrten, zusammen gegessen, getrunken und sich auch anderweitig gemeinsam zerstreut hätten; schließlich fragte ihn besagter Eustache unter anderem, ob er sich auf die Kunst der Alchimie und der Teufelsbeschwörung verstünde; was besagter François bejahte; und darauf fragte ihn der nämliche Eustache, ob er nach Frankreich kommen wolle. Darauf erwiderte François, er habe einen Vetter, den er kenne, der Martellis heiße und in Nantes in der Bretagne wohne, und er würde ihn gern besuchen. Daraufhin erzählte Eustache dem nämlichen François, daß in Frankreich eine bedeutende Persönlichkeit lebe, und zwar der Sire de Rais, der einen Mann bei sich zu haben wünsche, der in den besagten Künsten bewandert sei, und daß, wenn François darin erfahren sei und zu besagtem Seigneur kommen wolle, er viel Angenehmes von ihm erhalten könne. Darauf stimmte besagter François zu, wegen oben genannter Dinge mit dem nämlichen Eustache zu besagtem Sire de Rais sich zu begeben; dann machten sie sich auf den Weg nach Frankreich, und der nämliche Zeuge nahm aus Florenz ein Buch über Beschwörungen und die Kunst der Alchimie mit. Und sie kamen nach Saint-Florent-le-Vieil, der Stadt, die zu keiner Diözese gehört und in der kirchlichen Provinz von Tours liegt; dort hielten sie sich einige Tage auf. Und von diesem Ort aus schrieb besagter Eustache an besagten Sire de Rais, um ihm ihre Ankunft anzukündigen; darauf schickte besagter Herr unverzüglich Henriet und den sogenannten Poitou, das ist Étienne Corrillaut, seine Vertrauten, mit zwei anderen Männern dem Zeugen und Eustache entgegen, welche dann in Tiffauges in der Diözese Maillezais ankamen. Nach ihrer Ankunft, als der Sire de Rais François und Eustache empfangen hatte und von diesem letzteren erfuhr, daß dieser François in den oben genannten Künsten erfahren sei, freute er sich darüber sehr; von da an wohnte besagter Zeuge ständig bei besagtem Sire, etwa sechzehn Monate lang. Item, er sagte aus, daß er nach einer bestimmten Aufenthaltszeit in Tiffauges die Bekanntschaft eines gewissen Breton aus der Bretagne machte, der daselbst in Tiffauges in der Diözese Maillezais im Hause von Geoffroy Leconte, Hauptmann der Festung in besagter Ortschaft, wohnte; besagter Breton behandelte eine Augenerkrankung, an welcher die Gattin des Hauptmanns litt, und der Zeuge fand bei diesem Breton ein Buch, das in schwarzes Leder gebunden war, Schriftzeichen und rote Titel trug und teils aus Papier und teils aus Pergament bestand. Dieses Buch enthielt Anrufungen von Dämonen und mehrere andere die Medizin, die Astrologie und anderes betreffende Fragen; diese Bücher zeigte der Zeuge kurz darauf dem oben genannten Gilles. Nachdem er sie betrachtet und durchflogen hatte, entschied Gilles, daß sie gemeinsam den Inhalt dieser Bücher, insbesondere bezüglich der Beschwörungen, prüfen würden. Also nahmen der oben genannte Gilles und der Zeuge in einer bestimmten Nacht nach dem Abendessen Kerzen und andere Dinge mit, darunter das fragliche Buch, das der Zeuge, wie schon gesagt, mitgebracht hatte, und zeichneten im großen unteren Saal des Schlosses Tiffauges mit einer Degenspitze mehrere Kreise auf den Boden, die Buchstaben und Zeichen in der Art von Wappen enthielten und bei deren Zeichnung die oben genannten Gilles de Sillé, Henriet und Poitou alias Étienne Corrillaut sowie Messire Eustache Blanchet ihnen halfen. Nachdem besagte Kreise und Buchstaben aufgezeichnet und das Feuer entzündet war, verließen alle oben Genannten außer Messire Gilles de Rais und dem Zeugen auf Befehl von Gilles besagten Saal, während Gilles und der Zeuge sich mitten in die Kreise stellten. In einem bestimmten Winkel an der Mauer, an die der Zeuge ein anderes Zeichen malte, befanden sich in einem Topf mit Erde glühende Kohlen, auf die sie magnetisches Pulver streuten, das gewöhnlich »Aimant« genannt wurde, sowie Weihrauch, Myrrhe und Aloe, von denen ein wohlriechender Rauch aufstieg. Und daselbst blieben sie bald aufrecht, bald sitzend, bald kniend, um den Dämonen zu huldigen und ihnen Opfer zu bringen, fast zwei Stunden lang und riefen die Dämonen an und bemühten sich, sie wirksam zu beschwören, wobei der oben genannte Gilles und der Zeuge in der Erwartung, daß der angerufene Geist erscheinen würde, abwechselnd die Rollen in dem oben genannten Buche lasen; aber, wie der Zeuge bestätigt, zeigte sich dieses Mal kein Geist.

Item, der Zeuge sagte aus, daß in diesem Buch zu lesen war, die Dämonen hätten die Macht, verborgene Schätze zu entdecken, in philosophischem Denken zu unterrichten und die Handelnden zu lenken. Die Beschwörungsformeln, derer sie sich bedienten, lauten folgendermaßen: »Ich beschwöre euch, Barron, Satan, Belial, Belzebuth im Namen des Vaters, des Sohnes, des Heiligen Geistes, der Jungfrau Maria und aller Heiligen, hier persönlich zu erscheinen, um mit uns zu sprechen und um unseren Willen zu tun.« Auf die Frage, ob sie dem Dämon, falls er daselbst erschienen wäre, ein Geschenk oder ein Angebot gemacht hätten, antwortete der Zeuge mit Ja: einen lebendigen Hahn, eine lebendige Haustaube oder eine lebendige Turteltaube, um ihn zu verpflichten, ihnen nicht zu schaden, während sie ihn beschworen, und damit er ihnen die erbetenen Dinge um so eher gewähre.

Item, er sagte aus, daß der nämliche Gilles und er ein anderes Mal sich vornahmen, am selben Ort eine Beschwörung

mit anderen Mitteln zu veranstalten, nämlich mit Hilfe eines Steins, der »Dyadocus« genannt wird, und einer Haubenlerche; aber sie unterließen sie mangels besagten Steins. Er sagte außerdem aus, daß Gilles und er am selben Ort mehrere Male ähnliche Beschwörungen in oben beschriebener Weise veranstalteten.
Item, er sagte aus, daß er selbst und Poitou, also Étienne Corrillaut, Gilles' Diener, auf Wunsch von Gilles und mit seinem Wissen eines Nachts das Schloß Tiffauges in der Diözese Maillezais verließen, mit besagtem Buch, Kerzen, magnetischem Puder und anderen Aromaten versehen, die zur Teufelsbeschwörung gebraucht wurden, und oberhalb des Teiches besagten Ortes in Richtung Montaigu auf einer Wiese anlangten, die von besagtem Teich einen Bogenschuß entfernt war; dort zogen sie einen Kreis und malten Zeichen, wie oben beschrieben, entzündeten dann das Feuer und veranstalteten besagte Beschwörungen. Und der Zeuge empfahl oben genanntem Poitou, also Étienne Corrillaut, nicht das Zeichen des Kreuzes zu machen, wenn er den Kreis beträte und während er sich darin befände, aus Furcht, dieses Zeichen könne den angerufenen Dämon am Kommen hindern; und sie hielten diese Beschwörung ab, wie das der Zeuge und Gilles in besagtem Saal getan hatten, als sich kein Geist zeigte; und sie verweilten daselbst etwa eine halbe Stunde. Als sie zurückkehrten, begann es in Strömen zu regnen, der Wind blies heftig, und es herrschte tiefe Dunkelheit.
Item, er erklärte, von einem gewissen Guillaume Daussy, Vertrautem und Diener von Gilles, gehört zu haben, daß der nämliche Gilles viele Knaben in seinen Räumen in Tiffauges wie auch in Machecoul und am Portal besagter Ortschaft Machecoul tötete und töten ließ, und daß er ihr Blut und ihre Glieder den Dämonen anbot, während er sie beschwor.

Item, wie er von genanntem Guillaume gehört habe, daß Gilles mit besagten Knaben Sodomie begehe.
Item sagte er aus, daß er vor etwa einem Jahr in besagtem Saal von Tiffauges ein sechsjähriges Kind in Gegenwart von Gilles de Sillé tot auf dem Boden habe liegen sehen; er glaube, daß besagtes Kind von Sillé getötet worden sei.
Item, daß besagter Gilles und der Zeuge gemeinsam mehrere Beschwörungen veranstaltet hätten, bei denen der angerufene Dämon nicht erschienen sei, so daß besagter Gilles den Zeugen fragte, warum dem so wäre, und aus welchem Grund der beschworene Dämon nicht zu ihnen spräche, und daß er dem Zeugen befohlen habe, den Dämon selbst danach zu fragen; und um das zu erfahren, führte der Zeuge eine Beschwörung aus und erhielt von dem Dämon Antwort auf die genannte Frage, welche lautete, daß besagter Gilles versprochen habe, dem angerufenen Dämon viele Dinge zu geben, aber seine Versprechen nicht halte; und daß, wenn Gilles wolle, daß der böse Geist ihm erscheine und mit ihm spreche, er diesem jedesmal einen Hahn oder eine Henne oder eine Taube geben müsse, vorausgesetzt, daß der nämliche Gilles von dem angerufenen Dämon nichts Wesentliches erbitte; daß er aber, wenn er Bedeutendes von ihm fordere, ihm dann irgendein Glied eines Knaben opfern müsse; und dies alles berichtete der Zeuge oben genanntem Gilles.
Item sagte er aus, daß der nämliche Gilles, nachdem dies zu seiner Kenntnis gelangte, kurz darauf die Hand, das Herz, die Augen und das Blut eines Knaben in einem Glas auf das Zimmer von besagtem François brachte und ihm dieses gab mit der Weisung, bei der nächsten Beschwörung dem Dämon die Hand, die Augen, das Herz und das Blut anzubieten und zu überreichen, falls der Dämon bei besagter Beschwörung Antwort gäbe; doch weiß der Zeuge nicht, wie er behauptet, ob besagte Glieder die jenes

Kindes waren, das der Zeuge nach seiner Aussage tot in besagtem Saal von Tiffauges gesehen hatte, oder die eines anderen.

Item, daß kurz nach diesen Geschehnissen der Zeuge und Gilles an besagtem Ort, im Saal von Tiffauges, eine Beschwörung mit den oben genannten Zeremonien in der Absicht durchführten, dem Dämon, wenn er sich zeige, die Hand, das Herz, die Augen und das Blut darzubieten und zu geben; bei dieser Beschwörung erschien jedoch der Dämon nicht, und deshalb wickelte der Zeuge die Hand, das Herz und die Augen kurz danach in ein Leinentuch und vergrub sie neben der Kapelle Saint-Vincent innerhalb des Schlosses Tiffauges in, wie er glaubt, geweihter Erde.

Item sagte er aus, wie er mehrere Beschwörungen in besagtem Saal bewerkstelligt habe, bei denen ein Gefäß mit Erde innerhalb des Kreises gestellt und entzündet wurde, und diesem Feuer fügte er Weihrauch, Myrrhe und Aloe bei. Während dieser Beschwörungen erschien ihm des öfteren, zehn- oder zwölfmal, besagter Teufel Barron in Gestalt eines schönen jungen Mannes von fünfundzwanzig Jahren.

Item sagte er aus, daß er in Gegenwart von besagtem Messire Gilles drei Beschwörungen durchgeführt habe, bei denen sich der Teufel nicht zeigte, wie dieser überhaupt besagtem Messire Gilles nie in Gegenwart des Zeugen erschienen sei; und er wisse nicht, ob dies je geschehen sei.

Auf die Frage, mit wem, von wem und wo der Zeuge die Kunst der oben genannten Beschwörungen gelernt habe, erwiderte er, das sei in Florenz und bei einem gewissen Jean de Fontenelle, Arzt, vor nunmehr drei Jahren gewesen.

Auf die Frage, wie er sie gelernt habe, erklärte er, daß besagter Messire Jean ihn in ein hochgelegenes Zimmer seines Hauses führte und dort am Tage einen Kreis zeichnete, der den oben erwähnten Kreisen gleich war, und daß er sodann Beschwörungen in der bereits genannten Art abhielt. Während derselben erschienen ihnen bis zu zwanzig rabenähnliche Vögel, welche nicht zu ihnen sprachen. Weiteres geschah dann nicht.

Item, daß der nämliche Fontenelle ein anderes Mal an besagtem Ort in Gegenwart des Zeugen eine Beschwörung durchführte, bei welcher der Teufel namens Barron in Gestalt eines jungen Mannes, wie bereits oben geschildert, erschien, und daß Jean de Fontenelle ihn mit dem Zeugen bekannt machte; und der Zeuge schloß einen Pakt mit dem Teufel, in welchem er ihm gelobte, ihm jedesmal, wenn er ihm erscheine, eine Henne oder eine Haus- oder eine Turteltaube zu überreichen.

Item sagte er aus, daß er sich in Begleitung von Poitou alias Étienne Corrillaut, wie oben beschrieben, auf eine Wiese außerhalb des Dorfes Tiffauges begab, und daß besagter Messire Gilles ihm zuvor einen eigenhändig auf französisch geschriebenen Brief mitgab, den er dem Teufel aushändigen sollte, falls dieser bei der Beschwörung erschiene, die der Zeuge und Poitou alias Étienne Corrillaut durchführen wollten und, wie oben angegeben, auch veranstalteten; dieser Brief enthielt folgende Worte: »Komme nach meinem Willen, und ich werde dir alles geben, was du wünschest, ausgenommen meine Seele und die Verkürzung meines Lebens.« Diesen Brief gab er Gilles zurück, da der Teufel sich bei oben genannter Beschwörung nicht gezeigt hatte. Auf die Frage, wer Gilles zu der Formulierung des so abgefaßten Briefes veranlaßt habe, antwortete er, daß er es nicht wisse.

Item erklärte er, daß er von Gilles erfahren habe, daß dieser die Kunst der Beschwörung seit etwa vierzehn Jahren ausübe, jedoch den Teufel niemals weder gesehen noch mit ihm gesprochen habe.

Item habe er von einer gewissen La Picarde, die jetzt tot sei und damals in dem Weiler Saint-Martin-de-Machecoul wohnte, vernommen, daß in ihrem Haus jemand als Gast wohne, der behauptet habe, die Kunst der Beschwörung mit Gilles auszuüben, aber daß er von ihr nicht den Namen des Gastes erfahren habe.

Item sagte er, daß er in Bourgneuf eine Beschwörung durchgeführt habe, welcher Messire Gilles beigewohnt hätte, und eine andere in Josselin auf einer Wiese in Abwesenheit des besagten Sire, bei welcher der Zeuge also allein war; und der Teufel namens Barron sei ihm in Gestalt eines jungen Mannes, bekleidet mit einem Seidenmantel von violetter Farbe, erschienen.

Item sagte er aus, daß er vor weniger als einem Jahr in Abwesenheit des Messire Gilles, der sich damals in Bourges aufhielt, in besagtem Saal in Tiffauges eine Beschwörung durchgeführt habe, bei der ihm Barron in oben genannter Gestalt erschienen sei. Dieser übergab dem Zeugen schwarzen Puder auf einem Schieferstein. Barron befahl dann François, dem Zeugen, diesen Puder an Gilles nach Bourges zu übersenden, damit er ihn in eine Silberkapsel fülle und bei sich trage, denn wenn er dies befolge, würden sich seine Geschäfte glücklich wenden. Dieses Pulver gab der Zeuge Gilles de Sillé, der es durch einen gewissen Gascard aus Pouzages an den Messire Gilles nach Bourges überbringen ließ.

Auf die Frage, ob Gilles dieses Pulver bei sich getragen habe, antwortete er, das wisse er nicht; als aber Seigneur Gilles nach Tiffauges zurückgekehrt sei, brachte besagter Poitou alias Étienne Corrillaut dem Zeugen besagtes Pulver in einer kleinen Silberkapsel, eingewickelt in ein Leinentuch, das gemeinhin »Sandal« heißt, zurück, und der Zeuge nahm besagtes Gefäß entgegen; diese Kapsel trug der Zeuge eine Zeitlang um den Hals, nahm sie aber später ab, um sie in einem kleinen Kasten oder einem Schrein zu verwahren, den er in seinem Zimmer im Haus eines gewissen Pierre Rondel in Machecoul hatte, wo sie bis zu seiner Verhaftung blieb.

Item, bei der Rückkehr von Seigneur Gilles aus Bourges hielt der Zeuge in besagtem Saal von Tiffauges eine Beschwörung ab, bei der Barron in menschlicher Gestalt erschien, und von dem Zeugen im Namen des Messire Gilles um Geld gebeten wurde. Und in der Tat sah er kurz darauf in einem Raum die Erscheinung einer großen Menge von Goldbarren; dieses Gold blieb mehrere Tage dort liegen; sobald der Zeuge es sah, wollte er es berühren, doch die Antwort des Teufels war, er möge sich zurückhalten, noch sei es nicht an der Zeit. Dieses berichtete der Zeuge dem Messire Gilles; und der fragte ihn, ob er es sehen könne und dürfe; welches der Zeuge bejahte; und alle beide begaben sich in besagtes Zimmer, und als der Zeuge die Tür öffnete, erschien auf dem Boden eine große, mächtige Schlange mit Flügeln und dem Umfang eines Hundes; daraufhin sagte der Zeuge zu Gilles, er solle sich hüten, das Zimmer zu betreten, da sich dort eine Schlange zeige; Gilles zog sich erschrocken zurück, und der Zeuge folgte ihm. Nunmehr ergriff Messire Gilles ein Kreuz, in welchem sich Splitter des Wahren Kreuzes befanden, um mit diesem ungefährdet das Zimmer betreten zu können; aber der Zeuge sagte zu ihm, daß es nicht gut sei, ein geweihtes Kreuz bei solchen Anlässen zu gebrauchen. Wenig später betrat der Zeuge besagtes Zimmer, und als er das angebliche Gold berührte, merkte er, daß es nur Staub von fahler Farbe war und erkannte so die Falschheit des bösen Geistes.

Item sagte er aus, daß, als Messire Gilles sich im Juli zum letztenmal zum Herzog begeben wollte, der Zeuge auf Befehl von Gilles Barron befragte, ob Gilles zum Herzog gehen und zurückkehren könne, ohne sich zu gefährden; Barron bejahte das; sowohl in Machecoul als auch in Nantes und etwas später in Josselin stellte der Zeuge diese Fragen und erhielt Antwort von Barron.

Item sagte der Zeuge aus, daß er auf die vom Angeklagten Gilles de Rais gestellten Fragen niemals zutreffende Antworten von dem Teufel namens Barron erhalten habe, außer bei zwei Malen, nämlich, als Gilles dem Hauptmann von Saint-Etienne-de-Mermorte zu Hilfe kommen wollte, den die Leute oder die Garnison aus Palluau oder Essars überfallen wollten, und das andere Mal, als Messire Gilles bei seinem Ritt, in der Absicht, diese Garnison aus dem Hinterhalt anzugreifen, fragte, welche Partei er ergreifen solle; damals erklärte François ihm, daß Barron ihm erwidert habe, daß er keine Truppe besagter Garnison treffen würde, und dem war auch so. Und der nämliche François hatte noch eine andere Antwort von Barron erhalten, als er das Meer überqueren wollte; was ihm Barron verbot, denn wenn François das täte, würde er umkommen; es war vor seiner Ankunft in diesem Lande, daß er von Barron diese letztbesagte Antwort erhielt.

Item sagte er aus, daß auf Befehl von Gilles mit dem oben genannten Barron im Namen des nämlichen Gilles ein Pakt geschlossen wurde, in dem sich Messire Gilles verpflichtete, jedes Jahr an drei hohen Festtagen an drei Personen eine Mahlzeit auszugeben, und daß der nämliche Gilles zu letztem Allerheiligen drei Leuten ein Essen anbot, und da er solches nicht ständig ausgeführt hatte, vermuteten besagter François und Gilles, dies sei der Grund, daß sich der nämliche Barron weigere, in der Gegenwart von Gilles zu erscheinen.

Und dergestalt sind die Begebenheiten, die François, der einer gründlichen Untersuchung unterzogen und verhört wurde, aussagte. Etwas anderes wußte er nicht, abgesehen von dem, was gerüchteweise verlautete, welches nach seiner Aussage mit dem von ihm Geschilderten übereinstimmte.

Item erklärte der Zeuge, daß der Angeklagte Gilles de Rais ihm zu wiederholten Malen bestätigt habe, daß er sein ganzes übles Leben bessern wolle, das er bis dahin geführt hatte, und daß er eine Pilgerfahrt zum Heiligen Land und nach Jerusalem beabsichtige, auf welcher ihn der Zeuge begleiten sollte, um daselbst unseren Erlöser anzuflehen, ihnen Vergebung ihrer Sünden zu gewähren; so war es vor vier Monaten in Machecoul wie auf der Insel Bouin und auch in Bourgneuf in der Gemeinde Saint-Cyr-en-Rais.

Und dem Zeugen ist in der üblichen Form auferlegt worden, niemandem etwas aus seiner Aussage zu enthüllen etc.

19. Oktober 1440

Jean Rousseau, Reisiger des Seigneur Herzog von Bretagne, Mitglied der Gemeinde Saint-Nicolas zu Nantes, seines Wissens etwa vierzig Jahre alt, als Zeuge aufgefordert, angenommen und vereidigt, die Wahrheit zu sagen in Fällen dieser Art, wird am 19. Oktober 1440, im Jahre des Pontifikats und des Generalkonzils, die oben genannt sind, geprüft, der Untersuchung unterzogen und über den Inhalt des Artikels 42 verhört, dessen Beginn lautet: »Item, vor zwei Jahren«, und der berichtet über die Verletzung der geistlichen Immunität; darin wird ausgeführt, daß am Montag nach letztem Pfingsten sich dieser Zeuge sowie Jean Le Ferron und ein gewisser Guillaume Hautreys sowie mehrere andere in der Gemeindekirche von Saint-Étienne-de-Mermorte in der Diözese Nantes befanden, welche Gemeindekirche in der Nähe der Festung besagter Ortschaft liegt. An diesen Ort hatte sich der Zeuge begeben, um von seiten des Seigneurs Herzog den Schuldnern des Fiskus das Verbot mitzuteilen, die Abgaben, den Zensus und die anderen Steuern besagter Ortschaft an den Angeklagten Gilles zu entrichten oder abzugeben. Und als der Zeuge und die anderen oben Genannten sich also dort am Ausgang der Hochmesse oben genannter Gemeindekirche befanden, sah der Zeuge, wie der nämliche Angeklagte Gilles mit einer Art Degen in der Hand, »jusarme« genannt, gefolgt von einigen seiner Leute, in ungestümer Weise in besagte Kirche eindrang und sich drohend an oben genannten Le Ferron und die anderen Anwesenden, besonders aber an Le Ferron, wandte, und mit fürchterlicher Stimme auf französisch schrie: »Hinaus! Hinaus!« Der Zeuge sah darauf, wie ein gewisser Lenano, Marquis de Ceva, Vertrauter des Angeklagten Gilles, der sich ebenfalls dort befand, den besagten Le Ferron hinter dem Angeklagten Gilles und seinen Leuten aus der Kirche schleppte; und er glaubt, daß Le Ferron vor allem deshalb die Kirche verließ, weil ihn die Drohung des Angeklagten erschreckt hatte. Der Zeuge wollte darauf die Kirche verlassen, und er hätte es getan, wenn nicht jemand aus dem Gefolge des Angeklagten Gilles mit dem Finger auf den Zeugen gewiesen hätte (und bei diesem Zeichen näherte er seinen Finger der Nase und den Augen des Zeugen so, daß kein anderer damit gemeint sein konnte), und aus diesem Grund blieb er in der Kirche.

Er sagte ferner aus, daß er danach von mehreren Personen vernommen habe, in einem Wald nahe besagter Ortschaft befände sich eine Kompanie von etwa sechzig Bewaffneten, die von dem Angeklagten Gilles dort im Hinterhalt aufgestellt worden seien. Er sagte außerdem, daß er vom Inneren der besagten Kirche aus drei oder vier Männer mit Helmen auf dem Kopf vor der Kirche gehen sah, und daß

er später hörte, Le Ferron sei von dem nämlichen Gilles und seinen Vertrauten in das Schloß gebracht worden, das Le Ferron dem Angeklagten habe übergeben müssen, der besagten Le Ferron an diesem nämlichen Ort einkerkern ließ.
Auf die Frage, ob von dem nämlichen Angeklagten Gilles und seinen Leuten irgendwelche anderen Gewalttaten verübt worden seien, nachdem dieser besagte Le Ferron die Kirche verlassen hatte, erwiderte der Zeuge, er habe nichts anderes gesehen oder erfahren als das, was oben gesagt worden ist. Und der Zeuge fügte hinzu, daß er besagten Le Ferron seit seiner Kindheit gekannt habe und daß dieser schon mehrere Jahre, bevor er auf diese Weise fortgebracht und eingekerkert worden war, in geistlichem Gewand einhergegangen und die kirchliche Tonsur getragen habe und allgemein als Geistlicher angesehen werde.
Und es wurde dem Zeugen in üblicher Form auferlegt, niemandem etwas aus seiner Aussage zu enthüllen …

19. Oktober 1440
Lenano de Ceva, Marquis, aus der Diözese Alba in Piémont, nach eigener Ansicht vierzig Jahre alt oder mehr, als Zeuge herangezogen, geprüft an genanntem Tag des genannten Jahres, dem Verhör unterzogen und befragt über den Inhalt des Artikels, der sich mit der Verletzung der Immunitäten der Kirche befaßt, sagt aus, daß besagter Gilles de Rais, Angeklagter, in Begleitung von Gilles de Sillé und Bertrand Poulein während des Hochamtes nach der Wandlung und der Kommunion in der Pfarr- und Gemeindekirche von Sainte-Étienne-de-Mermorte erschienen ist. Er erinnerte sich nicht an den genauen Tag, glaubte aber, daß es beim letzten Pfingstfest oder einen Tag nach dem Feste war. Er sagt aus, daß besagter Gilles, Angeklagter, eine Art Degen

in der Hand hielt, im Französischen »jusarme« genannt, und daß er zu dem oben genannten Jean Le Ferron gesagt habe: »Ha, Hundsfott, du hast meine Männer geschlagen und hast sie erpreßt, komm heraus aus der Kirche oder ich schlage dich tot!« Darauf habe ihm besagter Jean Le Ferron auf Knien liegend und flehend, durch Zeichen zu verstehen gegeben, daß er tun werde, was er wolle. Und erschreckt durch besagten Gilles, Angeklagten, bat er den Zeugen, ihm beizustehen und für ihn zu sprechen, da er Angst habe, von besagtem Gilles mißhandelt zu werden. Welchem Le Ferron der Zeuge zu verstehen gab, daß es ihm seinerseits übel ergehen werde, wenn er Schaden davontragen sollte, und nach einigem Wortwechsel verließ besagter Le Ferron aus eigenem Antrieb besagte Kirche, zusammen mit dem Zeugen, und folgte dem besagten Gilles, Angeklagten, zum Schloß Mermorte, das besagter Gilles vormals an Geoffroy Le Ferron verkauft hatte und welches Schloß besagter Jean Le Ferron an den Angeklagten zurückgab. Der besagte Le Ferron blieb in selbigem Schloß Gefangener des besagten Gilles, Angeklagten.
Ferner sagte der Zeuge, daß fünfzig oder sechzig Mann, die besagter Gilles, Angeklagter, in einem nahe gelegenen Wald versteckt gehalten habe, beauftragt waren, besagtes Schloß zu stürmen und zu erobern, falls besagter Le Ferron es nicht an besagten Gilles, Angeklagten, zurückgeben würde. Sie trugen Mäntel, die man im Französischen »Paletots« nennt, Kapuzen, Helme mit Visieren, Pickelhauben und andere Waffen. Der Zeuge sagte, daß tatsächlich aber keiner von denen, die in besagte Kirche eindrangen, Kapuze, Pickelhaube oder Helme mit Visier trugen. Er fügte hinzu, er habe besagten Jean Le Ferron im Gewand des Geistlichen und mit Tonsur gesehen und er könne bezeugen, daß selbiger allgemein als Geistlicher angesehen wurde.

Und dies war seine Aussage und er wußte nicht mehr als das, was an Gerüchten umging und was, wie er sagte, mit den von ihm geschilderten Tatsachen übereinstimmte.
Es wurde ihm in der üblichen Form auferlegt, niemandem etwas von seiner Aussage zu enthüllen.

20. Oktober 1440

Am Donnerstag, dem 20. Oktober morgens zur Stunde des dritten Gebets erschienen persönlich vor Gericht, vor den besagten Seigneurs Bischof von Nantes und Bruder Jean Blouyn, Stellvertreter des Inquisitors, die im besagten großen oberen Saal von Tour Neuve zu Gericht saßen, um Recht zu sprechen, besagter Messire Guillaume Chapeillon, Ankläger einerseits und besagter Gilles de Rais, Angeklagter andererseits.
Ordnungsgemäß beantragte und empfahl besagter Ankläger, daß von besagten Seigneurs Bischof von Nantes und Bruder Jean Blouyn, Stellvertreter des Inquisitors, ein passender Termin bestimmt und festgesetzt werde, an welchem besagter Gilles de Rais nach Belieben mündlich oder auch schriftlich gegen die vorgetragenen Dinge Einspruch erheben möge, worauf besagte Seigneurs, der Bischof und der Stellvertreter des Inquisitors festsetzten, daß der besagte Gilles, Angeklagter, am darauffolgenden Samstag sich verteidigen solle, ebenso wie der Ankläger selbst, damit in der Sache rechtmäßig fortgefahren werde.
Anschließend befragten besagte Seigneurs, der Bischof von Nantes und Bruder Jean Blouyn, Stellvertreter des Inquisitors, den besagten Angeklagten Gilles auf Verlangen des besagten Anklägers von neuem, ob er etwas Entscheidendes zu seinem Heil und zu seiner Rechtfertigung vorbringen wolle hinsichtlich der Delikte und Verbrechen, die ermittelt und ihm zur Last gelegt würden, wie aufge-

führt und bekanntgegeben in besagten Artikeln, und ob er zu den angegebenen Dingen etwas zu sagen habe. Besagter Angeklagter antwortete nein, aber er verweise auf das, was er bereits einmal gesagt habe.

Darauf verlangte besagter Ankläger in Gegenwart des hörenden und verstehenden Gilles, Angeklagten, von besagten Seigneurs dem Bischof und dem Bruder Jean Blouyn, Stellvertreter des Inquisitors, man möge einen Zeitpunkt festsetzen, zu welchem dem besagten Gilles, Angeklagten, die Erklärungen und Aussagen der Zeugen bekanntgegeben würden. Worauf der Angeklagte Gilles erwiderte, dies sei in Anbetracht dessen, was er schon gestanden und was er noch zu bekennen die Absicht habe, nicht notwendig. Auf Drängen besagten Anklägers befragten besagte Seigneurs den Angeklagten nichtsdestoweniger, ob sie die Erklärungen und Aussagen der Zeugen öffentlich bekanntgeben sollten. Der Angeklagte erwiderte ja. Worauf die Erklärungen und Aussagen mit Zustimmung des besagten Gilles, Angeklagten, von besagtem ehrwürdigen Vater, Seigneur Bischof von Nantes, und von dem Stellvertreter des Inquisitors bekanntgegeben wurden; auf Drängen besagten Anklägers befragten der ehrwürdige Vater, Seigneur Bischof von Nantes und besagter Stellvertreter des Inquisitors nun abermals den besagten Gilles, Angeklagten, recht dringlich, ob er mündlich oder schriftlich etwas Entscheidendes gegen die Personen besagter Zeugen oder gegen ihre Aussagen sagen oder niederschreiben wolle. Der Angeklagte antwortete ohne Zögern mit nein.

Darauf erklärte der besagte Ankläger, daß er in Anbetracht der Auskünfte des besagten Gilles, Angeklagten, und in Anbetracht der Beibringung der Zeugen, ihrer Erklärungen und Aussagen, durch welche die Absicht des Angeklagten in der Sache hinlänglich dargelegt werde, nicht minder dringend darum bitte, daß zwecks eingehender Erkenntnis

und Erforschung der Wahrheit die selben Seigneurs, Bischof von Nantes und Bruder Jean Blouyn, seine Richter, besagten Gilles, Angeklagten, der Folter oder dem peinlichen Verhör unterziehen möchten.
Worauf die Seigneurs Bischof und Stellvertreter des Inquisitors, nachdem sie zu allen Dingen Sachverständige gehört hatten, und nachdem alles Vorausgegangene genauestens geprüft worden war, das peinliche Verhör oder die Folter für besagten Gilles de Rais, Angeklagten, anordneten und entschieden, daß besagter Gilles die Folter erleiden und den peinlichen Fragen und Folterungen unterzogen werden müsse.
Besagter Ankläger forderte uns, besagte Notare und Schreiber, auf, über diese Dinge für ihn eines und mehrere öffentliche Dokumente anzufertigen. Anwesend an besagtem Ort waren Hochwürden Messire Jean Prégent, Bischof von Saint-Brieuc, der adelige Herr Messire Robert d'Épinay, Chevalier, die besagten Herren Hervé Lévy und Robert de la Rivière, Messire Durand, Pfarrer der Pfarrkirche von Blain in besagter Diözese von Nantes, und Messire Michel Mauléon, Pfarrer der Pfarrkirche von Ancenis in besagter Diözese von Nantes, sowie mehrere andere hierselbst in großer Zahl erschienene und besonders hierzu aufgerufene und herbeigebetene Anwesende und Zeugen.

(gezeichnet:) Delaunay, J. Petit, G. Lesné

21. Oktober 1440

Freitag, den 21. Oktober, erschienen die besagten Seigneurs, der Bischof von Nantes und Bruder Jean Blouyn, Stellvertreter des Inquisitors, morgens ungefähr zur Stunde des dritten Gebets im unteren Saal von Tour Neuve, sagten und versicherten, am Vortag, das heißt am Donnerstag, dem

20. Oktober beschlossen zu haben, besagten Gilles der Folter oder dem peinlichen Verhör nach kanonischem Recht zu unterziehen, so wie es verzeichnet ist in der Gerichtsakte des besagten Donnerstag, die in Gegenwart des besagten Anklägers und des Angeklagten Gilles de Rais vor ihnen verlesen wurde, und verkündeten, daß der Seigneur Ankläger den Fall und die dazugehörigen Fälle dem Recht entsprechend fortführen solle. Obgleich sie selbst festgesetzt hätten, daß besagter Gilles, Angeklagter, am Samstag mündlich oder schriftlich nach Belieben seine Einwände gegen die Ermittlungen in der Sache oder in den dazugehörigen Sachen vorbringen solle, wollten sie dennoch zu der von ihnen angeordneten besagten Folterung schreiten und die Durchführung derselben auf Verlangen des besagten Anklägers, welcher ebenfalls persönlich am gleichen Ort erschienen war, gewährleisten, worauf sie besagten Gilles, Angeklagten rufen ließen, um ihn der Folter zu unterziehen.

Auf die Order besagter Seigneurs, des Bischofes von Nantes und des Stellvertreters des Inquisitors, kam und erschien persönlich vor ihnen im besagten unteren Saal der besagte Angeklagte Gilles de Rais, um die Folter zu erleiden. Als besagte Seigneurs, der Bischof von Nantes und der Stellvertreter des Inquisitors, mit besagter Folterung oder besagtem peinlichen Verhör des besagten Gilles beginnen wollten, bat sie der Angeklagte demütig, sie möchten besagte Exekution bis zum folgenden Tag verschieben, an dem er sich äußern sollte, wie angegeben; und er sagte, er werde in der Zwischenzeit solcherart über die ihm zur Last gelegten Delikte und Verbrechen berichten und die genannten Seigneurs so weitgehend zufriedenstellen, daß sich ein peinliches Verhör hierüber erübrige. Darüber hinaus bat und verlangte besagter Gilles, Angeklagter, daß besagter Seigneur Bischof von Saint-Brieuc als Vertreter

des geistlichen Gerichts, das heißt als Vertreter der besagten Seigneurs, des Bischofs von Nantes und des Stellvertreters des Inquisitors, und daß besagter Seigneur Präsident der Bretagne als Vertreter des weltlichen Gerichts an einem anderen Ort als demjenigen, an dem die besagte Folter stattfinden sollte, hören möchten, was der Angeklagte selbst bekennen wolle hinsichtlich der gegen ihn vorgeführten Anklagepunkte, und daß die Seigneurs, der Bischof von Nantes und der Stellvertreter des Inquisitors, ihren Platz besagtem Seigneur Bischof von Saint-Brieuc räumen sollten; besagte Seigneurs, der Bischof von Nantes und der Stellvertreter des Inquisitors gaben der Bitte des besagten Angeklagten statt und räumten demnach ihren Platz dem besagten Seigneur Bischof von Saint-Brieuc, welcher gegenwärtig war und die Aufgabe gnädig übernahm. Und zu Gunsten des Angeklagten verschoben sie besagte Folter auf die zweite Stunde des Nachmittags desselben Tages mit der Maßgabe, daß sie die besagte Folter zur gleichen Stunde oder später auf den folgenden Tag verschieben wollten für den Fall, daß besagter Gilles, Angeklagter, zu den ihm vorgeworfenen Verbrechen oder irgendeiner anderen Sache nicht sprechen sollte.
Hinsichtlich dieser Entscheidung forderte besagter Ankläger uns, besagte Notare und Schreiber auf, eines oder mehrere öffentliche Dokumente anzufertigen.
Anwesend waren die noblen Herren Messire Robert d'Épinay, Chevalier, Yvon de Rocerf, Messire Robert de La Rivière, Pierre Juete, Jean de Vennes und eine Vielzahl anderer, besonders aufgerufener und herbeigebetener Zeugen.
Zur zweiten Stunde des Nachmittags des besagten Freitags erschienen der besagte Seigneur Bischof von Nantes und der Seigneur Stellvertreter des Inquisitors persönlich im unteren Saal und schickten auf Verlangen des gleichfalls

persönlich am Ort erschienenen Anklägers zu besagten Gilles in das ihm als Wohnraum zugewiesene Zimmer im Tour Neuve des Schlosses von Nantes, in welchem er festgehalten wurde, die besagten Seigneurs Bischof von Saint-Brieuc und den Präsidenten der Bretagne, begleitet von Jean Petit, einem der besagten vier Notare und Schreiber, um anzuhören und zu rapportieren, was der Angeklagte zu den Anklagepunkten zu sagen habe, wie vordem beschlossen. Besagte kommissarische Seigneurs begaben sich zu besagtem Gilles und kehrten am gleichen Tage in den unteren Saal zurück und sagten und rapportierten den besagten Seigneurs, dem Bischof von Nantes und dem Stellvertreter des Inquisitors, daß sie mit besagtem Angeklagten gesprochen hätten und daß er in ihrer Gegenwart ein langes Geständnis niedergelegt habe, dessen Wortlaut in nachfolgendem Bericht wiedergegeben ist, den sie alsbald vorzeigten.

(gezeichnet:) J. Delaunay, G. Lesné

Es folgt das außergerichtliche Geständnis des Gilles de Rais, oft genannten Angeklagten, abgelegt in Gegenwart besagter Seigneurs, des Bischofs von Saint-Brieuc, des Bevollmächtigten besagter Seigneurs des Bischofs von Nantes und des Stellvertreters des Inquisitors für das geistliche Gericht und des Messire Pierre de L'Hôpital, Präsident, sowie der Herren Jean Labbé, Yvon de Rocerf, Edelmann, Jean de Touscheronde, Schreiber und mir, Jean Petit, Schreiber und Notar, speziell zu diesem Zweck entsendet in das angenehme Zimmer, das besagtem Gilles im Tour Neuve des Schlosses von Nantes angewiesen wurde, um sich dort für die Dauer des gegen ihn geführten Prozesses aufzuhalten, zu ruhen und zu schlafen. Wie zuvor gesagt, wurde das Geständnis am Freitag, dem 21. Oktober, am Nachmittag des Tages freiwillig, frei und ohne Zwang abgelegt.

Erstens, betreffs der Ergreifung und des Todes mehrerer Kinder, betreffs des wollüstigen, sodomitischen und widernatürlichen Lasters, betreffs der grausamen und grauenhaften Mordarten, gleichzeitig betreffs der Teufelsbeschwörungen, der Opfer und Opferungen, der den Dämonen gemachten Versprechungen und der von ihm ihnen gegenüber eingegangenen Verpflichtungen oder anderer im ersten Artikel oder in den folgenden Artikeln erwähnten Dinge, sagte besagter Gilles de Rais auf die Fragen des besagten Seigneurs Bischof von Saint-Brieuc und des besagten Präsidenten aus und bekannte freiwillig und schmerzerfüllt in ihrer Gegenwart und in der Gegenwart einiger anderer Personen, an zahlreichen Kindern die Verbrechen, die Sünden und die Delikte des Mordes und der Sodomie böswillig begangen zu haben; er bekannte ebenfalls, Teufelsbeschwörungen veranstaltet zu haben und den Dämonen Opfer dargebracht und Versprechungen gemacht sowie die anderen Dinge getan zu haben, die er kürzlich in Gegenwart besagter Seigneurs und einiger anderer Personen bekannt habe.

Auf die Frage besagten Hochwürdens und Präsidenten nach dem Ort und der Zeit, wo er die Sünde der Sodomie zu begehen begann, erwiderte er: in der Festung Champtocé; er erklärte, das Jahr oder die Zeit nicht zu kennen, aber damit in dem Jahr, als sein Großvater Seigneur de La Suze verschied, begonnen zu haben.

Item, auf die Frage des besagten Seigneurs Präsident, wer ihn zu den oben genannten Verbrechen gebracht und wer ihn gelehrt hatte, wie sie zu begehen wären, erwiderte er, daß er sie beging nach eigener Vorstellung und eigenem Denken, ohne jemandes Rat und nach seinem eigenen

Sinne, lediglich zu seinem fleischlichen Vergnügen und Ergötzen und zu keinem anderen Zweck und aus keiner anderen Absicht.

Und da besagter Seigneur Präsident sich, wie er sagte, wunderte, daß besagter Angeklagter von sich aus und ohne Anstiftung eines anderen besagte Verbrechen und Delikte vollbracht habe, forderte er den Angeklagten von neuem auf zu sagen, aus welchen Motiven, mit welchen Absichten und zu welchen Zwecken er besagte Kinder sterben ließ und mit ihnen besagte Sünden beging und ihre Leichen verbrennen ließ, und warum er sich den anderen Verbrechen und anderen Sünden, die oben genannt sind, hingab, und beschwor besagten Angeklagten, dies selbst völlig klären zu wollen, um sein Gewissen zu entlasten, das ihn wahrscheinlich anklage, und um die Gunst des barmherzigen Erlösers leichter zu gewinnen; darauf sagte der Angeklagte auf französisch zu dem Präsidenten, als sei er entrüstet, so angesprochen und befragt zu werden: »Ach, Monseigneur, Ihr quält mich und Euch dazu.« Woraufhin ihm der Präsident auf französisch erwiderte: »Ich quäle mich keineswegs, aber ich bin sehr erstaunt über das, was Ihr mir sagt, und ich kann mich schlechterdings nicht damit zufrieden geben. Und ich verlange und wünsche von Euch, die reine Wahrheit über diese Dinge zu erfahren, die ich schon so oft erwähnt habe.« Besagter Angeklagter erwiderte dem Präsidenten: »Wahrhaftig, es gibt keinen anderen Grund, keinen anderen Zweck und keine andere Absicht als diejenige, welche ich Euch genannt habe: ich habe Euch viel schlimmere Dinge als jene gesagt und genug, um zehntausend Männer hinzurichten.« Woraufhin besagter Präsident besagten Angeklagten nicht weiter verhörte, sondern befahl, besagten François Prelati in besagtes Zimmer kommen zu lassen. Und in Gegenwart des Angeklagten Gilles und anderer Anwesender wurden der

persönlich bestellte François und der Angeklagte Gilles gemeinsam von besagtem Seigneur Bischof von Saint-Brieuc über die Beschwörung der Dämonen und die Opferung des Blutes und der Glieder kleiner Kinder verhört – wovon besagter Bischof sagte, daß Gilles und François dies gerade bekannt hätten – sowie über die Orte, wo sie die besagten Beschwörungen und die schon von ihnen gestandenen Opferungen veranstalteten.
Die Angeklagten Gilles und François erwiderten, daß besagter François mehrere Beschwörungen von Dämonen, besonders eines gewissen Barron, auf Befehl des Angeklagten in seiner Gegenwart wie Abwesenheit veranstaltet habe; außerdem sagte der Angeklagte, daß er bei zwei oder drei Beschwörungen anwesend gewesen sei, besonders in Tiffauges und Bourgneuf-en-Rais, aber er habe niemals einen Dämon sehen oder hören können, obgleich der Angeklagte, wie alle beide berichteten, besagtem Barron durch François ein Verpflichtungsschreiben habe zukommen lassen, in welchem Gilles sich besagtem Barron und seinem Willen unterwarf und versprach, seinen Befehlen zu gehorchen, allerdings unter Vorbehalt seiner Seele und dem Verlust seines Lebens; und daß der Angeklagte besagtem Barron die Hand, die Augen und das Herz eines Kindes versprach, die er ihm von François darbringen ließ, wie er gestand, aber François überreichte sie nicht, wie der Angeklagte und François übereinstimmend aussagten in ihren letzten Bekenntnissen hierüber, wobei François sich auf besagte Bekenntnisse bezog.
Der Präsident befahl darauf François, in sein Zimmer zurückzukehren oder dorthin, wo man ihn bewachte. Darauf wandte sich der Angeklagte Gilles de Rais an besagten François und sagte auf französisch unter Tränen und Seufzern zu ihm: »Adieu, François, mein Freund, niemals werden wir uns in dieser Welt wiedersehen; ich bete zu Gott,

daß er Euch Geduld und Erkenntnis gebe, und seid sicher, daß wir uns in der großen Freude des Paradieses begegnen werden, vorausgesetzt, Ihr habt große Geduld und Hoffnung in Gott! Bittet Gott für mich, und ich werde für Euch beten!« Und indem er das sagte, umarmte er besagten François, der sich sogleich entfernte.

(gezeichnet:) Jean Petit

22. Oktober 1440

Am Samstag, dem 22. Oktober, erschienen zur Vesperstunde in Person vor Gericht, vor den besagten Seigneurs, dem Bischof von Nantes und dem Bruder Jean Blouyn, Stellvertreter des Inquisitors, die zu Gericht saßen, um Recht zu sprechen, am oben bezeichneten Ort besagter Ankläger Messire Guillaume Chapeillon einerseits und besagter Gilles de Rais, Angeklagter, andererseits.

Der Übereinkunft entsprechend forderte der Ankläger besagte Seigneurs, den Bischof von Nantes und Bruder Jean Blouyn, Stellvertreter des Inquisitors auf, den besagten Angeklagten zu fragen, ob er sich äußern wolle oder Einwände habe gegen das, was in der Sache vorgebracht wurde. Der Angeklagte sagte und erwiderte, er wolle nichts sagen; aber frei und ohne Zwang, mit sichtbarer großer Zerknirschung und Bitternis und unter vielen Tränen gestand er, er habe bereits außerhalb des Gerichts in seinem Zimmer in Gegenwart des ehrwürdigen Herrn Bischofs von Saint-Brieuc, des Messire Pierre de L'Hôpital, Präsidenten der Bretagne, und der Herren Jean de Toucheronde und Jean Petit ein Geständnis abgelegt. Er bekannte ferner, daß alle in besagten Artikeln enthaltenen und verzeichneten Dinge im einzelnen wahr seien. Der Angeklagte erklärte, er wolle sein außergerichtliches Geständnis hier wiederholen und vortragen, ohne sich davon loszusagen und mit dem Ziel, seine Verfehlungen wiedergutzumachen, und, falls er etwas vergessen hätte, ausführlichere Erklärungen abzugeben. Er bekannte die in den besagten Artikeln zusammengefaßten Verfehlungen und erklärte, er habe noch andere große und gewaltige Verbrechen begangen und verübt, indem er sich seit Anbeginn seiner Jugend gegen Gott und seine Gebote versündigt habe und daß er unseren Heiland beleidigt habe durch seine schlechte Führung in seiner Jugend, während der er zügellos sich allem hingegeben habe, was ihm gefiel und an allem Unerlaubten sich ergötzt habe. Er bat alle Anwesenden, welche Kinder hatten, sie möchten sie in den guten Lehren unterweisen und sie an tugendhaftes Verhalten von Kindheit und Jugend an gewöhnen.

Nach diesem Geständnis vor Gericht durch besagten Gilles de Rais, Angeklagten, hinsichtlich des besagten Wortlauts der besagten Artikel, und sobald das außergerichtliche Geständnis wiederholt und vorgetragen war, bestätigte der besagte Angeklagte, daß zu den Verbrechen und Delikten noch böse Laster hinzukämen, so die Sünde wider die Natur, die nicht in hinreichender Ausführlichkeit in dem von ihm bereits als wahr bekannten Artikel ausgeführt wird, über welche er bereits ein geheimes Geständnis vor dem ehrwürdigen Seigneur Jean Prégent, Bischof von Saint-Brieuc, und dem noblen Herrn Pierre de L'Hôpital, Präsidenten der Bretagne, sowie Herrn Jean Labbé, Schreiber und mir, Jean Petit, öffentlichem Notar, Generalexaminator der Zeugen des geistlichen Gerichts von Nantes und Jean de Touscheronde, Schreiber des weltlichen Gerichts am gleichen Orte abgelegt habe. Damit besagtes geheimes Geständnis dem Gedächtnis der Menschen eindringlicher eingeprägt werde, hat es dem besagten Gilles, Angeklagten, gefallen, selbiges nicht herabzumindern, sondern eher zu bekräftigen und zu verstärken, und er verlangte, daß das besagte Geständnis für alle und jeden der Anwesenden, die größtenteils der lateinischen Sprache nicht mächtig waren, in Vulgärsprache veröffentlicht werde und daß die Veröffentlichung und das Geständnis der begangenen Verbrechen zu seiner Schande allen vorgelegt werde, damit er leichter die Verzeihung seiner Sünden und die Gnade Gottes sowie die Vergebung der von ihm begangenen Sünden erlangen möge. Er sagte ferner, daß er in seiner Jugendzeit stets zarter Natur gewesen, aber zu seinem Vergnügen und nach eigenem Willen alles nur denkbar Böse getan habe, was in seiner Macht stand, und daß er seine Hoffnung und sein Trachten in unerlaubte Handlungen und unehrliche Taten und Dinge setzte, die zu vollbringen er sich nicht scheute. Er bat und ermahnte herzlich alle Väter, Mütter, Freunde und Nahestehende aller jungen Leute und aller Kinder, letztere in den guten Sitten zu unterweisen, wie es die guten Beispiele und Lehrsätze empfehlen, sie in diesem Sinne zu unterrichten und zu bestrafen, daß sie nicht auf den Irrweg geraten möchten, in den er selbst gelaufen sei. Durch dieses Geständnis, das in Gegenwart des besagten Gilles vor Gericht verlesen und veröffentlicht und von ihm gebilligt wurde, bekannte der besagte Gilles de Rais, Angeklagter, freiwillig und öffentlich vor allen Anwesenden, daß er zu seiner Lust und sinnlichen Ergötzung eine so große Zahl von Kindern gefangen habe und habe fangen lassen, daß er keine genaue Angabe hierüber mehr machen könne; er habe selbige getötet oder habe sie töten lassen und mit ihnen das Laster der Sünde der Sodomie begangen. Er sagte und bekannte, er habe den spermatischen Samen in verbrecherischster Weise über den Bauch besagter Kinder ergossen, vor wie auch nach ihrem Tod und auch während sie im Sterben lagen, welchen Kindern zuweilen er selbst, manchmal auch andere seiner

Komplizen, insbesondere die vormals genannten Gilles de Sillé, Messire Roger de Briqueville, Chevalier, Henriet und Poitou, Rossignol und Petit Robin verschiedene Arten und Weisen der Peinigung zufügten: entweder trennten sie den Kopf vom Leib mit langen oder kurzen Dolchen und mit Messern, oder sie schlugen gewaltsam mit einem Stock oder anderen quetschenden Gegenständen auf den Kopf, oder sie hingen sie an einer Stange oder an einem Haken in seinem Zimmer auf und strangulierten sie; und während sie starben, beging er an ihnen das sodomitische Laster in besagter Weise. Die toten Kinder beschlief er, und welche die schönsten Köpfe und die schönsten Gliedmaßen hatten, ließ er zur Schau stellen und ihren Leichnam grausig öffnen, wobei er sich am Anblick ihrer inneren Organe delektierte; und sehr oft, wenn besagte Kinder starben, setzte er sich auf ihren Bauch und fand Vergnügen daran, sie so sterben zu sehen und er lachte darüber mit besagten Corrillaut und Henriet, worauf er ihre Kadaver verbrennen und in Staub verwandeln ließ von besagten Corrillaut und Henriet.

Anschließend an das besagte, freiwillige und ohne Zwang abgelegte Geständnis bat er das versammelte Volk und insbesondere die Geistlichkeit, die in beträchtlicher Zahl vertreten war, sie möchten immer unsere Heilige Mutter Kirche in Ehren halten und ihr huldigen und nie von ihr ablassen; er fügte ausdrücklich hinzu, daß er selbst, der Angeklagte, niemals dem Bösen und den Versuchungen des Teufels entronnen sei, wenn er nicht sein Herz und seine Liebe dieser selben Kirche zugewendet hätte; mehr noch führte der Angeklagte aus, daß er glaube, daß sonst der Teufel, in Anbetracht des Übermaßes seiner Schurkereien und Verbrechen, seit langem seinen Leib zerstört und seine Seele mit sich genommen hätte; er bat alle Familienväter, über ihre Kinder zu wachen, damit sie nicht verführerisch gekleidet würden, und forderte sie auf, nicht zu dulden, daß sie in Müßiggang lebten, mit dem Bemerken und der Versicherung, daß viel Böses entstehe aus dem Müßiggang und den Exzessen bei Tisch, und er erklärte nochmals ausdrücklich, daß der Müßiggang, ein unersättliches Verlangen nach delikaten Speisen und der häufige Genuß von starken Weinen ihn hauptsächlich in einem Zustand der Erregung gehalten und ihn dahingeführt habe, so viele Sünden und Verbrechen zu begehen. Hinsichtlich der von ihm verübten Verbrechen und Delikte bat besagter Gilles de Rais, Angeklagter, demutvoll und weinend um Erbarmen und um Vergebung durch seinen Schöpfer und sehr heiligen Erlöser, ebenso um das Erbarmen und die Vergebung seitens der Eltern und Freunde der so grausam massakrierten Kinder, wie seitens aller anderen, die er geschädigt haben möchte und gegenüber denen er sich tatsächlich schuldig gemacht habe, Anwesende und Nichtanwesende, und er bat alle Gläubigen und Verehrer Christi um die Hilfe ihrer frommen Gebete.

In Anbetracht des freiwilligen Geständnisses des besagten Angeklagten und in Anbetracht der ferneren legitimen, gegen diesen vorgebrachten Beweise bat der besagte Ankläger, Messire Guillaume Chapeillon dringend, man möge einen geeigneten Tag und Zeitpunkt festsetzen, den besagten Angeklagten zu verurteilen und das endgültige Urteil abzuschließen und selbiges durch die besagten ehrwürdigen Seigneurs, den Bischof von Nantes und den Bruder Jean Blouyn, Stellvertreter des Inquisitors, zu bestätigen sowie durch jeden von ihnen oder durch die von ihnen Beauftragten die besagten Urteile schriftlich niederzulegen und ordnungsgemäß zu verbreiten, es sei denn, besagter Gilles de Rais, Angeklagter, könne einen stichhaltigen Grund dafür anführen, daß dies nicht geschehen dürfe. Worauf die besagten Seigneurs, der Bischof von Nantes und der Stellvertreter des Inquisitors den folgenden Dienstag festsetzten, um dem Recht entsprechend in der Sache fortzufahren, wie es in diesem Fall und in den Fällen dieser Ordnung erforderlich ist, wogegen der Ankläger und Gilles de Rais, der Angeklagte, keinen Widerspruch vorbrachten ...

Die abschließenden Floskeln sind weggelassen. (Anm. d. Red.)

Urteil gegen Gilles de Rais:

Schuldig der Häresie

Im Namen Christi
beschließen und erklären wir, Jean, Bischof von Nantes, und Bruder Jean Blouyn, Baccalaureus der Heiligen Schrift, Mitglied des Ordens der Dominikaner zu Nantes, Stellvertreter des Inquisitors der Häresie für die Stadt und Diözese Nantes, die wir zu Gericht sitzen und Gott allein vor Augen haben, durch dieses wahrhaftige und endgültige in dieser Schrift niedergelegte Urteil in Anbetracht des Rates und der Zustimmung der ehrwürdigen Patres, der Herren Bischöfe, Rechtsgelehrten, Doktores und Magister der Theologie, in Anbetracht der von uns und unserem von uns in Sachen des Glaubens gegen dich, Gilles de Rais, unseren Gerichtsuntertan delegierten Ankläger von unserer Seite ermittelten und sorgfältig geprüften Zeugenaussagen, welche getreulich niedergeschrieben wurden, sowie in Anbetracht deines freiwilligen vor uns abgelegten Geständnisses und im Hinblick auf andere Gegebenheiten und Punkte, die von unserer Seite berücksichtigt wurden und unsere Herzen berührt haben, daß du, obengenannter

Gilles de Rais, der du vor unserem Gericht erschienen bist, dich schuldig gemacht hast der ruchlosen Apostasie wie auch der greulichen Beschwörung böser Geister, die du in bösartiger Weise ausgeübt hast, und daß du daher exkommuniziert werden und die übrigen rechtmäßigen Peinigungen erfahren sollst, auf daß dir deine Strafe zu deinem Wohle und zu deiner Besserung zuteil werde und du gestraft und gebessert werdest, wie es das Recht fordert und die kanonischen Sanktionen verordnen.

(gezeichnet:) Delaunay, J. Petit, G. Lesné

Urteil gegen Gilles de Rais:

Schuldig des Mordes und der widernatürlichen Unzucht mit Kindern

Im Namen Christi
beschließen und erklären wir, Jean, Bischof von Nantes, die wir zu Gericht sitzen und nur Gott vor Augen haben, durch dieses endgültige, in diesem Schriftsatz niedergelegte Urteil, nach Prüfung und Einsichtnahme in die rechtmäßigen Begründungen und Ausführungen in Sachen des Glaubens, die unser von uns in dieser Sache gegen dich, Gilles de Rais, unseren Gerichtsuntertan bestellter Ankläger und Kläger vorgetragen hat, in Anbetracht der Aussagen seitens der Zeugen, welche ermittelt, beeidigt und sorgfältig geprüft wurden, in Anbetracht der getreulichen Niederschrift ihrer Aussagen, in Anbetracht deines Geständnisses, das du freiwillig vor unserem Gericht abgelegt hast und das öffentlich bekanntgegeben wurde, sowie mit

Rücksicht auf alle anderen Gegebenheiten und in Erwägung gezogenen Punkte, die vom kanonischen Gesichtspunkt aus unseren Geist bewegt haben, nach Beratung mit den ehrwürdigen Patres und Magistern der Theologie und den Rechtsgelehrten, daß du, obengenannter Gilles de Rais, der persönlich vor unserem Gericht erschienen ist, für schuldig befunden wirst des Mordes und der widernatürlichen Unzucht mit Kindern beiderlei Geschlechts nach sodomitischer Art, und daß wir darum hiermit schriftlich niederlegen, daß wir dich exkommunizieren und beschließen, daß du zu deiner Bestrafung und heilsamen Besserung die anderen rechtmäßigen Peinigungen erfahren sollst, damit du gestraft und gebessert werdest, wie es das Recht und die kanonischen Sanktionen erfordern.

(gezeichnet:) Delaunay, J. Petit, G. Lesné

Der weltliche Prozeß

Amtlicher Bericht über die Tätigkeit des Gerichtshofs

Es folgt der Prozeß vor dem edlen und weisen Herrn Pierre de L'Hôpital, Präsident der Bretagne, beauftragt vom Herzog, unserem Landesherrn, und anderen Leuten, Ratgebern des von mir genannten Herrn, und von ihm beauftragt, gegen Gilles de Rais und diejenigen seiner Leute und seiner Diener, die weiter unten genannt werden, aufgrund von Klagen von Jean Jenvret und seiner Frau, von Jeanne Degrépie, Witwe des Regnaut Donete, von Jean Hubert und seiner Frau, von Jeanne, Ehefrau des Guibelet Delit, von Agathe, Frau des Denis de Lemion, von Jeanne, Frau des Jean Darel, von der Ehefrau des Perrot Couperie, von Tiphaine, Frau des Éonnet Le Charpentier, von Jean Magnet, von Pierre Degrépie und Jean Rouillé, wohnhaft in den Außenbezirken und in den benachbarten Dörfern von Nantes und in verschiedenen anderen Orten derselben Diözese und anderswo, die erklären, ihre Kinder verloren zu haben und die behaupten, besagter Sire und seine Leute hätten sie gefangengenommen oder fangen lassen und zu Tode gebracht. Sie sagen, besagter Sire und seine Leute seien dieser Verbrechen verdächtigt.

In dieser Sache wurden aufgrund besagter Klage von dem von mir genannten Seigneur dem Herzog und dem genannten Herrn Präsidenten der Bretagne eine Untersuchung und Nachforschungen eingeleitet, deren Wortlaut bekanntgegeben wurde. Besagte Kläger baten schmerzbewegt, unter

Tränen und Klagen, man möge ihnen zu ihrem Recht verhelfen, wie es den Erfordernissen dieser Sache entspräche, und da besagte Untersuchungen die Schuld des Gilles de Rais erbracht haben, wird dieser des Mordes an den genannten kleinen Kindern und an mehreren anderen Kindern angeklagt. An Jean Labbé und andere Untertanen unseres Landesfürsten wurde eine Order ausgegeben, sie sollten, wenn sie besagten Gilles de Rais fänden, selbigen gefangennehmen. Woraufhin Jean Labbé und andere Untertanen Gilles de Rais in der Bretagne im Monat September gefangen haben und ihn von diesem Tage nach Nantes in das Gefängnis unseres Herrn geführt haben. Gilles de Rais wurde dort selbst vor Gericht gestellt und die durch den Ankläger von Nantes delegierten Kommissare und deren Stellvertreter, die sein Amt versahen, sagten und erläuterten ihm, nach den Geboten Gottes und nach dem Gesetz sei es verboten, seinesgleichen zu töten; vielmehr müsse man seinesgleichen lieben wie sich selbst. Jedoch hat besagter Sire mehrere kleine Kinder gefangen oder fangen lassen und nicht nur zehn oder zwanzig, sondern dreißig, vierzig, fünfzig, sechzig, hundert, zweihundert und mehr, so daß man keine genaue Erklärung hinsichtlich der Zahl abgeben kann; er hatte fleischlichen Verkehr mit den Kindern und verging sich widernatürlich an ihnen und beging die abscheuliche Sünde der Sodomie, die das Grauen und den Schrecken eines jeden guten Katholiken darstellt. Nicht zufrieden damit, tötete er besagte Kinder oder ließ sie töten und nach der Tötung ließ er sie verbrennen und verwandelte ihren Leichnam in Asche. Genannter Sire verharrte in diesem Übel, und obgleich alle Macht von Gott kommt und obgleich jeder Untertan seinem Fürsten Gehorsam schuldet, welcher Fürst von Gottes Gnaden ist, und obgleich er Untertan und Vasall unseres besagten Herrn war und er ihm Treue geschworen hatte, wie alle anderen

Barone, kraft wessen er nicht das Recht hatte, aus eigenem Antrieb mit Waffengewalt im Lande unseres besagten Herrn vorzugehen, sofern er nicht von ihm Erlaubnis und Auftrag hatte, hat besagter Gilles de Rais dennoch unseren Herrn getäuscht und gegen seinen Willen hintergangen, Leute versammelt und mit bewaffneter Hand einen Jean Le Ferron angegriffen, Untertanen unseres Herrn und des Hauptmanns des Platzes und der Festung von Saint-Étienne-de-Mermorte, namens Geoffroy Le Ferron, seines Bruders, an welchen besagter Gilles de Rais durch Übertragung diesen Platz und das Recht der Herrschaft verkauft hatte und den er in Besitz dieser Festung gesetzt hatte; er hat besagten Jean Le Ferron vor besagten Platz geführt, ihm gedroht, er werde ihm an Ort und Stelle den Kopf abschlagen und er hat besagten Jean Le Ferron dadurch gezwungen, ihm besagte Festung zurückzugeben. Besagter Sire Gilles de Rais hielt diesen Platz eine Zeitlang besetzt, obgleich er bereits von unserem Herrn und zu Recht den Befehl erhalten hatte, den Ort und die Festung zu räumen und sie besagtem Le Ferron zurückzugeben mitsamt allen Gütern, die er sich angeeignet hatte und unter Androhung einer Strafe von fünfzigtausend Goldtalern, die unser Herr ihm auferlegen würde im Falle des Ungehorsams, der Weigerung oder Verzögerung.
Worauf besagter Sire keinerlei Folge leistete, sondern besagten Le Ferron und Guillaume Hauteris, Steuereinnehmer des Herrn, welcher in dessen Begleitung war, angriff und gefangen nahm und ihn nach Tiffauges außerhalb des Herzogtums führte, wo er sie längere Zeit gefangenhielt. Seit dieser Gefangensetzung des besagten Le Ferron hatte besagter Sire Hand angelegt und Hand anlegen lassen an Jean Rousseau, Hauptwachtmeister des Herrn, hatte ihm seinen Degen abgenommen und anderen Mißbrauch mit ihm getrieben. Worauf er in Machecoul weitere Poli-

zeimeister geschlagen hat aus Haß auf den Herrn und aus Verärgerung über die ihm von diesem gemachten Auflagen, den Schaden unter Androhung einer Strafe von fünfzigtausend Talern wieder gutzumachen. Da die Güter und Besitzungen der oben Genannten dem Schutze unseres Herrn unterstanden, hat besagter Sire Gilles de Rais diese Schirmherrschaft verletzt und seinen Treueid gebrochen, indem er sich rebellisch und ungehorsam gegenüber unserem Herrn und seinen Gerichten gezeigt hat.

Besagter Ankläger führte die Sache zum Abschluß und kam in Anbetracht der genannten Ermittlungen und der ihm vorgetragenen Klage zu dem Ergebnis, daß er zu einer körperlichen Strafe verurteilt werden müsse, um dem Recht genüge zu tun. Darüber hinaus müßten die Güter und Ländereien, die dem Herzog unterstehen, eingezogen und die Güter müßten mit besagten Bußgeldern belegt werden.

Besagter Sire de Rais bekannte, eigenmächtig Männer versammelt zu haben, um besagten Platz von Saint-Étienne-de-Mermorte einzunehmen. Er bekannte ferner, gewaltsam Hand angelegt zu haben an besagten Jean Le Ferron, um ihm besagten Platz zu rauben, er bekannte, selbiger habe ihm den Platz geräumt aus Angst, an Ort und Stelle den Kopf zu verlieren. Seitdem habe er diesen Platz gehalten bis zu dem Tage, an dem unser Herr, der Herzog, ihn von seinen Männern habe mit Waffen zurückerobern lassen; ebenso bekannte er, daß er besagten Jean Le Ferron nach Tiffauges geführt habe, wo er ihn gefangen hielt bis zu dem Tage, an dem dieser durch Intervention des Herrn Konnetabel befreit wurde. Er bekannte ferner, daß ihm durch besagten Herrn, unseren Herzog, die Auflage gemacht worden sei, unter Androhung einer Buße von fünfzigtausend Talern, besagten Platz an Jean Le Ferron zurückzugeben, was er in keiner Weise befolgt habe. Um so mehr sei er bereit, sich dem Willen und der Order des besagten

Herrn, unseres Herzogs, zu unterwerfen. Er bestritt hingegen, besagten Polizeidienern Schaden zugefügt zu haben oder habe zufügen lassen. Ferner mißachtete er gröblich die Worte des besagten Anklägers, der einen Beweis wollte und dem es gestattet wurde, selbigen Beweis zu erbringen. Danach ist besagter Sire de Rais befragt worden, ob er seinen Dienern, Henriet und Poitou, Glauben schenken würde und ob er zustimme, daß sie als Zeugen auftreten sollten. Besagter Sire erwiderte, er habe in seinem Haus nur Leute dulden wollen, von deren Ehrlichkeit er überzeugt sei und wenn er eines anderen belehrt würde, so wäre er der erste, zu ihrer Bestrafung beizutragen. Er habe keinen Anlaß, die Zeugen anzufechten, noch seine Einwilligung zu geben ...

Die abschließenden Floskeln sind weggelassen. (Anm. d. Red.)

Untersuchung des Herzogs der Bretagne

18. September 1440

Peronne Loessart, wohnhaft in La Roche-Bernard, sagt unter Eid aus, daß in diesem September vor zwei Jahren besagter Sire de Rais auf der Rückreise aus Vannes bei Jean Colin in besagter Ortschaft La Roche-Bernard Logis nahm und dort die Nacht verbrachte. Die Zeugin wohnte damals gegenüber der Herberge von Jean Colin. Sie hatte einen Sohn im Alter von zehn Jahren, der zur Schule ging, und der von einem Diener des besagten Sire de Rais, namens Poitou, eingeladen wurde. Dieser Poitou kam zu besagter Peronne und bat sie, das Kind bei sich aufnehmen zu dürfen; es solle bei ihm wohnen, gut gekleidet werden und große Vorteile davon haben; der Knabe sei im übrigen auch für Poitou von großem Nutzen. Darauf hatte die besagte Peronne ihm erwidert, sie habe Zeit abzuwarten, daß der Knabe ihr Vorteile verschaffe, und sie wolle ihn nicht aus der Schule nehmen. Hierauf versetzte besagter Poitou und versprach und schwor es ihr, daß er das Kind weiter in die Schule schicken werde, und daß Peronne hundert Sous für ein Kleid von ihm erhalten solle. Sie glaubte ihm dieses Versprechen und erklärte sich einverstanden, daß er ihr Kind mit sich nahm.

Bald darauf übergab ihr Poitou vier Livre für ihr Kleid. Dieserhalben machte sie ihn darauf aufmerksam, daß zwanzig Sous fehlten: er leugnete es und behauptete, ihr nur vier Livre versprochen zu haben. Worauf sie erwiderte, sie wisse nun, daß er seine anderen Versprechen schlecht halten werde, da bereits am Geld zwanzig Sous fehlten. Er wiederum sagte zu ihr, sie möge deswegen nur nicht zu sehr betroffen sein, er würde ihr und ihrem Kind noch genug Geschenke machen. Darauf nahm er das Kind zu Jean Colin mit, dem Wirt des besagten Sire. Und so empfahl diese Peronne am folgenden Tag, als Gilles de Rais besagte Herberge verließ, ihm ihren Sohn, der bei ihm war. Aber der Sire de Rais erwiderte nichts. Doch sagte er zu Poitou, der ebenfalls anwesend war, daß dieses Kind sehr gut ausgewählt und schön wie ein Engel sei. Dieser Poitou erwiderte darauf, daß er es allein ausgewählt habe, und besagter Sire antwortete ihm, daß er seine Wahl gut getroffen habe. Und bald darauf ritt besagter Knabe mit besagtem Poitou in Gesellschaft des nämlichen Sires auf einem kleinen Pferd davon, das Poitou Jean Colin abgekauft hatte. Seitdem erhielt diese Frau keine Nachrichten mehr und hat nichts über den Ort erfahren, an dem ihr Kind sein könnte, und sie hat es nicht in Begleitung des besagten Sire gesehen, der inzwischen die genannte Ortschaft La Roche-Bernard passiert hatte. Seitdem hat sie auch besagten

Poitou nicht mehr im Gefolge des genannten Sire gesehen. Als sie die Leute des Sire fragte, wo ihr Kind sei, sagten ihr diese, es halte sich in Tiffauges oder in Pouzages auf.

Jean Colin und Frau sowie Olive, Mutter der Frau des besagten Colin, wohnhaft in La Roche-Bernard, sagen unter Eid aus, daß in diesem September vor zwei Jahren besagter Sire de Rais auf der Rückreise aus Vannes in ihrer Herberge logiert und die Nacht verbracht hat. Und daß ein Diener von besagtem Sire, namens Poitou, sich viel um Peronne Loessart zu schaffen machte, die damals gegenüber besagter Herberge wohnte; und daß sie ihm eines ihrer Kinder, einen Sohn, anvertraute – der zur Schule ging und eines der schönsten Kinder der Umgegend war – damit er zu ihm zöge; und besagter Colin verkaufte besagtem Poitou ein kleines Pferd für die Summe von sechzig Sous, um benanntes Kind mitzunehmen. Und die erwähnten Frauen sagen aus, daß Poitou an jenem Abend, da die Mutter ihm ihr Kind anvertraute, dieses in die dem Zeugen gehörende Herberge brachte und den anderen Dienern des besagten Sire de Rais sagte, es sei sein Page, und diese sagten ihm, daß es nicht für ihn sei, sondern daß besagter Sire, ihr Herr, es für sich behalten würde. Und am folgenden Tage, als besagter Sire die Herberge verließ, um fortzugehen, hörten diese Frauen, wie die Mutter des Kindes es besagtem Sire empfahl, in Gegenwart des Kindes und Poitous; woraufhin besagter Sire zu Poitou sagte, das Kind sei gut ausgewählt; Poitou erwiderte, er habe es allein ausgewählt, und besagter Sire sagte ihm, daß er sich nicht getäuscht habe und daß das Kind schön sei wie ein Engel. Kurz darauf ritt der Knabe auf dem Pferd mit besagtem Poitou in Gesellschaft besagten Sires davon. Und Colin erklärt, daß er zwei oder drei Monate später ein anderes als das besagte Kind das Pferd in Nantes besteigen sah, worüber er sich gewundert habe. Und die oben genannten Zeugen sagen aus, daß sie das Kind seitdem weder gesehen, noch gehört haben, wo es sei; nur die Frauen berichten, daß – als sie Leute besagten Sires nach ihm gefragt hatten – die einen antworteten, es sei in Tiffauges, andere, es sei tot: bei der Überquerung der Brücken in Nantes habe es der Wind in den Fluß stürzen lassen. Seitdem hat sie besagten Poitou nicht mehr in Gesellschaft des besagten Sires durch die Ortschaft La Roche-Bernard kommen sehen, als dieser sie passierte. Und als er das letztemal vor sechs Wochen auf der Rückreise aus Vannes durch den Ort kam, fragten sie bei den Leuten von besagtem Sire – weil sie erfahren wollten, wo das Kind sei –, wo denn Poitou wäre, und die Leute erwiderten, er sei in die Gegend von Redon verzogen; und sie dachten sich, das habe er wohl wegen der lauten Klagen von Peronne über das Verschwinden ihres Sohnes getan, welches Klagen zu Poitous Kenntnis gelangt sein könnte durch die Leute des besagten Sire.

(gezeichnet:) De Touscheronde

Geständnis Henriets

Wie bekannt ist, war besagter Henriet Diener und Kämmerer des besagten Sire de Rais, und als besagter Sire de La Suze

René de Rais, Sire de La Suze, Bruder von Gilles. (Anm. d. Red.)

das Schloß und die Festung von Machecoul einnahm, hatte besagter Henriet von Messire Charles du Léon sagen hören, daß man tote Kinder im Keller eines Turmes des besagten

Schlosses gefunden habe und besagter Messire Charles hatte ihn gefragt, ob er nichts darüber wisse; er hatte ihm geantwortet nein, denn damals wußte er nichts davon. Er sagte jedoch aus, daß, als er den Platz von Champtocé wiederbekommen habe und er sich dorthin begab, um ihn unserem Herrn, dem Herzog, zu übergeben, besagter Sire ihm das Versprechen abgenommen habe, nichts von den Geheimnissen zu enthüllen, die er ihm anvertrauen wollte. Als der Schwur geleistet war, befahl er besagten Henriet und Poitou wie auch dem genannten Petit Robin, der verschieden ist, in diesen Turm zu gehen, wo besagte tote Kinder waren, sie zu nehmen und in einen Sarg zu legen, um sie nach Machecoul zu bringen. Und in besagtem Turm habe er sechsunddreißig Köpfe gefunden, die in drei Kisten gelegt wurden, die mit Seilen verschnürt und auf dem Wasserwege zu besagtem Ort von Machecoul gebracht wurden, wo man sie verbrannte, und nicht an dem Ort von Champtocé, weil besagter Sire de Rais nur einen oder zwei Tage dort geweilt habe, nachdem er besagten Platz von besagtem Sire de La Suze, seinem Bruder, übernommen habe, um ihn unserem Herrn, dem Herzog, zu übergeben, dem er von besagtem Sire übereignet worden war; und von dort begab sich besagter Sire de Rais nach Machecoul, wo besagte Kinder waren, die fast gänzlich verwest waren, denn sie waren schon lange bevor besagter Sire de La Suze den Platz übernommen hatte, getötet worden; und es kam dem besagten Henriet in den Sinn, als man ihn in das Gefängnis der Stadt von Nantes überführte, einer Versuchung des Teufels zu erliegen und sich die Kehle durchzuschneiden, um nicht zu sagen, was er wußte.

Item, erklärte besagter Henriet, daß besagte Gilles de Sillé und Poitou mehrere kleine Kinder zu besagtem Sire de Rais ins Zimmer gebracht hätten, mit denen dieser Verkehr hatte, indem er sich erregte und seiner Natur über ihrem

Bauch freien Lauf ließ, aber er befriedigte sich an ihnen nur ein- oder zweimal. Zuweilen schnitt ihnen besagter Sire selbst die Kehle durch, andere Male schnitten ihnen Gilles de Sillé, Henriét und Poitou in seinem Zimmer die Kehle durch; das Blut, das auf dem Boden floß, wurde weggewischt, und die toten Kinder wurden in besagtem Zimmer des besagten Sire verbrannt, nachdem sich derselbe niedergelegt hatte. Besagter Sire fand größeres Vergnügen daran, ihnen die Kehle durchzuschneiden oder durchschneiden zu lassen, als an dem fleischlichen Verkehr, den er mit ihnen unterhielt. Und dieser Henriet, Gilles de Sillé und ein Mann namens Rossignol haben ihm etwa vierzig Kinder zugeführt und übergeben, die in dieser Weise getötet und verbrannt wurden. Besagter Henriet griff solche auf, die bettelten, und besagte Sillé, Poitou und Rossignol verbrannten sie.

Item trafen sich besagter Sire und Maitre François Prelati fünf Wochen lang ohne Zeugen in einem Zimmer in Machecoul, von dem besagter Sire einen Schlüssel besaß. Und besagter Henriet hatte sagen hören, daß man dort eine wächserne Hand und ein Stück Eisen gefunden habe.

Item, erklärte er, daß Catherine, die Frau eines Mannes namens Thierry, die in Nantes wohnte, ihm ihr Kind übergeben habe, damit er es in die Kapelle des besagten Sire bringe. Und er, Henriet, führte es nach Machecoul in dessen Zimmer. Und dort nahmen ihm besagter Sire und Poitou das Versprechen ab, nichts über ihr Geheimnis verlauten zu lassen. Nach Auslieferung des Kindes begab sich besagter Henriet nach Nantes, wo er drei Tage verweilte. Aber nach seiner Rückkehr nach Machecoul sah er das Kind nicht mehr und man sagte ihm, es sei tot. Henriet sagte, dies sei das erste Kind gewesen, das er besagtem Sire zugeführt habe; und er meint, dieses sei etwa vier Jahre her.

Item, sagte er, er habe besagtem Sire in seinem Haus in La

Suze, in Nantes, ein Kind von Guibelet Delit, ein anderes von Jean Hubert, ein weiteres von einem gewissen Donete, noch eines von einem gewissen Lemon, alle vier aus Nantes zugeführt. Besagter Sire hatte fleischlichen Verkehr mit ihnen in besagtem Haus und sie wurden dort getötet und verbrannt.

Item, sagte er, ein gewisser Hillary, ein Bretone, gehörte zu der Kapelle des besagten Sire; dann habe er sie verlassen, und an seinen Platz sei einer seiner Brüder getreten.

Item, sagte er, daß Poitou von La Roche-Bernard ein sehr schönes Kind nach Machecoul gebracht habe, das ebenfalls getötet worden sei.

Item, sagte er, daß Kinder in Nantes aufgegriffen und in das Haus von La Suze gebracht worden seien, wo sie in dem Schlafzimmer des besagten Sire getötet und verbrannt wurden, während besagter Sire schlief; und zwar in folgender Anordnung: man legte dicke oder lange Holzscheite in den Kamin auf zwei Feuerböcke, dann plazierte man darauf die Kinder und die Asche der Verbrannten wurde an verschiedenen Stellen in Machecoul verstreut.

Item, sagte er, er habe in Machecoul einen schönen Pagen, der Messire François angehörte, töten lassen.

Item, sagte er, daß ein junger und schöner Knabe, der mit Rodigo in Bourgneuf-en-Rais weilte, von Poitou nach Machecoul geführt und dort getötet wurde, wie Poitou ihm gesagt habe. Und Henriet sagte, daß er den Tod besagten Kindes nicht miterlebt habe, aber er habe gehört wie Poitou oder Gilles de Sillé gesagt habe, daß dieses Kind wie die anderen getötet worden sei.

Item, sagte er, daß Princé Poitou einen jungen Pagen ausgeliefert habe, der bei ihm weilte, den Henriet auch kannte und der ebenfalls getötet worden sei; er fügte hinzu, daß besagte Kindesmorde in dem Schlafzimmer des Sire in Machecoul durchgeführt wurden, oder am Portal, und nach der Verbrennung des Leichnams habe man, damit es schneller ging, zuweilen nacheinander die Kleider und die Wäsche der Kinder in dem Feuer verbrannt, damit man nicht den Rauch so stark roch.

Item, sagte er, daß Messire François Prelati häufig in das Zimmer des besagten Sire ging und dort ein bis zwei Stunden allein mit ihm blieb.

Item, sagte er, daß Messire Eustache besagten Messire François holen ging und daß er diesen habe sagen hören, daß er Messire Aliboron, das heißt den Teufel, herbeirufe, und er habe von Messire Eustache gehört, daß Messire François ihn für einen Becher Wein herbeirufe.

Item, sagte er, daß André Buchet, der zur Kapelle des besagten Sire gehörte und gegenwärtig der des Herzogs angehört, Kinder von Vannes nach Machecoul zu besagtem Sire geschickt habe, und daß einer seiner Diener, ein gewisser Raoulet, ihm eines zugeführt habe, das getötet wurde, welches zu der Zeit geschehen sei, als der Herzog dem Sire das Geld zurückgab, was er ihm für Champtocé schuldete. Er sagte noch, daß besagter Raoulet jetzt mit Jamet Thomas aus Nantes zusammen sei und daß besagter André von besagtem Sire ein Pferd im Werte von sechzig Realen bekam.

Item, sagte er, daß Messire Roger de Briqueville, Gilles de Sillé, Poitou und Rossignol von oben Gesagtem wissen.

Item, sagte er, gehört zu haben, daß er es gern sah, wenn die Kinder geköpft wurden, nachdem er mit ihnen auf dem Bauch Verkehr gehabt hatte, wobei er ihre Beine zwischen den seinen hatte, und zuweilen war er auf dem Bauch besagter Kinder, wenn man ihren Kopf vom Leib trennte; ein andermal schnitt er hinten in ihren Hals, damit sie langsam verbluteten, was ihm großes Vergnügen bereitete; und während sie dahinsiechten, kam es vor, daß er mit ihnen verkehrte, bis sie tot waren, manchmal auch, nachdem sie gestorben, aber noch warm waren; und es war ein kurzer Degen vorhanden, um ihnen den Kopf abzuschneiden; und wenn diese Kinder nicht so schön waren, wie er es sich vorstellte, schnitt er selbst ihnen den Kopf ab; und hatte darauf zuweilen Verkehr mit ihnen.

Item, hatte er von besagtem Sire sagen hören, daß kein Lebender je verstehen könne, was er täte, und daß er von seinem Planeten dazu veranlaßt würde.

Item, sagte er, daß besagter Sire zuweilen besagten Kindern die Arme auf der Höhe der Achsel habe abschneiden lassen und daß es ihm Vergnügen bereitete, das Blut fließen zu sehen; er hatte gehört, wie Messire Eustache Blanchet sagte, daß besagter Sire sein Unternehmen nicht zu einem guten Ende führen könne, wenn er dem Teufel nicht Füße, Beine und andere Gliedmaßen besagter Kinder opferte; und er, Henriet, tötete mit eigener Hand ein Dutzend; und zuweilen fragte besagter Sire Herrn de Sillé, ihn, Henriet, und Poitou, welche der Kinder die schönsten Köpfe hätten.

Item, erklärte er, von Gilles de Sillé gehört zu haben, daß man nach der Rücknahme des Platzes von Sire de La Suze in Machecoul in einer mit Heu gefüllten Kammer vierzig tote Kinder gefunden habe, die vertrocknet gewesen und verbrannt worden seien: und er hörte, daß Sire de Sillé sagte, daß sie Glück gehabt hätten, daß die besagten Kinder nicht gefunden wurden; er sagte noch, daß Messire Roger de Briqueville eine Frau nach unten geschickt habe, wo sich besagte Kinder befanden; und daß er als er sie dann sah, die Tat aufdeckte, an welcher er nicht teilgenommen hatte.

Item, sagte er, eines Tages sei er, Henriet, in Tiffauges in besagtes Zimmer des Sire de Rais getreten, nachdem dieser und Messire François Prelati sich dort lange allein aufgehalten hatten und dann gegangen wären, und er habe auf dem Fußboden besagten Zimmers einen großen Kreis gese-

hen und innerhalb des Kreises Zeichen und Kreuze, deren Bedeutung er nicht kannte.
Item, sagte er, besagter Sire habe ein mit Blut oder roter Tinte beschriebenes Büchlein besessen, von dem er nichts genaueres wußte.
Item, sagte und gestand er, daß besagter Sire de Rais die Kinder am Schreien hinderte, wenn er mit ihnen Verkehr haben wollte, indem er ihnen einen Strick um den Hals legte und sie etwa drei Fuß über dem Fußboden in einer Ecke des Zimmers aufhing, und ehe sie starben, holte er sie herunter oder ließ sie herunterholen und verlangte von ihnen, daß sie kein Wort sagen dürften, und er erhitzte sein Glied in seiner Hand und ließ danach seiner Natur über ihrem Bauch freien Lauf; danach schnitt er ihnen die Kehle durch, indem er den Kopf vom Rumpf trennte und zuweilen, nachdem sie tot waren, fragte er, welche der Kinder den schönsten Kopf hatten.
Item, erklärte er, daß besagter Sire ihm zuweilen zwei oder drei Taler für besagte Kinder gab; besagter Sire wählte selbst, wenn sie betteln kamen; er fragte sie, woher sie stammten und wenn sie nicht aus der Gegend waren, wenn sie sagten, daß sie keinen Vater und keine Mutter mehr hatten, und wenn sie ihm gefielen, so holte er sie ins Schloß Machecoul. Den Pförtner ließ er dann beiseite schaffen.
Item, sagte er, daß besagter Sire zuweilen kleine Mädchen auswählte, mit denen er Verkehr hatte auf dem Bauch, ebenso wie mit den männlichen Kindern, wobei er sagte, er habe mehr Vergnügen und weniger Mühe, als wenn er sich auf natürliche Weise an ihnen befriedigte; dann wurden die Mädchen ebenfalls getötet wie die männlichen Kinder.
Item, sagte er, daß, wenn zwei Kinder Brüder waren, sie beide herbeigeschafft wurden, er sich aber nur an einem befriedigte, aber er behielt sie beide im Schloß und damit

der andere das Schicksal seines Bruders nicht enthüllte, wurden sie alle beide getötet.
Item, sagte er, daß zuweilen, wenn besagter Sire nicht Verkehr hatte mit besagten Kindern, er sich auch welche von der Kapelle holte, was den Zeugen nicht betraf, da er seine Handlung geheim hielt.
Item, sagte er, daß auf der letzten Reise des besagten Sires nach Vannes, die er unternahm, um dort auf das Geld zu warten, das der Herzog ihm schuldete, und wo er sich zwei oder drei Tage aufhielt – es war im vergangenen Juli wie er glaubte –, André Buchet in die Unterkunft des besagten Sire ein Kind führte, das getötet wurde und dessen Leichnam in die Latrine des Hauses geworfen wurde, in welche besagter Poitou mit Hilfe eines Strickes hinabsteigen mußte, um besagte Leiche unterzutauchen, und aus welcher ihn Buchet und er selbst, Henriet, die ihm bei der Arbeit halfen, nur mit großer Mühe wieder hochgezogen hätten.
Dies war das Geständnis von Henriet.

Das Geständnis von Poitou

Was besagten Étienne Corrillaut, auch Poitou genannt, betrifft, so bekannte und gestand er ohne Folterung das Folgende:
Erstens, etwa zehn Jahre, nachdem er zu besagtem Sire de Rais gekommen sei, dessen Page er fünf Jahre lang war, zu der Zeit, als Messire Roger de Briqueville, Chevalier, sich mit den Geschäften befaßte, und nachdem er nach Ablauf von fünf weiteren Jahren Kammerknabe des besagten Sire geworden war, habe er zwei oder drei Monate darauf im Zimmer des besagten Sire zwei tote Kinder gesehen, und besagter Sire wollte ihn töten, was besagte Messire Roger

und de Sillé verhinderten. Dann wurde er von besagtem Messire Roger vier Tage lang im Zimmer gehalten und danach nahmen sie ihm den Schwur ab, nichts von dem zu enthüllen, was er gesehen hatte und was er später sehen würde; aber vor dem Schwur hatte besagter Sire Verkehr mit besagtem Corrillaut auf dem Bauch.

Item, sagte er, daß Messire Roger und de Sillé ihm befahlen, Kinder aufzugreifen und sie zu besagtem Sire zu führen: und die Genannten führten ihm mehrere zu, an denen sich besagter Sire erhitzte, sein Glied in der Hand haltend, und er verströmte seine Natur über ihrem Bauch; danach ließ er ihnen die Kehle durchschneiden; und zuweilen, wenn sie im Sterben lagen, hatte er Verkehr mit ihnen; fünf Jahre sei es her, daß er, Poitou, begann, ihm besagte Kinder zuzuführen und daß er Komplize seiner Verbrechen wurde.

Item, sagte er, daß nachdem besagter Sire Champtocé von besagtem Sire de La Suze, seinem Bruder wieder übernommen habe, welcher es zwei Jahre lang besaß, besagter Sire sich nach Champtocé begeben und nur eine oder zwei Nächte dort aufgehalten habe. Besagter Sire sagte damals zu ihm, Poitou, zu Henriet, zu Petit Robin und zu einem gewissen Hicquet, daß seit langem tote Kinder in einem Turm lägen und daß sie daraus entfernt werden müßten. Poitou und Robin stiegen hinab, sie legten die Gebeine in einen Sack und entfernten sie. Henriet, Hicquet und Sillé hielten Wache. Sie fanden dort sechsundvierzig, die in Kisten gelegt und nach Machecoul gebracht wurden, wo sie in einem Turm verbrannt wurden. Besagte Kinder waren vertrocknet und verwest.

Item, sagte er, daß man in Machecoul, nach der Wiedereinnahme des besagten Platzes, der von Sire de La Suze und Sire de Lohéac übernommen worden sei, achtzig tote Kinder gefunden habe, die ebenfalls an besagtem Ort von Machecoul verbrannt wurden.

Item, sagte er, daß besagter Sire, wie besagter Poitou gehört hatte, seit der Zeit des seligen Seigneur de La Suze deren viele in seinem Zimmer in Champtocé tötete, und daß besagter Sire vor etwa vierzehn Jahren damit begann, solches zu tun.
Item, sagte er, daß er zuweilen die Kinder tötete, indem er ihnen die Kehle mit einem kurzen breiten Degen öffnete; zuweilen küßte er ihren Kopf, wenn er abgeschnitten war, und er hatte Verkehr mit ihnen; zuweilen tötete er sie allein, nachdem er zuvor Verkehr mit ihnen gehabt hatte; er legte ihnen einen Strick um den Hals, den er mit Hilfe einer Stange an einem Haken in seinem Zimmer aufhing.
Item, sagte er, daß, wenn zwei Kinder Brüder waren, besagter Sire sie beide aufgreifen ließ, damit der eine nicht für den anderen um Hilfe schrie, und nachdem er sich an dem einen befriedigt hatte, behielt er den anderen bis zu dem Augenblick, wo seine Lust wiederkehrte.
Item, sagte er, daß einmal besagter Sire das Herz und eine Hand besagten Kindes nahm, sie in sein Zimmer legte und Poitou durch ein Fenster bat, sie aufzuheben; etwas später trug sie besagter Sire im Ärmel in Messire François' Zimmer hinüber; er wußte nicht, was sie damit machten; besagtes Herz befand sich in einem Glas.
Item, sagte er, daß besagter Sire und François Prelati eine Nacht lang in dem Zimmer des besagten Sire in Machecoul blieben und einen großen Kreis zogen, in dem Zeichen und Kreuze eingetragen waren; sie machten eine wappenartige Zeichnung auf eine Wand und diese wappenartigen Gebilde glichen einem Kopf; dann schickten sie ihn, Poitou, aus dem Zimmer und er begab sich mit anderen in den Saal, und sie horchten und sie hörten ein Tier, das wie ein Hund war, welches auf dem Dach ging. Danach fragte sie besagter Sire, ob sie etwas gehört hätten, und er antwortete nein.

Item, sagte er, daß besagter Sire ihn einmal mit Messire François während der Nacht auf ein Feld in der Nähe von Espérance geschickt habe, wo besagter François eine Beschwörung in einem Kreis machte, in welchem er sich mit ihm, Poitou, aufhielt. Besagter François entzündete eine Kerze und rief Barron und Teufel anderer Namen, worauf er, Poitou, große Angst hatte. Besagter Sire und besagter François hatte ihm verboten, das Kreuzzeichen zu schlagen. Aber nichts ereignete sich außer einem großen Regen, so daß sie gar nicht mehr fortkamen.
Item, sagte er, daß Papelais, Guillemain le Portier, Guillemain Le Beille und Le Muet, der Sieur Gentelou, der Prediger Chéméré und der Marquis de Ceva nichts von dem Tod besagter Kinder wußten; sogar ein Neffe besagten Predigers Chéméré, den dieser einem gewissen Tabard anvertraut hatte, damit er singen und schreiben lerne, wurde wie die anderen Kinder getötet.
Item, sagte er, daß ein gewisser Messire Jean, Engländer, und besagter Sire einmal dorthin gingen um Beschwörungen durchzuführen, und bevor sie gingen, drückte ersterer den kleinen Finger des besagten Sire und holte dann mit einem kleinen Dorn Blut aus der Fingerspitze, und mit dem Blut unterzeichnete besagter Sire eigenhändig einen mit Tinte geschriebenen Brief. Dann entfernten sie sich, um die Beschwörung durchzuführen, und selbiger kehrte durchnäßt zurück, als ob er in einen Fluß gefallen wäre. Ein gewisser Guillaume Cievaye war gegangen, um besagten Messire Jean zu holen, der Engländer oder Pikarde war, und dieser hatte besagtem Sire vor der Beschwörung gesagt, er möge nicht das Kreuzzeichen schlagen, sonst wären sie alle des Todes; und das alles fand statt an einem Ort unweit von Machecoul, nahe bei Espérance, in der Nähe eines Hauses, wo eine gewisse La Picarde wohnte. Ein andermal kehrte besagter Beschwörer so schwer ver-

wundet zurück, daß er nicht sprechen konnte; und nach seinem Weggang hörte er, Poitou, von La Picarde, das sei alles nur gespielt.

Item, sagte er, daß in dem Haus von La Suze elf oder zwölf Tote seien, unter anderem ein junger Knabe namens Jenvret aus Nantes.

Item, sagte er, daß auf der letzten Reise nach Vannes, die besagter Sire unternahm, um dort auf das Geld zu warten, das der Herzog ihm noch schuldete, und wo er sich zwei oder drei Tage aufhielt – es war im vergangenen Juli, wie er glaubte –, André Buchet in die Unterkunft des besagten Sire ein Kind führte, das getötet wurde und dessen Leichnam in die Latrine des Hauses geworfen wurde, in welche er, Poitou, mit Hilfe eines Strickes hinabsteigen mußte, um besagten Leichnam unterzutauchen, und aus welcher ihn besagte Henriet und Buchet, die ihm bei der Arbeit halfen, nur mit großer Mühe wieder hochzogen.

Item, sprach er von einem schönen Kind, das er aus Roche-Bernard mit Zustimmung der Mutter herbeigeschafft hatte; des weiteren von einem anderen schönen Kind, Sohn des verstorbenen Éonnet de Villeblanche, dessen in Nantes wohnhafte Mutter Macée hieß, und daß sie ihm das Kind anvertraut hatte, damit es Page werde, und er, Poitou, kleidete den Knaben ein; ebenso von einem schönen und jungen Kind, das in Bourgneuf wohnte, bei Guillaume Rodigo und das er, Poitou, entführte und in das Haus seines Herrn brachte, und das ein Page gleichen Alters war; ebenso von einem Pagen von Messire François; desgleichen von einem Pagen von Princé; und unter anderem auch von einem Sohn des Schneiders Georget Le Barbier, der in der Nähe des Schloßtores von Machecoul wohnte, besagter Sire hatte fleischlichen Verkehr mit ihnen und sie wurden getötet und verbrannt; er sprach schließlich von mehreren anderen, deren Eltern er nicht kannte; mehrere von ihnen

wurden beim Betteln aufgegriffen, sowohl in Machecoul als auch in Tiffauges und anderenorts.
Dies war das Geständnis von besagtem Poitou, wie es in den voraufgegangenen Artikeln enthalten ist.

Die Verurteilung Gilles de Rais'

Nachdem der Prozeß gegen besagten Sire vom Kirchengericht geführt und beendet worden war, wurde dieser am 25. Oktober nach Bouffay in Nantes gebracht, wo sich eine so große Menschenmenge befand, daß Bouffay fast überfüllt war. Nachdem der Ankläger ihn durch seinen Sachwalter angeklagt hatte, die oben angezeigten und dargelegten Verbrechen begangen zu haben, bekannte er, sie begangen zu haben, und Monseigneur der Präsident bat ihn, alles darüber zu sagen; die Scham, die er deswegen empfinden würde, käme der Erleichterung um einen Teil der Strafe gleich, die er dafür im Jenseits erleiden müsse; besagter Sire bekannte darauf vor seinen Richtern, daß er sich der Ortschaft und der Festung Saint-Étienne-de-Mermorte eigenmächtig und mit Waffengewalt bemächtigt hatte, obgleich ihr Herr Geoffroy Le Ferron war, welcher sie infolge einer Überschreibung in Besitz hatte, die besagter Sire zuvor mit ihm abgemacht hatte; und er bekannte, daß er Jean Le Ferron gezwungen und verpflichtet hatte, ihm besagte Ortschaft zurückzugeben, und daß er sich in besagter Ortschaft Saint-Étienne der Person des besagten Jean Le Ferrons bemächtigt hatte und ihn nach Tiffauges, außerhalb dieses Herzogtums, bringen ließ, wo er gefangengehalten wurde, bis zu dem Tag, an dem er infolge der Intervention des Monseigneurs Konnetabel befreit worden sei. Desgleichen bekannte er, daß er den

Weisungen des Herzogs nicht gehorcht habe, als dieser ihn bat, besagte Ortschaft zurückzugeben und zu räumen und Jean Le Ferron unter Strafe von fünfzigtausend Talern Buße freizugeben. Er bekannte weiterhin, wobei er große Reue und heftigen Schmerz zeigte, daß er zahlreiche Knaben getötet habe, die er verbrennen und einäschern ließ, um die Spuren seiner Verbrechen zu verwischen und der Entdeckung besagter Kinder zu entgehen, und daß er außerdem die anderen in seinem Geständnis beschriebenen Verbrechen begangen habe. Dieses wurde ihm nun vorgelesen, und er erkannte und bekannte, daß es wahr sei.

Nach diesem Geständnis fragte Monseigneur der Präsident mehrere Sachverständige und Ratsmitglieder, die bei der Urteilsfindung zugegen waren, um ihre Meinung; diese erklärten, er habe den Tod verdient; ein Teil forderte diese, der andere Teil jene Todesart. Nachdem der Seigneur Präsident so mit besagten Sachverständigen und den übrigen Anwesenden Rat gehalten hatte, urteilte und erklärte er als Gerichtsbevollmächtigter des Herzogs, was den ersten Fall betraf, daß besagter Sire de Rais die bereits erwähnten Geldstrafen auferlegt bekommen habe, und daß diese zugunsten des Herzogs entrichtet und von den Gütern und Ländereien des besagten Sire enthoben werden sollten. Außerdem urteilte und erklärte der Seigneur Präsident und Gerichtsbevollmächtigte des Herzogs bezüglich der anderen Verbrechen, die besagter Sire begangen und eingestanden hatte, daß obengenannter Gilles de Rais erhängt und verbrannt werden sollte. Damit besagter Gilles Gott um Gnade bitten und sich darauf vorbereiten könne, in ruhiger Gefaßtheit und tiefem Bedauern darüber zu sterben, daß er besagte Verbrechen begangen habe, eröffnete der Seigneur Präsident besagtem Gilles, daß dieses Urteil am folgenden Tag um elf Uhr vollstreckt würde. Darauf dankte besagter

Sire Gott und dem Präsidenten, ihm die Stunde seines Todes bekannt werden zu lassen. Anschließend richtete er folgende Bitte an den Präsidenten: da er und seine Diener Henriet und Poitou die schrecklichen und ungeheuren Verbrechen, für die sie zum Tode verurteilt worden seien, gemeinsam begangen hätten, möge es dem Seigneur Präsident genehm sein, daß er und seine Diener die Vollstreckung des Urteils zur selben Stunde und am selben Tag erleiden mögen, damit er, der die Hauptschuld an den Untaten besagter Diener trage, sie in der Stunde der Hinrichtung trösten, mit ihnen über ihr Heil sprechen und sie ermahnen könne, aufrecht zu sterben; er fürchte, meinte er, wenn es anders wäre und seine Diener ihn nicht sterben sähen, sie bei der Vorstellung verzweifeln könnten, daß sie zum Tode geführt werden, er aber, der sie zu ihren Untaten verleitet habe, ungestraft bleibe: er hoffe vielmehr, daß er, der sie zu den Missetaten, für die sie sterben müssen, verführt habe, durch die Gnade Unseres Herrn der Grund ihres Heils werden könne.

Seigneur der Präsident gab dieser Bitte statt, und außerdem gewährte er Gilles in Anbetracht von dessen tiefer Zerknirschung folgende Gnade: Er erlaubte, daß seine Leiche nach der in oben angeführter Weise vollzogenen Hinrichtung, noch bevor sie Feuer gefangen hätte und versehrt wäre, in einen Sarg gelegt und in dieser Stadt Nantes in einer Kirche, die Gilles bezeichnen sollte, bestattet würde. Für diese Gnade bedankte sich dieser bei dem Präsidenten und bat darum, seine Leiche in der Kirche des Klosters Notre-Dame-des-Carmes zu Nantes beizusetzen. Seigneur der Präsident billigte diese Entscheidung. Und außerdem ersuchte besagter Gilles den Präsidenten, er möge den Bischof von Nantes und dessen Gemeinde veranlassen, eine allgemeine Prozession zu veranstalten, während welcher Gott gebeten werde, in ihm und seinen

Dienern die sichere Hoffnung in das Heil aufrechtzuerhalten; was ihm durch den Präsidenten in ähnlicher Weise zugestanden wurde.

(unterzeichnet:) De Touscheronde

Das Urteil für Henriet und Poitou

Nach dem Geständnis der besagten Henriet und Poitou, und nach Rücksprache mit mehreren Beisitzern, Advokaten und anderen, in Anbetracht der Fälle und aller berücksichtigten Tatsachen, wurde durch unseren Herrn Präsidenten das Urteil gefällt und erklärt, daß besagte Henriet und Poitou gehängt und verbrannt werden.

Die Hinrichtung
von Sire de Rais und seinen Dienern Henriet und Poitou

Zur Vollstreckung besagter Urteile gegen Gilles de Rais und seine Diener Henriet und Poitou wurden sie zusammen an den zu besagter Hinrichtung vorbereiteten Ort gebracht, der nicht weit von den Brücken entfernt lag. Vorher war am nämlichen Tag etwa um neun Uhr eine allgemeine Prozession veranstaltet worden, an der eine große Menge Volk teilnahm und Gott für besagte Verurteilte bat, und welche sich an der Hinrichtungsstätte befanden, als besagter Gilles de Rais seinen Dienern ins Gewissen redete und sie ermahnte, an ihr Seelenheil zu denken, wobei er sie bat, gegen die teuflischen Versuchungen stark und tugendhaft zu sein, und über ihre Missetaten große Reue und tiefe Zerknirschung zu empfinden, aber auch auf die Barmherzigkeit Gottes zu vertrauen und fest zu glauben, daß kein Mensch eine so große Sünde begehen könne, daß Gott in seiner Milde und Barmherzigkeit sie nicht verzeihe, wenn der Sünder in seinem Herzen großes Bedauern und eine tiefe Zerknirschung empfinde und ihn mit großer Beharrlichkeit um Gnade bäte. Und sie sollten Gott danken, daß er ihnen ein solches Zeichen der Liebe gegeben habe, er, der wolle, daß sie in der Fülle ihrer Kraft und ihres Bewußtseins stürben, und nicht zugelassen habe, daß sie für ihre Missetaten unvorbereitet gestraft würden, und der ihnen eine solche inbrünstige Liebe zu ihm und so gewaltige Gewissensbisse über ihre Verbrechen eingegeben habe, daß sie in nichts mehr den Tod in dieser Welt zu fürchten hätten, der nur ein kleiner Schritt sei, ohne den man Gott nicht in seiner Herrlichkeit erblicken könne. So sollten sie das Scheiden aus dieser Welt innig wünschen, da es hier nur Elend gäbe und sie dort in die ewigen Freuden eingehen würden. So könnten sie, die gemeinsam das Böse begangen hätten, sich bei Gott in der Herrlichkeit des Paradieses wiedersehen, sobald ihre Seelen von den Körpern getrennt seien. Und er forderte sie auf, sich nicht so zu verhalten, daß sie, entgegen seinen Ermahnungen, infolge mangelnder Beharrlichkeit in der ihnen verbleibenden kurzen Zeit dieser Herrlichkeit verlustig gingen, in der sie niemals fehlen könnten.

Besagte Henriet und Poitou dankten darauf genanntem Gilles de Rais für den guten Rat und die Ermahnung, die er ihnen zum Heil ihrer Seelen gegeben hatte, wobei sie sagten, daß sie den Tod in dieser Welt für angenehm hielten, nachdem er ihnen das große Verlangen nach der Barmherzigkeit Gottes eingegeben habe, und daß sie nun darauf vertrauten, in die Herrlichkeit des Paradieses einzugehen, wobei sie ihren Gebieter baten, auch selbst das zu wollen und zu wünschen, was er ihnen anheimgestellt habe.

Und nachdem er sie so ermahnt hatte, fiel er auf die Knie, faltete die Hände und bat Gott um Gnade und darum, ihn nicht nach seinen Missetaten bestrafen zu wollen, sondern ihn, da er barmherzig sei, seiner unendlichen Gnade teilhaftig werden zu lassen, in die er sich ergebe; darauf redete er zu dem Volk, daß er Christ und daher ihr Bruder sei, und er bat besagtes Volk und die, deren Kinder er getötet hatte, aus Liebe zum Leiden Unseres Herren Gott für ihn zu beten und ihm um der Güte ihrer Herzen willen zu vergeben, ebenso wie Gott Gnade und Vergebung habe, wie sie vernommen hätten. Er empfahl sich dem heiligen Jakob, dem er immer besonders zugetan war, und auch dem heiligen Michael, wobei er sie bat, ihm in dieser Stunde und in dieser großen Not beizustehen und bei Gott für ihn zu bitten, ungeachtet dessen, daß er ihnen nicht so gehorcht habe, wie er es hätte tun sollen. Er bat weiterhin darum, daß seine Seele in dem Augenblick, in dem sie vom Körper getrennt würde, vom heiligen Michael gnädig empfangen und vor Gott gebracht werde, den er anflehte, sie in seiner Barmherzigkeit aufzunehmen, ohne sie seinem Vergehen gemäß zu bestrafen. Und besagter Gilles richtete daraufhin schöne Gebete an Gott, in denen er ihm seine Seele anbefahl. Danach wollte er als erster sterben, um seinen Dienern ein gutes Beispiel zu geben. Kurz vor seinem Tod baten ihn seine Diener, standhaft und ein tapferer Ritter in der Liebe zu Gott zu sein, und sie ermahnten ihn, sich an Seinen Leidensweg zu erinnern, den Er zu unserer Erlösung gegangen war. Gilles de Rais starb reuevoll. Und bevor das Feuer seinen Körper und seine Eingeweide versehrt hatte, wurde er aus den Flammen gezogen, in einen Sarg gelegt und in die Karmeliterkirche nach Nantes gebracht, wo er bestattet wurde. Und sogleich wurden besagte Henriet und

Poitou erhängt und zu Asche verbrannt. Und sie empfanden viel Zerknirschung und Bedauern ihrer Untaten wegen, und in dieser Zerknirschung und diesem Bedauern blieben sie bis an ihr Ende.

(gezeichnet:) De Touscheronde

Weitere Bücher aus dem MERLIN VERLAG:

Marquis de Sade

KURZE SCHRIFTEN, BRIEFE UND DOKUMENTE

Herausgegeben von K. H. Kramberg

666 S., Lw. ISBN 3-87536-088-5

Maximilien Robespierre

AUSGEWÄHLTE TEXTE

Eingeleitet von Carlo Schmid,
mit einer Zeittafel zur Revolution
und dem vollständigen Text des von Lepelletier
verfaßten „Nationalen Erziehungsplans"

740 S., Lw. ISBN 3-87536-018-4

Graf Honoré de Mirabeau

AUSGEWÄHLTE SCHRIFTEN

In zwei Bänden herausgegeben und übersetzt von
Dr. Johanna Fürstauer
Bd. I: Erotische Schriften
Bd. II: Politische Schriften

1298 S., Lw. ISBN 3-87536-016-8

Titel des französischen Originals: LE PROCÈS DE GILLES DE RAIS
Übersetzung: Ute Erb

Zu diesem Buch fertigte Arwed D. Gorella eine Farbradierung an, die auf dem Umschlag der 2. Auflage abgebildet war. Das Blatt hat ein Format von 63 x 45 cm und wurde in einer Auflage von 100 Exemplaren gedruckt, von denen noch wenige Drucke vorhanden sind. Alle Blätter sind nummeriert und signiert.

Titel des französischen Originals: LE PROCÈS DE GILLES DE RAIS

Gesamtherstellung: Beltz Bad Langensalz GmbH, Bad Langensalza
9. Auflage, Gifkendorf 2018
im 61. Jahr des Merlin Verlags
ISBN 978-3-87536-332-6
www.merlin-verlag.com